未来に帰る

内戦後の「スーダン」を生きるクク人の移住と故郷

飛内悠子

風響社

はじめに——帰還前夜

二〇一一年一月のからりと乾いた日だった。

スーダン共和国（The Republic of the Sudan/Jumhūrīya al-Sūdān）の首都ハルツーム（Khartoum/al-Kharṭūm）の南郊外にある移住者集住地区の一つ、S地区の中にある基礎学校の、土壁で囲われ窓ガラスもはまっていない小さな教室に二〇人ほどの子どもたちが肩を寄せ合って座っていた。一年生のクラスである。彼らはこれから学年末のテストを受ける。進級を決める大切なテスト前であってもあまり緊張した様子は見られない。

教壇に立った教師が出席を取っている。

「ジョン、ジョン・ワニはいないか?」

教師の問いかけに子どもたちが勢いよく答えた。

「ジョンは行ったよ!（John māsha!）」

「旅立った!（sāfarat!）」

似たような問答がこの後も続いた。

二〇一一年一月に行われた南北スーダンの分離、独立を決定する住民投票の前後は、移住者地区が南部に向かう準備をする人びとの喧騒で騒然としていた時期である。南部の独立はほぼ決定的と言われており、住民投票後のハルツームの状況に不安を覚えた人びとは我先にと南部へと向かって行った。子どもの学年末テストを待たずに南部へ向かう家族もいたため、テストに欠席者が出ていたのである。

注目すべきは、子どもたちが南部に「帰った」友人の消息を語るときに「行った」もしくは「旅立った」と言い、決して「帰った／戻った(raja'a)」とは言わない点である。彼らの親世代にとっては、南部は「帰る」場所であったが、ハルツームで育った多くの子どもたちにとって、このとき南部は「行く」場所であって、「帰る」場所ではなかった。そして彼らは南部へと向かった——十分な準備の時間も、資金もない人も多かったが、ハルツーム在住の南部人の多くは南部に行くことを選んだ。そうして辿りついた南部で彼らが見、経験したものは何であったのか。

我々の目から見ると一見帰郷に見える行動の意味は個々人の状況によって異なり、人生の過程でも、その意味は変容していく[cf. Lubkemann 2008]。この変容過程には彼らが創りだした場所、そして移動が大きく関わる。本書ではその変容の過程に注目し、ハルツームから南スーダンへと帰った、もしくは向かった人びとの状況を詳細に描き出すことを通して、人間にとっての帰郷という行動の意味を問いたい。

目次

装丁＝オーバードライブ・前田幸江

凡例

・本書における外国語表記は英語、標準アラビア語、ジュバ・アラビア語、アラビア語ハルツーム方言、バリ語であり、すべてラテン・アルファベット表記とする。

・ただし標準アラビア語、ハルツーム方言、ジュバ・アラビア語の区別をせずアラビア語とする場合がある。

・各言語の表記法は基本的に標準アラビア語、ハルツーム方言は『岩波イスラーム辞典』、ジュバ・アラビア語は［Smith & Ama 2005］、バリ語はバリ語聖書に従う。

・文中では各単語がどの言語なのかわかるように記述している。複数言語を並列する必要がある場合、各単語の前に英語には英、アラビア語にはアラ、ハルツーム方言にはハル、ジュバ・アラビア語にはJA、バリ語にはバリと記す。

・通貨は、スーダンポンドがSDG、南スーダンポンドがSSP、ウガンダシリングがUGXと表記する。レートの変動が大きいため、日本円換算する際には調査当時のレートを使っている。

・聖書のからの日本語引用文はすべて新改訳聖書を用いる。

略語一覧

AIC　アフリカ内陸教会（African Inland Church）
CCMP　教会と共同体運営プロジェクト（Church & Community Mobilization Project）
CMS　イギリス国教会宣教協会（Church Missionary Society）
CPA　包括的和平協定（Comprehensive Peace Agreement）
ECS　スーダン聖公会（The Episcopal Church of Sudan）
ECSSS　スーダン・南スーダン聖公会（The Episcopal Church of Sudan and South Sudan）
IBEAC　帝国イギリス東アフリカ会社（Imperial British East Africa Company）
ICC　国際刑事裁判所（International Criminal Court）
IDMC　国内避難民モニタリングセンター（Internal Displacement Monitering Centor）
IOM　国際移住機関（International Organization for Migration）
LRA　神の抵抗軍（Lord's Resistance Army）
NCP　国民会議党（National Congres Party）
NDA　国民民主同盟（National Democratic Alliance）
OPM　〔ウガンダ〕首長府（Office of Prime Minister）
PCC　小教区協議会（Parish Council Committee）
SPLA／M　スーダン人民解放軍／運動（Sudan Peoples Libaration Army/Movement）
SRM　スーダン福音覚醒運動（Sudan Evangelical Revival Movement）
SSRC　南部スーダン住民投票委員会（Southerm Sudan Referendum Commitee）
SSRRC　南部スーダン救済復興委員会（Southern Sudan Relief and Rehabilitation　Commition）
UNHCR　国連難民高等弁務官事務所（United Nation High Commisioner for Refugees）

●未来へ帰る——内戦後の「スーダン」を生きるクク人の移住と故郷

序章　移動・帰郷・場所をめぐる考察

一　移動と移民の人類学

グローバル化の進展が避けようのない世界だといわれる。事実、一八五〇年代まで外部の者が足を踏み入れることはかったと言われた筆者の調査地においても無線ＬＡＮによって日本との連絡がリアルタイムで可能となっている時代である。このグローバル化と人間の移動は相互に影響しあう事象である［カースルズ＆ミラー二〇一一］。そして多くの研究者たちがこのグローバル化と移動との関わりについて追及してきた。それでも移住は人間にとって「例外的」な行動とされ、二〇一七年の時点で国際移住をしているのは二五八万人、世界の人口の約三・四％であると報告されている［UNPD 2017］。

その一方、人間は「移動する人間（ホモ・モビリタス）」であるとし、その様々な形態について論じようとする試みもある［大貫 一九九三、印東 二〇一三］。また移動、特に国境を超える移動の距離、規模的な増大が近代化、グローバル化によって促進されてきたとし、「移動論的転回」を行う必要も提唱されている［アーリ 二〇〇六、二〇一五］。さらにはこれまでの社会科学において「移動」の研究は阻害されてきたとすらいわれることがある［伊

豫谷 二〇〇七、二〇一三、アーリ 二〇一五］。なぜこのように一見矛盾するかのような言説が同時に存在しているのだろうか。おそらくそれぞれの移動観の違いがこのような状況を生み出していると考えられる。

社会学者のジョン・アーリは移動をめぐる一連の著作において、現代に生きる人びとが「常に動いている（on the move）」こと、そして交錯する様々な「移動」が複数の「システム」の上に成り立っていることを示し、この前提に立って次のように移動論的転回の理論化を試みた。移動には以下の四つの大きな意味がある。第一に移動しているか、移動可能なもの、第二に、暴徒、野次馬といった野放図な群衆の形容、第三に上方、下方への社会的移動、そして第四に移民や半永久的な地理的移動である。さらに第四の意味である地理的移動のあり方に焦点をあて、その多様性を提示し、こうした多様な移動を分析するには、（移動の）様々な人びとや場所に対する数々の影響を検討することが必要だとしている［アーリ 二〇一五：一八―二三］。

筆者はこのアーリの議論を人類学へと敷衍（ふえん）してみたいと思う。[1] 移動と定住の間には何があるのだろうか？　そして移動は人間に何をもたらすのか？　人類学というフィールド調査をもとにして人間について考えようとする試みは、人間の移動が世界にもたらす影響を引き寄せて考える上でも必要なことだと考える。[2] さらに移動のあり方の多様性を整理して考えることも重要であろう。

人間の移動はグローバル化の進展がこれまでにない速度で進むようになる以前から行われていた行動である。一九二〇年代にアメリカ西海岸における農村から都市へと移住する人びとに最初に注目したのはシカゴ学派の社会学者たちであるといわれ、「辺境」の小規模社会を主に対象としてきた人類学の移民研究への参入は一九五〇年代以降であるとされる［Brettell 2015: 148］。だがそれは、移民研究が基本的に農村から都市へ、もしくは発展途上国から先進国へと半永久的に移住した人びと、つまり移民（immigrant, emigrant）を対象としたための認識である。

一九二二年のブラニスワフ・マリノフスキーとラドクリフ＝ブラウンによる民族誌の出版がフィールド調査を

基礎とした人類学の確立の一つの契機とするならば［Gupta & Ferguson 1997］、人類学における人間の移動への注目は、その創設初期からなされていたといってよい。そもそもマリノフスキーもラドクリフ＝ブラウンも共にモノと人の動きを扱っている。そして人類学の古典とされるエヴァンズ＝プリチャードのヌアー三部作[3]の対象は移牧を行う牧畜民ヌアーである。エヴァンズ＝プリチャードはその著作の中で彼らの移動について論じている。同じく古典とされるフレデリック・バルトのパターン族に関する民族誌もその移動の形態について詳しく描いている［Barth 1961］。また、一九六〇年代から七〇年代にかけて日本の研究者が中心となって行われたアフリカにおける狩猟採集民に関する研究でもその移動について詳しく追っている［田中 一九七一、田中ほか 二〇〇四、cf. 池谷 二〇一三］。

これらの遊牧民や狩猟採集民といった移動する人びとへの注目は、主に移牧や遊動といった移動の形態や、周辺の他者との関係の在り方が解明されるという成果となった。

そして一九七〇年代から八〇年代にかけて、一般的に移民といわれる、そして長く人類学者のフィールドであった郊外、田舎から都市へと移住した人びとに注目が集まった。さらに一九七〇年代末には「観光」という移動の形が人類学者によって注目されるようになった。そこでは「見る者」と「見られる者」、つまりホストとゲストとの関係性によって形作られる地域や場所、そして観光開発の帰結が問われるようになり、八〇年代後半には*Journal of Refugee Studies*、そしてバーバラ・ハレルボンドの『押し付け支援』［Harrell-Bond 1986］の刊行によって、これまで一時的な滞在者と見なされ、それを理由にその存在が看過されてきていた難民へとその興味関心が向けられるようになった。

こうした経緯を経て、一九九〇年代には人類学における移動への注目のされ方に変化が認められるようになった。岩波書店からの講座文化人類学のシリーズの一巻として刊行された『移動の民族誌』［山下 一九九六］の目次にはそれがよく表れている。編者の山下晋司は緒言を「北へ！南へ！」と題し、観光について語ることからはじめる。そして、それに続くのは在日韓国・朝鮮人や難民に関する論考である。遊牧民や狩猟採集民の移動に関する論考はない。つまり人類学者たちは「移動する人間」について考える際、まず移民、もしくは難民という移動した先で居住を行う人びとと、観光客などの一時的滞在者を想起するようになったのである。このような視点が提示されるようになった背景には間違いなくグローバル化の急速な進展がある。アルジュン・アパデュライはこのグローバル化を踏まえ、移民に注目しながら、「民族（ethno）」や集団のランドスケープがもはやかつての人類学者のフィールドではないことを示した［Appadurai 1991: 191-196］。一九九五年に出版されたジョージ・マーカスによる論文、「多元的な場所の民族誌」は、人類学者のフィールド調査の在り方を問い直すと同時に、その調査対象もが、対象自身とともに変わりつつあることを示した論文であった［Marcus 1995］。そして、ディアスポラという多様な意味を持つ概念が現在使われているような形で登場するのも一九九〇年代である。

多元的な場所で行うフィールド調査において、第一のターゲットとなったのは、もちろん移民である。このことからもわかるように、九〇年代は移動する人びとを見る上で重要となる視点がいくつも提示された時代であった。現在でも人間の移動について論じる際に引用されることが多いジェイムズ・クリフォードの『ルーツ——二〇世紀の旅と翻訳』［クリフォード 二〇〇二］の原著が出版されたのは一九九七年である。この『ルーツ』は人間の移動の実態を直接考察の対象としたというよりは、「旅」を「ホーム」を離れてどこか「他者」の場所へ出かけていくことを望んだ者の実践を含んだ一つの言葉と定義し［クリフォード 二〇〇二：八六］、そこから分かれ出る単語の意味、そしてその構築過程に注意を払いながら人類学者の居住としてのフィールド調査を脱構築しようとした。その功績は「旅（travel）」、「居住（settle）」、「転地（displacement）」といった移動にまつわる単語の意味をそれがグローバルな妥当性を持つかは別として再考したことにある［cf. カプラン 二〇〇三］。この『ルーツ』は移動に関わる研究を行う者に少なくとも様々な移動の形態がありうること、そしてそれが構築されうるものであることを意識させた。このクリフォードの議論は前述のアーリの議論とも重なり合う。

一九九〇年代後半から二〇〇〇年代にかけて、移動と場所との関係をフィールドの現場から問い直そうとする試みが現れはじめたが、その議論の進展の過程が端的にわかるのは、難民・強制移動研究の分野において展開された人間と場所との関係をめぐる論争である。難民・強制移動に関する人類学的研究の提唱者の一人である、リサ・マリッキによるタンザニアにおけるブルンジ難民を描いた『純粋とエグザイル』［Malkki 1995b］、そして北東アフリカにおける移民難民の帰還に関する論集『よりよい場所をもとめて』［Allen 1996］で提唱された人間と場所との関係は本質的なものではなく、構築されるものであるという考えに対し、同じくアフリカの難民について調査を行っていたガイム・キブリアブが *Journal of Refugee Studies* 誌上において反論を行った［Kibreab 1999］。キブリアブはマリッキらの議論をグローバル化とともに進展するとされる脱領土化の議論の文脈のもとにおき、しかしながらそれは自身が住む場所を強制的に追われ安息の地を求める人びとには当てはまらず、場所は彼らにとって権利と成員権の担保先として重要であるとし、難民の帰還は現在でも最も有効な非自発的移動問題の解決方法であると主張した。筆者が読んだところでは、キブリアブは故郷を切実に求める難民との対話というフィールド経験と人間と場所との関係をあまりにも単純に結び付けすぎていた。

この反論に対し、コメントを行ったエチオピアに住む農業牧畜を生業とするムルシの人びとを長年調査してきたデイビッド・タートンは、自身の論文に対するキブリアブの解釈を修正し、ムルシと場所との関係が多元的であること、タートン自身は権利と成員権の担保先としての場所の重要性を否定してはいないこと、そして自身の領土への愛着とアイデンティティへの関心は、「脱領土化」やグローバル化のインパクトといったポスト・モダンの議論からではなく、早期の人類学における領土拡大と東アフリカの牧畜民の間におけるエスノジェネシス、つまり民族生成と変容の議論から生じたものだと説明した［Turton 1999: 421-422］。こうした反論を受けてか、キブリアブはのちに人間と場所との関係構築の過程との関わりから帰還を論じた大変興味深い論文を書いている［Kibreab 2004］。

この論争からは、一九九〇年代に人間と場所との関わり方への視点が移動を背景としていかに変化してきたのかが見えてくる。そして、この視点はその後トランスナショナル研究やディアスポラ研究においても継承されていくことになる。また、筆者はキブリアブが取り上げたのが難民を調査対象とした『純粋とエグザイル』と、移民、難民、帰還民というカテゴリー分けに疑問を呈しつつも主には難民と見なされる人びとを取り上げる場合が多かった『よりよい場所を求めて』所収論文の中で、国際機関によって難民と認められたわけではなく、移牧を行う、つまり移動がある程度常態化しているムルシの人びとを扱っていることで異彩を放っているタートンの論文であったことは、人類学の視点を持って人間の移動を研究する可能性を示していると思う。人類学者は自身のフィールドという限られた範囲に依拠しながらも、より広い視点で人間の移動を見ることができるはずである。当然ながら本書のテーマである帰郷を論じる際にも、場所と人間との関わりは重要な論点である。また、最近では商業民をはじめとした、移動してそこにとどまる者の動態ではなく、移動する者のそれをとらえようとする試みもなされている［栗田 二〇一六、二〇一八、齋藤 二〇一八］。

少々人類学から外れるが、一九九〇年代に出版された『民族移動と文化編集』［大貫 一九九三］は移動に関わる研究者たちの学際的対談集であるが、人間の移動を先史から現代まで広範にかつ要所をよくとらえた良書である。そこでは移動と定住が行われる契機が時代や状況ごとに示され、自発性の強弱によってそれを分類することが推奨されている。その一部を受け継いだのが二〇一三年に出版された『人類の移動誌』［印東 二〇一三］である。考古学、形態人類学、生態人類学、言語学、文化人類学といった様々な分野の研究者が参加した研究会の成果であるこの書は、「人類がなぜアフリカを出て移動したのか、あるいは移動できたのか〔印東 二〇一三：五〕」という疑問に、歴史的側面からだけではなく、様々な視点から答えようとしている。そこで大きく取り上げられるのは先史時代における人類の「出アフリカ」の過程であり、海を越える契機であり、移動を可能にした条件である。

人類学の移動を見るまなざしは、半永久的な地理的移住を行う移民のそれだけに注目するのではなく、より広い視点でもって移動を捉えてきた。だがこうした研究を移動という言葉のもとに整理、位置づけようとする試みはまだ発展途上にある。それは移動という行動が人間に何をもたらしたのか、そもそも移動とは人間にとってどのような影響をもつ行動なのかという疑問に答えきることが出来ていないことも示しているのではないだろうか〔cf. 河合 二〇〇七〕。

本書はこうした先行研究を踏まえ、移住、特に帰郷という移住について考察し、その発展の一端を担おうとする試みである。

二　帰郷と場所をめぐる考察

人類学者たちが帰還移動(4)／移民（return migration）に注意を向けはじめたのは一九七〇年代であった〔Gmelch 1980〕。同時期に故郷（home）概念の再考も試みられた。帰還、もしくは帰郷に関する人類学的先行研究の総括的レヴューはすでに他の研究者が行っているためここでは行わないが、〔ex. Long & Oxfeld 2004; Markowitz & Stefansson 2004; Jansen & Löfving 2009; 大川 二〇一〇〕。人類学において帰郷という行動がどのようにとらえられ、かつ移動全般の中に位置づけられてきたのかを確認する必要がある。また、場所と帰郷との関連から、帰郷に関する研究を見ていきたい。

帰郷という移動の形が成立する過程には故郷という場所が深く関わりをもつ［Long & Oxfeld 2004; Markowitz & Stefansson 2004］。英語のreturnは戻る／帰るのどちらにも訳すことができ、帰郷を描きだす論文集の中では帰郷がhomecomingとなっている場合もある［Markowitz & Stefansson 2004］。returnが日本語の帰るという意味を持つためには、故郷という場所があることが絶対条件となる。むしろ故郷なしには帰郷という行動は成立しないと言ってもいい[⑤]。なかでも、二〇〇〇年代に出版された帰郷に関する論文集の題名にはほぼすべてにhomeという単語がついており、当時、帰郷に関わった研究者たちは故郷という概念の特定に苦心してきた。

一九九〇年代に提示された場所と人とのつながりが構築的であるという考えは、移動する人びとにとっての故郷は流動的で変化するものであり、決して固定された存在ではないことを明らかにした。また、故国と故郷が異なる存在となる事例や、帰郷、帰還に際する国家と故地の役割などが問われた。グローバル化の進展の中でトランスナショナルな移動を繰り返した人びとや紛争終結によって長く留守にしていた故国への帰還が可能となった人びとにとって、故郷とは「創りあげるもの」でもあった［Graham & Khosravi 1997; Hummond 2004a］。さらには帰ったはずだった人びとが故郷で異邦人となることもあった。では変わり続ける故郷に帰ることは何を意味するのか。この問題にたずさわる研究者たちは以下のような帰郷の形を提示している。

①故郷を出た移民や難民が再度その場所へと戻る帰郷［Thiranagawa 2009］、②幾世代か経たのちに、子孫がいわば民族的故郷へと帰る事例［Tsuda 2003］、③紛争によって故郷を追われた難民が紛争終結後に故国に帰るが、その帰る先が追われた故郷と同じ場所ではなく別の場所であった事例［Hammond 2004a］、④アフリカン・アメリカンが自身のルーツを追って旅立つ一時的な帰郷［Holsey 2004］、そして、⑤いずれ帰る場所としての故郷を想像するという形でなされる帰郷［Marsold 2004］。

帰郷の名称性が明らかになるにつれ、帰郷への見方も変化せざるをえなかった。そのうちの一つは帰郷がすでに不可能なものとなっているという見方である。そしてもう一つはトランスナショナルな移動を行う中においては帰郷がすでにゴールではなく、移動の輪のなかの一部、居住と居住との間に位置するものとする考えである[Markowitz & Stefansson 2004; Tsuda 2003]。このような考え方は移動の中に帰郷を位置づけるうえで有効である一方、一見帰郷というコンセプトが無用になる可能性を示すが、先達は帰郷というコンセプトの重要性を決して否定はしない。なぜなら移動する人びとが帰郷を望むためである。そしてどのような形となるにせよ、それはなされることもある。

一方、ロングとオックスフェルドは上記のような様々な帰郷を「想像上の（imagined）」、「一時的な（provisional）」、そして「帰国的な（repatriated）」ものとに分類した［Long & Oxfeld 2004: 7-13］。この分類は帰郷という行動そのものに対してなされたものであり、帰郷をとらえ直そうとするときに極めて示唆的である。物理的、もしくは身体的な移動をともなわない帰郷がありうるのか。あるとすればそれを帰郷と呼ぶ理由は何か。元いた場所に戻るわけではない帰郷がありうるのか。あるとすれば人間がその行動を帰郷と考えるときに必要不可欠なものはなにか。このような疑問をこの分類は浮かび上がらせる。先行研究は多くの場合、数ある帰郷の一つの形に注目してきた［cf. Long 2013; Hammond 2004b］。人間はいくつもの帰郷を経験する。自身が経験した移動のいくつかを帰郷と呼ぶのであるが、その理由と過程を明らかにするためには一人、もしくは家族、民族、国民によって行われた、いくつかの帰郷と見える行動を比較する必要がある。そこで本書ではハルツーム、ジュバ（Juba）、カジョケジ（Kajo-keji）、アジュマニ（Adjumani）といったクク人と深い関わりを持つことになった場所の意味について検討したい。それはひいては移住――つまり、移動し、住まうという行動の再考にもつながる。

また本書では、ハルツームという「異郷」で約一〇年～二〇年間暮らしたのちに、「故国」南スーダンに「帰った」人びとを追う。一人の難民、もしくは移住者はその人生の中で「想像上の」、「一時的な」、そして「帰国的な」

帰郷のすべてを経験する場合がある。さらにはこの分類では捉えきれない帰郷すら存在する。たとえば南北内戦中、ハルツームに逃れた南部人が南部に戻ることは難しかった。彼らはハルツームでいつか故郷に帰る日を夢見た。内戦終結後、故郷へ帰ろうとしたとき、多くの人はその準備も兼ねて南部への短期的な訪問を行っている。そして彼らは独立が迫る南スーダンへ向かった。だがその多くが故地の村ではなく、都市へと向かった。そうして辿りついた故国の都市からさらに故郷へと帰る場合もあったかもしれない。そしてハルツーム生まれの子どもたちは民族的な帰郷を果たしたともいえる。このようないくつもの帰郷と見られる行動を経験する中で、彼らは自身の帰郷を創り上げてきた。帰還民や難民、移民という存在が構築的なものであるならば、彼らの帰郷の過程もまた創られるものである〔cf. 足立 二〇一六〕。その過程を検討するためには帰郷の概念と連動する場所の意味を人びとの生活の場から問う必要があるだろう。さらに人びとが考える「故郷」だけではなく、彼らが人生の長い期間を過ごした避難・移住の地の、そしてそこでの生活の意味を問わねばならない。なぜなら人びとは自身が生きた場所ごとにそこでの生活について評価し、相対的に故郷を創り出すためである。故郷を問おうとするとき、実は移住・避難の地を考慮せずにそれを成すことはできない。ハイデッガーが「人間がその故郷の喪失に〈思い至る〉や否や、彼はもはや悲惨ではない〔二〇一〇：四六〕」という通りである。

三　南スーダン人の移動・避難・帰郷

二〇一一年七月九日、南スーダン共和国（The Republic of South Sudan）が誕生した。このことによって、二つのスーダンの名を冠した国家が生まれることになった。この新生国家が誕生するまで、「スーダン」は植民地化、南北内戦、和平協定締結、南北分離、統一を決定する住民投票を経てきた。「スーダン」に住む人びとはこの激動の時代を生き抜いてきた人びとである。特に南スーダン領域は全体が内戦の激戦地となったため、そこに住む人びとの多くは自身の住みなれた土地を離れるか、もしくは自分で武器を取って戦いに参加するしかなかった。第二次内戦（一九八三〜二〇〇五）による難民は五〇〜七〇万人、国内避難民は約五〇〇万人に達したという［Grabska 2014: 36; cf. ICG 2002］。

そして二〇〇五年に包括的和平協定（Comprehensive Peace Agreement: CPA）が締結、内戦が終結したことによって、避難先から南スーダンへの帰還、という選択も人びとの視野に入ってくることになった。二〇〇八年に行われた国勢調査によると、南部スーダン領域の人口は約八〇〇万人であった。つまり、現南スーダン領域に住む人びとの多くが何らかの形での移動を経験したと見ることができる。「スーダン」を見るにあたっては、こうした人びとの移動の過程とその影響を考慮することが不可欠であると言えよう。

ところで「スーダン」領域で行われた移動は内戦を背景としているものに限らない。「スーダン」に住む民族／部族の中には遊牧もしくは移牧を生業としているものも少なくないからである。奴隷交易を背景とした移動もある。フンジュ、ダール・フールスルタン国などの「イスラーム国家」支配期からあった奴隷交易はトルキーヤ、つまりオスマン・トルコ時代ともいわれるムハンマド・アリー朝エジプト支配期に拡大された。エジプトや北部スーダン領域から奴隷商人が南部スーダン領域へと足を踏み入れるようになり、捕えられた南部スーダンの住人達はハルツームやエジプトなどの各地へと送られた。そしてイギリスによる植民地統治期、そこからの独立後は就学や就業のために都市へと移住する人びとがいたことも忘れてはならない。

「スーダン」人の移動に関する先行研究は、歴史考古学的見地から論じられたもの［コナー 一九九三、諏訪 一九九七、Anderson & Johnson 1988; 栗本 二〇〇九 ほか］、イギリスによって「脱部族化した黒人」と呼ばれた、植民地化と奴隷交易の結果、民族的アイデンティティを失った人びとに関する研究［栗田 一九九三b、二〇〇一、二〇一二

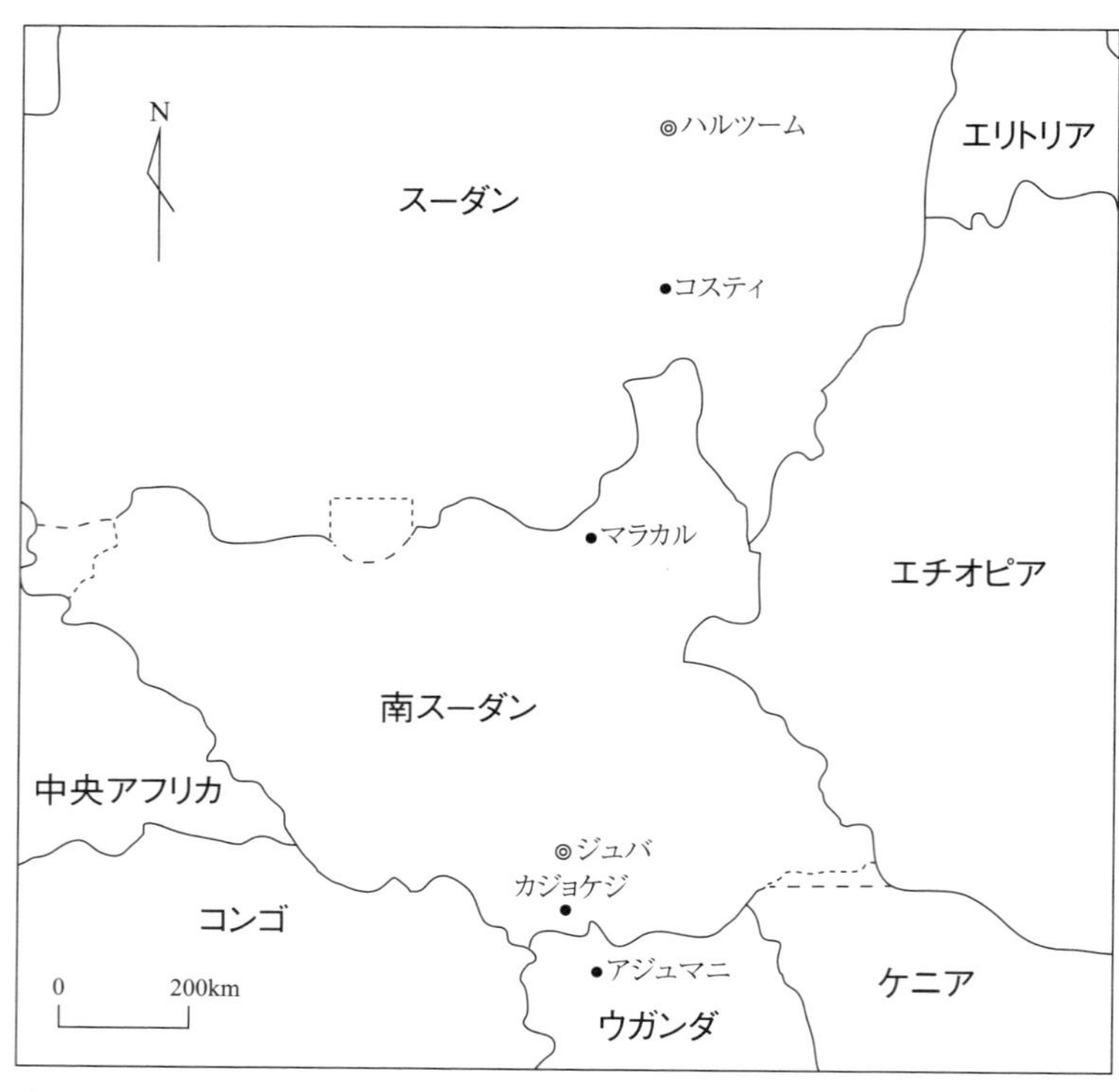

地図1　調査地全図（筆者作成）

a、b、慶田 二〇一二、Maklis 2000; Sikainga 1996 etc.]、そして内戦によって住む場所を追われた人びとの状況に関する研究に分けることができる。前述したとおり、南スーダン領域の住人の多くが生まれ育った地を離れなければならなかった。南スーダンはほぼ全域が戦場となったため、人びとは「スーダン」内はもちろんのこと、ケニア、ウガンダ、エチオピア、エジプト、イスラエルといった様々な場所に散っていった（地図1参照）。

内戦の長期化にともない、避難生活も長期化すると、それは人びとの生活の変容をもたらす。この変容のありようを見ていくことは、いうまでもなく「スーダン」地域研究の肝である。「スーダン」をフィールドとし、そして「スーダン」人と出会った人類学者たちは彼らの避難と避難生活にともなう彼らの変容について描いてきた。「スーダン」難民・避難民に関する研究は決して少なくはない。南スーダン人に関するもの、特に一九九〇年代後半以降に出版された難民・避難民のライフヒストリー、生活に焦点を当てた著作［Abusharaf 2002, 2009; Edward 2007; Eltigani 1995; Le Houérou 2003; James 1997, 2007; Shandy 2007 etc.］に絞っても枚挙にいとまがなく、対象地域も多岐にわたっている。

また、フィールド調査をその基礎においているため、人びとの移動の実際を詳しく知り得たという事情もあり、人びとの内戦を背景とした移動を単に避難と位置づけるのではなく、それはある意味人びとの主体的な選択の結果であることを示す研究もある［Abusharaf 2002; Edward 2007; James 2007］。

先に述べた二〇〇五年の包括的和平協定と前後して、「スーダン」国内、そして世界に離散していた当時の南部スーダン人、そして現在の南スーダン人の「故国」への帰還（repatriation）が加速したが、それから一三年が経ち、彼らの帰還を問おうとする研究の成果も出はじめている。(6)

そのうちの一つがブラム・ジャンセンの博士論文『アクシデント都市』［Jansen 2011］である。これはケニアのカクマ難民キャンプでの生活を扱ったものであるが、帰還を議論の中心に据えているわけではなく、カクマでの生活そのものを扱っている。しかし二〇〇三年から二〇〇六年という調査期間は彼に帰還から目をそらすことを許さなかった。第六章は「帰還の政治」と題され、人びとの帰還に充てられている。そこでは国連難民高等弁務官事務所（United Nation High Commissioner for Refugees: UNHCR）ら支援者側の帰還への態度や帰還支援の様子、人びとの一時的帰還の様子、そして内戦終結間もない、インフラが整っていない南部スーダンへの帰還を望むと口にしながら実際にはためらう人びとの様子が描かれた。

タニア・カイセルやルーシー・ホヴィルはウガンダに逃れた人びとの帰還について、主にマケレレ大学の難民法プロジェクト（Refugee Law Project）と協働してウガンダ北西部のアルアやコボコ、モヨ、アジュマニの難民居住区（refugee settlement）における人びとの帰還への意識について調査を行っている［Kaiser 2010; Hovil 2010; Refugee Law Project 2002］。ウガンダの難民居住区にはディンカ、ヌエル、シルックといった現在の南スーダン北部出身民族に属する者よりも、どちらかといえば南部を故地とするエクアトリア出身者が多く来ていた。そのためカイセルらの調査対象者もエクアトリア出身者が多く占めている。さらにウガンダ北西部の難民居住区の多くは一九九〇年代から二〇〇〇年代初頭にかけて反政府ゲリラ組織神の抵抗軍（Lord's Resistance Army: LRA）の襲撃に遭っている。カイセル、ホヴィルらはこのようなセキュリティ上の問題、南部スーダンの状況等を考慮に入れながら人びとの帰還への意識についての調査を行った。明らかになったのは、ここでも帰還に対する人びとの希望とためらいという二律背反する思いである。

このような南部スーダン人たちの帰還の様子を概観したケイティ・ロングは、それを評して「南スーダンの『自発的』帰還には二つの平行する言説が存在する。一つは難民の南スーダンへの帰郷の理念、そしてこれはより重要であるが、新たな国家の市民となるという理念への全面的なコミットメントであることは疑いない。―中略―そしてもう一つの、ジャンセンの論文が強調した、特に帰郷の際に他のアクター、国際機関のみならず、南スーダン政府も含む――が『自発的』帰還を個人的な『自発性』に求めたことは、実際にはあやういものであった。なぜなら代わりの言説が存在しなかったためである」という［Long 2013: 142］。

だが時間的制約上、帰還への態度や準備の様子は描かれても、帰還後の人びとの様子を描いた著作が不足していた。しかし二〇一四年、新たな成果が出版された。それがカタラティナ・グラブスカによる『ジェンダー、故郷、アイデンティティ――ヌエルの南部スーダンへの帰還』［Grabska 2014］である。グラブスカはケニアのカクマ難民キャンプでの避難生活を経て、南部スーダンのヌエルランドへと帰還したヌエルの人びとを対象に、特にジェンダーに着目した。調査を行った。第二次内戦後の南スーダン人の帰還を扱った最初のまとまった著作という点

地図2　移動経路［Hutchinson 1996: 11］

う点からもこの書の価値の高さを見てとれる。さらにこの著作の特徴の一つは帰還後のみならず、カクマでのヌエルの人びとの生活も詳細に描いていることである。カクマでの生活がヌエルの人びとに何をもたらしたのかを描くことによって、帰還が彼らに与えた影響、もしくはヌエルの人びとにとっての帰還の意味をより鮮明に見せることが可能になった。当事者にとっての帰郷の意味を知ろうとするとき、避難、もしくは移住の地での生活を無視するわけにはいかないが、これまでの帰郷に関する研究はそこへの目配りが十分になされていたとは言い難かった。それを補った点でもこの書の価値は高い。

だが、難民キャンプから南部スーダンへの帰還そのものの過程が抜けてしまっている。彼らがカクマからいかに故郷、もしくは故国へと思いを馳せ、どのように準備をし、ヌエルランドへと辿り着いたのかは検討されていない。それでは帰還は帰還としてのみに終始してしまい、「帰ること」という概念が創られる過程を描くことが出来ない。またこの書の中にはケニアからの帰還民とハルツームからの帰還民との差異や両者の関係が描かれているが、ハルツームからの帰還民がヌエルランドにおいていかなる位置を占めていたのかについてはわからない。もちろん、カクマからの帰還民に焦点を当てたこの書にそれを要求するのは酷な話である。しかし第二次内戦時の国内避難民の数が難民のそれを大きく上回っていたことを考えれば、北スーダンから南スーダンへと向かった人びとの「その後」、そして南スーダン人の「ハルツーム暮らし」の意味を問う必要があることは明白である。

本書ではこうした先行研究を踏まえ、ハルツームで避難・もしくは移住生活を送り、南スーダンへと向かった、もしくはハルツームに留まることを選んだ人びとに焦点を当てて、彼らの帰還・帰郷についてみていきたい。本文中で明らかにされるが、多くの南スーダン人にとって「ハルツーム」とは複雑な感情を抱かせる場所であり、単語である。ハルツームは長らく自国の首都であると同時に、敵地でもあった。そこに長く住み、そこから多かれ少なかれ何らかの影響を受け、そして南スーダンへと向かった人びとにとって「ハルツーム」はいかなる存在となったのだろうか。この疑問に答えることで、先行研究の空白を埋めるとともに、曲がりなりにも一五〇年間一つの国家として歩んできた「スーダン」に対する人びとの態度の一端を示し、「スーダン」地域研究の発展に寄与したい。

四　現代「スーダン」を生きるクク人

本書の主人公となるクク人とは、南スーダン南端に位置する旧中央エクアトリア州カジョケジ郡[7]（Kajo-keji County, Central Equatoria State）を「父祖の地」とし、主に農耕、牧畜を生業とする人びとである。だが現在、国際機関や省庁で働く人も多い。その人口はおよそ二〇万人程度であると推定される[8]。

クク人に関する論文は、決して多いとは言えない。現在、一九一〇年に書かれた民族誌［Plas 1910］、一九二四年のカジョケジに住む民族に関する小論［Yunis 1924］、時代を下って二〇〇六年の鍛冶師に関する論文［Poggo 2006］、内戦後のカジョケジ郡行政に関する論文［Fegley 2009］が確認できている。その他に「スーダン」のキリスト教や内戦に関する歴史学的研究［Collins 1962, 1971, 1983; Johnson 2007; Poggo 2009; Werner et. al 2000 etc.］の中にカジョケジやククの名を散見することができる。

ここからわかるのは、現在、クク人に関する内戦や近代化といった要素が考慮された詳細な研究はほとんどないということである。さらに言ってしまえば、南スーダンの諸民族に関する研究全体を見渡しても、首都ジュバ周辺に住むバリ語を話す民族集団[9]いわゆるバリ・スピーカーに関する研究は決して十分だとは言えない[10]。だが、南スーダン地域研究において、近代教育への高い意識を持ち、キリスト教に慣れ親しみ、現在南スーダンの教育、思想面を支えているという特徴を持つバリ・スピーカーに関する研究の進展が望まれることは疑いがない。中でもクク人は教育意識が高い人びととして見なされる人びとである。彼らに関する詳細な研究は、近年どちらかと言えば軍事・政治面が注目されてきた南スーダン地域研究に、その思想や宗教面を照らし出す新しい視点をもたらしうるだろう。近代教育、現金経済の浸透によって、都市への移住が進む一方、彼らの父祖の地であるカジョケジはウガンダー「スーダン」間の国境地帯に位置したため戦略上の要所と見なされ、二度の内戦中、何度も激戦の舞台となった。このようないくつもの要因が重なり、クク人はほぼ全員が故地を離れなければならなかった。現代を生きるクク人について書くということは、とりもなおさず彼らの移住や避難について書くことにつながる。

五　調査の方法、用語について

本書は二〇〇七年九月～二〇〇八年三月、二〇一〇年一月～三月、八月～一〇月、一一月～二〇一一年一月、九月～二〇一二年八月、二〇一三年二月、二〇一三年一〇月～一二月、二〇一四年八月～一〇月、二〇一五年八月～九月の約三二か月に渡るフィールド調査、および二〇〇九年一〇月～一一月に行ったイギリスでの文献調査に基づいて執筆される。ハルツーム滞在時にはスーダン共和国の公文書館において、ウガンダ滞在時にはウガンダ共和国公文書館、ウガンダキリスト教大学の文書館において文献調査も行った。また、スーダン聖公会（Episcopal Church of Sudan: ECS）カジョケジ教区に保存されている資料も適宜参照している。特にカジョケジの歴史に関してはこれらの文献調査に負うところが大きい。フィールド調査は二〇〇七年から二〇一一年一月までは主にハルツームにおいて、二〇一一年九月からは主に南スーダンで調査を行った。二〇一二年二月、二〇一四年一〇月にはハルツームにおいて追調査を、二〇一二年三月、二〇一三年一〇月～一一月、二〇一四年九月、二〇一五年八～九月、二〇一六年八～九月には多くのクク人の避難先となり、現在でも住み続ける人がいるウガンダ共和国アジュマニ県において調査を行っている。

調査方法は参与観察、およびインタビューであり、使用言語はアラビア語ハルツーム方言（dārijiya）、ジュバ・アラビア語[11]（Arabi Juba）、バリ語（クク語）、英語である。筆者はハルツーム在住経験者に対してはその人の使用言語に応じてハルツーム方言、ジュバ・アラビア語、英語を用い、南部、ウガンダ在住者に対しては、はじめ英語、ジュバ・アラビア語を、後にバリ語を使用した。調査初期にはバリ語モノリンガルに対し、英語、もしくはハルツーム方言による通訳を介してインタビューを行い、アジュマニでマディ人に対してインタビューを行う際、英語の通訳を頼んだが、それ以外は基本的に調査助手も通訳も雇用していない。それはクク人の多くが英語、アラビア語を流暢に操る人びとであったためである。インタビュー中、わからない単語があって筆者が困っていれば必ず誰かが助け船を出してくれ、録音をテープ起こしするときなどは、わからない部分の意味を居候先の家族に聞いていた。従って本文中のハルツーム方言、ジュバ・アラビア語、バリ語の訳はすべて筆者によるものであり、訳出の際はそれぞれのネイティブに確認をお願いしているが、逐語訳を採用したところもある。

調査に問題点がないわけではない。調査履歴からもわかるとおり、筆者は一定地域で比較的長期のフィールド・ワークを行うという、人類学、地域研究において一般的とされる調査を行っていない。内戦によって各地に散った難民・避難民・移住者をその調査対象とし、二〇一一年の住民投票と南スーダン独立によって多くのハルツーム在住者が南部に「帰った」という事情もあって様々な場所で調査を行っている。そのため、使用言語もアラビア語ハルツーム方言から、クク人の母語バリ語まで様々である。時には自分が伝えたいことをより確かな形で伝えるために二、三言語が混在した会話を繰り広げることもあった。つまり、一つの言語を徹底的に学ぶという言語学習方法を採らなかった。当然、二年もしくはそれ以上の年月一定地域で当該地域の言語を学んだ調査者よりその言語能力は劣る。さらには筆者が持つ各地域に関する情報も限られてくることが予想され、事実その通りである。

このような調査上の弱点が出てくることが予想されながらも、筆者がこのような調査スタイルを採ったのには理由がある。それは内戦とそれに伴う大規模な避難を経験したクク人を見ていこうとするとき、一定地域だけに留まっていては限界があるとハルツームで調査を行う中で実感したためである。内戦を経験したクク人は、移動を繰り返す人生を送ってきた。特に第一次内戦時（一九五五～一九七二年）も避難を経験している老、壮年層はウガンダ、ハルツーム、カジョケジ、ジュバといった場所を転々としている。それぞれの場所にはそれぞれの事情がある。彼らはそこで生きることを選択、もしくは余儀なくされた。彼らの人生にはこの各場所での生活の経験が刻み込まれている。これを理解するためには調査者自身もその場所での生活を経験する必要があると判断し、移動する調査者というスタイルを採用するに至った。[12] これが正解であったか否かについては、本書をその解答としたい。

ここで本書の基本用語に関する使用法の整理を行っておきたい。本書では南スーダン独立以前の「スーダン共和国」の一九五六年独立時の領域を「スーダン」とし、南スーダン独立以前の南北各領域に言及する際は北部スーダン、南部スーダンとする。また、南スーダン独立以降のスーダン共和国は北スーダン、南スーダンは南スーダンと呼ぶことにする。[13] 従って、本書で南部人（Southerner/Junubi）と言った場合、基本的にはこの南スーダン旧一〇州[14]に故地を持つ民族の出身者を指す。[15] 南部出身者と言った場合も同様である。

また英語ディスプレイスト (displaced)、アラビア語ナーズィフ (nāziḥ) の訳語として、国内避難民・避難民を、英語レフュジー (refugee)、アラビア語ラージイー (lājiʾ) の訳語として難民を、英語マイグラント (migrant)、アラビア語ムハージル（muhājir）、バリ語カウォロニット（kawörönit）の訳語として移民、もしくは移住者を用いる。だが英語、アラビア語、バリ語、日本語の単語それぞれが意味するものが完全に一致するということはない。この違いに関しては本文中で説明を試みる。また、バリ語には難民・避難民に対応する単語がない。クク人はバリ語でこれらの単語に相当する概念を言い表したい場合、状況に応じて外国人という意味のルワカ（lwaka）を使って難民を表わし、他の場所から逃げてきた人を意味するグトゥ・ロ・リコ・カセ・イ・ピリトン（ŋutu lo rikö kase i piritön）を使って国内避難民を表わすように、バリ語の語彙を使ってその概念を表わす。

また、**return home**、もしくは**homecoming**の訳語に帰郷を当てる。アラビア語ではラジャ（raj'a/raja, beled/bait/waṭan）、バリ語ではイテ（yte bot/mede/jur）となる。それに対し、帰還とは**repatriation**の訳語とする。本書では基本的に帰還とは難民、もしくは避難民とみなされる人が故地、もしくは故国とされる場所へと向かう行為を示す。これは国際機関などの定義と同じものである。従って本書において両親は南スーダン出身だが、本人はハルツーム生まれで南スーダンにはじめて行くといったような場合であっても、上記の定義に従って帰還と記述する。帰還民も同様である。つまり、本書においては帰郷と帰還の意味は同一である場合と、異なる場合がある。[16]これに関しては調査対象者たちの帰還、故郷観と照らし合わせながら本文中で適宜、注を施す予定である。

さらに本書では英語の**home**の訳語を故郷とする。アラビア語ではバラド（balad/beled）、バリ語ではジュル（jur）となる。それに対し故国、故地は**homeland**の訳語であり、アラビア語では基本的にワタン（watan/waṭan）、バリ語ではジュルとなるが、バリ語のジュルが故地、故郷の両方を表すことから見える通り、故郷、故地といった概念に対する人びとの認識は多様である。[17]本書ではその多様さとそれが作られる背景を見ていきたい。

上記の記述からもわかるように、筆者が調査を行ったハルツームの移住者地区、ジュバ、カジョケジ、そしてアジュマニのいずれの地域も多言語が流通する地域である。ある一定の範囲に住む人びとが同じ一つの言語を使用するわけではない。そして地域ごとにその多言語使用の様相も異なる。人びとの移動によってその様相がさらに変化することもある。こうした地域において、どこで、誰と、どの言葉で話すのかという問題は大変重要である。クク人がクク語を民族語としているからと言って、全員がクク語ですべての概念を理解しているわけではない。従って本書では調査地における、ある概念の理解に際し、いわゆる民族語の単語のみを取り上げてその理解に努めることはほぼ不可能であったこと、そのため筆者は状況に応じて異なる言語の単語からその理解に努めたことをここに明記しておく。本書は多言語地域に生きる人びとの民族誌でもある。それはしばしば人間の移動の経験の意味を知ろうとするときに大きな示唆をもたらしてくれた。これについては本文中で論じられることになるだろう。

本書の構成は以下のとおりである。

本書は二部構成で、序章および終章含む全八章からなる。

序章に続く第一部は一～三章からなり、ククの人びとの故郷観形成過程について主に彼らの移動との関わりから論じる。一章においては、クク人の故地、故郷とされるカジョケジが歴史上に登場し、それをクク人が彼らの「故郷」として眼差していく過程を追う。二章では「スーダン」最南端を故地とするクク人が北部ハルツームに来るまでの過程、そしてハルツームでの生活について記述する。三章では、帰還が迫ったハルツームにおける人びとの動きと、それに伴う彼らの故郷観の変容について見ていく。

第二部では、帰還後のクク人について、彼らの帰還先ごとに論じ、帰郷が創られる過程を見ていく。四章では新生南スーダンの首都ジュバに帰還した人びとの生活を、特に様々な場所から帰還した人びととの関わりに注目して論じる。五章はクク人の故地、カジョケジに「帰った」人びとがカジョケジをいかに眼差すのか、そしてそれが個々人の状況によってどのように変化していくのかについて記述し、ククにとってのカジョケジは「どのような」故郷なのかについて見ていく。六章では南スーダン独立後もハルツームに留まった人びとの様子を描くことを通じ、異郷でも故郷でもない場所がありうることを示す。

終章ではこれまでの議論を振り返りつつ、帰郷が創られる過程についてまとめ、帰郷とは何かという問いに答える。

なお、南スーダン独立後のハルツームの移住者地区、そしてアジュマニに住む南スーダン人の政治的立場を考慮し、地区名、教会名等を仮名にしているところがある。本書の登場人物に関しても、一部の教会、もしくは教区幹部を除いては全員仮名であることをあらかじめお伝えしておく。

註

(1) この点で人類学者池田光穂の移民に関する自発性の強弱の軸と移動の有無の軸による象限図は非常に示唆的である［池田二〇一二］。本節は池田の論をさらに展開したものであるとも言える。また、人類学と社会学との間に違いがあるのか、という根本的な疑問があることも承知しているが、人類学と社会学は現在異なる学問分野であるということはできるだろう。帰還、帰郷を巡る人類学の研究においてアーリの議論が俎上に載せられることはまれである。

(2) ヌアーに関しては現在ではヌエルと記述されることが一般的となっているが、ここでは訳に従いヌアーとしている。

(3) 後述するが本書では帰還とは基本的に repatriation の訳語として使用するため、return migration は帰郷移動と訳されるべきだが、ここでは定訳に従い帰還移動とする。

(4) これは本書で使用される言語であるアラビア語ハルツーム方言、ジュバ・アラビア語、そしてバリ語にも共通する特徴である。そう考えると漢字文化圏において「帰る」という単語が存在するのは、世界的に見れば特殊であると言えるのかもしれない。

(5) 一九七三年、一九九三年の国勢調査においては南部人口は二九四万人、四三二万人とされている。（

(6) しかし二〇一三年に南スーダンにおいて内戦が起こったことにより、人びとは再び南スーダンから逃れざるを得なくなった。そのため帰還後の生活を問うことは難しくなっている。

(7) 二〇一五年一二月までは中央エクアトリア州に帰属していたが、行政区分が変更され、イエイ川州に編入された。

(8) クク人の詳細に関しては後述する。二〇〇八年の国勢調査ではカジョケジ郡の人口はおよそ二〇万人であった。郡内の住人すべてがクク人であるとは限らないこと、およびカジョケジ郡の外に住むクク人のことを考え合わせて、二〇万程度と見積もっている。

(9) バリ（Bari）、クク、カクワ（Kakwa）、ポジュル（Pojulu）、ニャンガラ（Nyangala）、ムンダリ（Mundari）、ニェポ（Nyepo）。綴り、発音に関しては諸説ある。

(10) バリ・スピーカーに関する研究としては、セリグマン夫妻によるナイロート系民族に関する研究［Seligman & Seligman 1928; 1932］をはじめとした植民地期における調査報告書に関連したもの［Nalder 1970; Stigand 1923 etc.］、レオナルディによる内戦中のカクワ人に関する論考［Leonardi 2007a, 2007b, 2013］等を挙げることができる。だが中部「スーダン」の牧畜民であるディンカ、ヌエル人に関する研究の蓄積と比べればその差は歴然としている。

(11) 南スーダン、主にエクアトリア地方で使われるアラビア語のピジン・クレオール。アラビア語スーダン方言の影響が強いが、エクアトリア出身者はスーダン方言とジュバ・アラビア語を峻別する。

(12) 一方でこのような筆者の調査方法は複数調査地エスノグラフィとの共通点がある。だが単独調査で複数の調査地を「人類学的」に調査することは時間的にも能力的にも無理があるというその限界も指摘されている［ハージ 二〇〇七：二九―三四］。筆者はこの限界を認識しつつも、調査対象の何に力点を置くのかを考えたうえで戦略的に調査を展開することによって、移民、難民について調査する上で、効果的な調査方法となる可能性があると考えている。

(13) 本書では歴史的スーダンについては扱わない。

(14) 上ナイル、ユニティ、北バハル・アル・ガザル、西バハル・アル・ガザル、ワラブ、ジョングレイ、レイク、西エクアトリア、中央エクアトリア、東エクアトリア、調査時時点でのもの。

(15) 南部人という単語が実際に使われる際にこの定義が必ずしも当てはまるとは限らない。その際は本書でも適宜注を入れるが、ハルツームにおける「南部人」という単語の扱われ方に関して詳しくは拙稿［飛内 二〇一一］を参照していただきたい。

(16) 帰郷と帰還の定義、使い分け方は統一されていない。特に違いを設けず使う場合［Hammond 2014］もあれば、報道では国内避難民の帰還を return と表示し、難民の帰還を repatriation とする場合もあった。また、ロングは repatriation を re-patria、つまりパトリアを再び創る行為とみなし移住を経験した人びとが「故郷」に政治的に関与する行為も含めて帰還と呼ぶ［Long 2013］。本書では登場人物の多くが国際機関や政府が関わる repatriation プロジェクトの対象者となり、その行為が「帰還」と呼ばれることを考慮し、上記の定義を採用する。従って本書において帰還民は repatriates の訳語となる。

(17) もう一つ付け加えるとジュルには民族／部族という意味もある。

●第一部　故郷になる場所、なりえない場所

第一章　カジョケジが故郷になるまで

一　クク人とは誰か

ジュバ郡からカジョケジ郡に入る橋を越えると、空気ががらりと変わる。日差しは変わらず強いものの、高地特有の乾いた風が吹く。バスの通る道は舗装こそされていないが整備され、道の両側にはどっしりとしたマンゴーの木がそこここに立つ。ハルツーム、いやジュバに住むクク人でさえ「故郷カジョケジ」を語るとき必ず話題にするのがこのマンゴーである。二〇一二年四月、ハルツーム、ウガンダでの調査を終え、再びカジョケジに舞い戻った筆者を待っていたのはあふれんばかりのマンゴーだった。

カジョケジ、もしくはカジョカジ（Kajo-kaji）とはバリ語（クク語）で「檻の中の（たくさんの）牛」という意味を持ち、一八九〇年代から一九一〇年代ごろに存在した一人の首長のあだ名であった［Stigand 1923: 69］。カジョケジ郡は北緯三度五三分、東経三一度四〇分付近に位置し、ほぼ赤道直下にあるが、高度が海抜七〇〇メートルほどあることもあって暑さが厳しい南スーダンの中では比較的過ごしやすい気候である。気候は雨期と乾期に分けられ、雨期は四月から一二月、乾期は一月から三月である。

クク人とは、この南スーダン共和国旧中央エクアトリア州[1]カジョケジ郡を故地とする民族集団に属する人びとである。カジョケジ郡の住人はほとんどがクク人であるといわれる。ニェポパヤムの住人、および出身者は自身を「ニェポ人である」という場合もある。また、クク人は基本的には父系[2]であり、クラン外婚制をとる。エクアトリア地方には年齢階梯制を持つ民族集団が多いが、カジョケジにおいては機能していない[3]。

カジョケジ郡の住人の主な生業は農耕と牧畜であり、主な主食はモロコシ、もしくはトウモロコシ、キャッサバの粉を湯に入れて練って作る練り粥[4]であるが、キャッサバやサツマイモも主食、もしくは軽食として日常的に食される。近年では米やパンも入手できるようになったが、それらは贅沢品と見なされる。

民族語は東ナイロート系であり、エクアトリアの有力言語の一つ、バリ語[5]である。バリ語を話す民族は南スーダン内に六～七つあると言われており、それぞれの特徴を持つ。このそれぞれの変種はクク語、カクワ語というように各民族集団の名を冠して呼ばれることもあり、各民族を分ける指標の一つでもある。だがバリ語話者同士であれば話は通じる。

二〇〇八年の国勢調査では、その人口は約二〇万人であった。カジョケジ郡は下部行政組織としてカナポ一、二（Kanapo 1, 2）、リレ（Lire）、ニェポ（Nyepo）、リウォロ（Liworo）という五つのパヤム（payam）を持つ。パヤムはそれぞれボマ（boma）と言われる行政組織を持ち、ボマはいくつかの村の集合体である。基本的に村は一クラン[6]（köji, tokakat）で構成され、村長はクランの首長でもある[7]。ククのクランは一〇〇以上あるとされるが正確な数については不明である。このような行政組織が整備されたのは一九九七年に当時の反政府ゲリラ組織であり、現在では南スーダンの国軍であるスーダン人民解放軍（Sudan Peoples Liberation Army: SPLA）がカジョケジを「解放」してからだと言われている。また、行政権を持つ郡やパヤムの長とは別に大首長が置かれている。

植民地化、聖公会の進出以降の教育の普及によって国際機関やＮＧＯ、行政組織で働く人もいる。先述したと

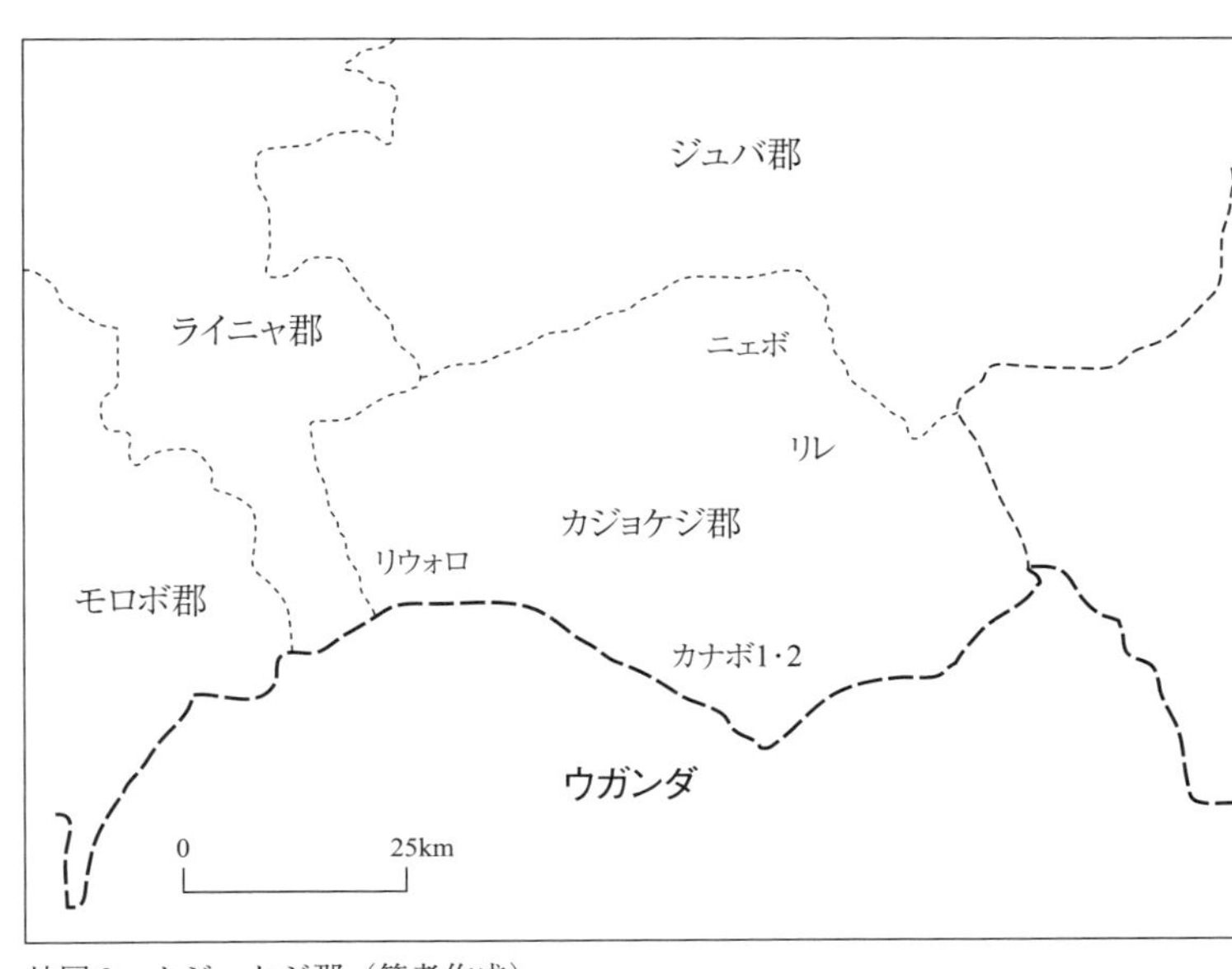

地図3　カジョケジ郡（筆者作成）

おり、クク人は南スーダン、特にエクアトリア地方において教育意識が高い民族集団として有名な民族集団であり、事実、内戦終結から一〇年も経っていないにもかかわらずクク人は学校を再建した。現在、各パヤムに最低一つの中等教育施設がある。教育言語は英語である。カジョケジ郡では内戦中も基本的には英語で教育が行われていた⑧。

ここで南スーダンにおけるクク人の位置を明らかにするために、南スーダンの民族間関係について見ておきたい。南スーダンは五〇以上の民族集団が混住する多民族国家である。最大民族は牧畜を主な生業とするディンカ人であり、次に同じく牧畜民であるヌエル人が続く。ディンカもヌエルも南スーダン北部を居住地としている。一方、南スーダン南端のエクアトリア地方（東、西、中央エクアトリア州領域）にはクク人をはじめとした中・小規模な民族集団がひしめき合っている。これらの民族集団は農耕、牧畜、狩猟採集等の様々な生業を組み合わせて生計を立てているところが多く、ウガンダやケニアとの関わりも深い。彼らは民族集団は違えど、「エクアトリア人（英：Equatrian、ハル、ＪＡ：Nas Istwaiya）」としてまとまる場合がある。多くがディンカやヌエルといった大きな民族集団に対して語られる場合である。

報道などでは南と北とで二項対立的に語られることが多かった「スーダン」であるが、南スーダンが一枚岩であるわけではない。植民地統治時代、イギリスはディンカやヌエルといった牧畜を主な生業とする人びとよりエクアトリア地方の人びとを政府官吏として重用した［Johnson 2007: 18］。この影響は独立後も強く残った。またさらに内戦中ディンカ、ヌエル人の台頭によって、エクアトリア地方の人びとの危機感が強まったという事情もあり、クク人、特に現在四〇代以上の壮年層はエクアトリア地方出身者の方が、ディンカ、ヌエル人よりも教育程度が高く、近代的であるという意識を持つ(9)。その中でも特にクク人は自分たちが高い近代教育を受けてきたことに誇りを持つ人びとである。彼らは混乱の「スーダン」を生き抜くために必要なものとしてまず教育をあげる。内戦中ククの子どもの多くはウガンダで学び、内戦終結時に初等教育修了者の割合が二五％と言われた南スーダンで生きてきたにもかかわらず、学士号どころか博士号取得者も決して珍しくない。英語がよく出来、勤勉なクク人はジュバで活動するＮＧＯスタッフの間での評判もすこぶるいい。ジュバ大学で教鞭をとる者もいれば、詩人として東アフリカに名をはせる者もいる。今後、南スーダンの教育文化面にクク人が果たす役割は大きくなるだろう。

一方、彼らは政治とは一定の距離を置く。ジュバ滞在中、筆者の居候先からジュバ市内に送ってくれたディンカ人のＳＰＬＡ兵士はクク人を評して、「彼らは政治に積極的ではない」と言っていた。その評価はある意味、正しい。彼らは政治に興味を持っているが、南スーダンの支配政党スーダン人民解放運動（Sudan Peoples Leberation Movement: ＳＰＬＭ）への視線は冷ややかとは言わないまでも冷めている。口では「ＳＰＬＭ万歳（SPLM Ohyee）」と言っても内心は完全に従っているわけではない。あるとき、カジョケジでビナイア・ポッゴ・メモリアル・カレッジの講師の給料に関する話をしていたら、通りかかったカレッジの警備員が「給料くれるだけいいじゃないか、SPLAなんか二〇年間無給で働かせてたぞ！」と声をかけて去っていったことがある。またカジョケジの学生たちは南スーダン政府をほとんど信頼していない[10]。聖公会カジョケジ教区のスタッフたちも官僚とは一定の距離を置いていた。それは、SPLA／Mが基本的にディンカ、ヌエル人主体の組織であることも無関係ではないだろう。「南部人」としてまとまることには賛同する。だが、私たちはディンカやヌエルとは違う。クク人たちのSPLA／Mへの態度にはこのような意味が内包されている。

つまり、現在の南スーダンにおいてクク人とは、ディンカやヌエルではないエクアトリア地方の一民族集団であり、政治的には傍観者であり、他方思想文化面でのプレゼンスは高い人びとということになる。

そしてエクアトリア、特に中央エクアトリアの住人にはキリスト教徒が多いが、クク人もその例にもれずキリスト教徒が多い。それも熱心なキリスト教徒が多いのである。

アジュマニで出会ったあるウガンダ・マディ（Madi）人[11]は、筆者がクク人を研究対象としていると言ったとき、クク人を評してこう言った。「ああ、クク人はここに大勢いるよ。タウンの一角はクク人で占められているところもある。ここでビジネスをしているんだ。彼らはビジネスと、そして神を愛する人びとだ」

そしてアルア県から司祭や教会指導者の妻たちのワークショップのためにアジュマニに派遣されてきたウガンダ国教会（Church of Uganda）のルグバラ人女性司祭[12]もこう言う。「彼ら（クク人）は神を愛する人びとよ。そして本当に教会によく来る人びとだわ」

このようにクク人は外部の人から「神を愛する人びと」と形容されることがある。現在カジョケジには聖公会をはじめとしてカトリック、バプティスト、ペンテコステなどの各教派に属する教会が建つ。日曜日にはあちこちの教会で賛美歌が響く。またモスクも存在する。二〇一二年五月現在でカジョケジ郡の宗教局にはキリスト教、イスラーム合わせて一二教、宗派が登録されていた。教派、宗派ごとの内訳は不明であるが、宗教局の職員はカジョケジ郡の住人のうち約七割がキリスト教徒であるという。内最大教派はスーダン聖公会である[13]。聖公会は一九五五年までカジョケジにおける唯一のキリスト教教派であったため、現在も強い影響力を持つ。そしてクク人はＥＣＳ信徒を基盤として南スーダンで展開されたキリスト教信仰覚醒運動の主たる担い手でもあった。このクク人の強いキリスト教への帰依は移動によって強化されたものであった[14]。

そして内戦やその他の理由によって各地へと移動したクク人たちにとって、各地にあったキリスト教教会はククの、もしくはエクアトリア、そして南部スーダン人の拠点として重要な役割を担った。特にムスリムが主流派を占めるハルツームで生きたクク人たちにとって、キリスト教徒であることによって受ける影響は少なくなかった。そのため本書においてもキリスト教に関する記述が頻出することになる。

二　カジョケジへ／から

南スーダンの首長制の歴史を描いたレオナルディは、植民地期における外部勢力と現地の住民との関係を外部勢力による一方的な侵略であり、現地の住民はそれに対抗する準備が出来ていなかったとしてきたこれまでの南部スーダンの歴史に異を唱え、たとえ創られたものだとしても、首長たちがときに外部勢力と連携、それを利用し、自身の生活を創り上げてきた面もあると主張する［Leonardi 2013: 21］。こうした主張は二〇〇〇年代以降の「スーダン」史家とも共通するものである［栗田　二〇〇二］。

本書においても上記の視点を採用しつつ、特にカジョケジの住人にとっての移動のきっかけとなったと考えられる外部勢力との接触と、それへの彼らの対応に注目しながら、カジョケジの歴史について、多くは二次資料に基づき見ていきたい[15]。

1 カジョケジとクク

現在ククの故地とされるカジョケジであるが、もともとククがそこに住んでいたとは考えにくい。ククについてのほぼ唯一まとまった著書である『ククたち』を一九一〇年に出版したヴァン・デン・プラスはククを「あまり移動しない民族だ」と評しているが［Plas 1910: 37］、それは歴史的流れから見れば間違っている。他の南スーダン諸民族と同様、ククもまた移動の歴史を持つ。

クク人の歴史家で現在アメリカのオハイオ州立大学で教鞭をとるスコパス・ポッゴは、ククを含む東ナイロート系の民族集団に属する人びとが五世紀ごろから現在のスーダン北部から移動を開始し、分離、居住をくり返したこと、そしてククが一三世紀ごろに先住の民であったマディ—モルグループに属する人びとを追いやりカジョケジへと移動してきたと論じている［Poggo 2014］。

ポッゴによれば、ククとはカジョケジへと住みついた移住者（immigrant）集団の集合体である。初期にカジョケジへと移り住んだとされるククのクランはキニュバ（Kinyi'ba）とカンデバ（Kande'ba）であり、彼らはマディ人たちを追い出し、もっとも肥沃で豊かな土地を占有し、自分たちを土地の主（monye kak）と名乗った。そして移動の波の最終段階時に来たのがカスラク（Kasurak）クランであり、彼らは牛を持ち、そして雨師をカジョケジにもたらした［Poggo 2014］。

そしてクク人はカジョケジに落ち着いたのちにも、カジョケジ内で移動したと考えられる。筆者のカジョケジにおける調査拠点であったJ村の住人は、ほぼキニュバ・クラン出身者で占められていると言われる[16]。実はキニュバという地名はJ村ではない場所に存在している。そしてJ村の住人達は自分たちはもともと現在のキニュバ周辺に住んでいたのであり、そこから移動して現在のＪ村付近に住むようになったのだと説明する。[17] ククがいつククという民族集団としてのアイデンティティを得たのかは定かではないが、ここからは移動がククのアイデンティティを創り上げていった可能性を見てとることができる。ククはククとしてカジョケジに来たというより、カジョケジに集まったことによってククになったといえるのではないだろうか［cf. Turton 1996］。

以上のククの歴史からも、そしてククという民族名が動き続ける人びとという意味を示すククトロ（kukutoro）からきていると言われることからもわかるように、ククの人びとは古来よりカジョケジ内外で移動を繰り返していた。だが、その移動のスケールが距離的、飛躍的に拡大するのは一九世紀、植民地勢力の現在の南スーダン南部、つまりエクアトリア地方への侵入以降である。

写真１　Ｊ村（カジョケジ）

次項ではクク人と外部者の接触を語る上での背景となる、カジョケジが位置した南部スーダン、エクアトリア地方の略史を述べる。

２　ムハンマド・アリー朝とマフディー軍の侵入

南スーダン領域はその外部の者にとって一八四〇年代まで「暗黒の地」であった。その存在は知られていたものの、外部の人間には入ることができない場所だったのである。特に白ナイル川上流、赤道直下に位置するエクアトリア地方は、エジプトからナイル川を上るルート、そしてモンバサから陸路で内陸に入るルートのどちらにとっても最奥地にあたったため、外部者の侵入は他のアフリカ大陸各地と比べても遅かった。

地図4　マフディー運動期「スーダン」周辺
［Collins 1962］の地図を参考に筆者作成

だが一八二〇年に開始された侵略により北部スーダンを支配したムハンマド・アリー朝がさらなる資源を求めて南部の支配を試み、その命によって南部探索を試みた船が一八四一年にゴンドコロ[18]（Gondokoro）に到着した。それをきっかけにジャーリイーン（Ja'liyīn）やダナークラ（Danāqla）といった北部スーダンの民族出身の商人たちが南部に取引拠点を築きはじめ、西洋人探検家が到来し、さらに一八四〇年代末には宣教師団もゴンドコロに到着した。そしてイギリス、フランス、ベルギーなどがこの土地へと触手を伸ばしてくるようになると、その様相は一変した。

はじめ商人たちの目的は象牙であったが、その比重は次第に奴隷交易に移っていった。商人たちの拠点はバハル・アル・ガザルとエクアトリア全域に点在していた［Collins 1962: 14］。当初商人たちはゴンドコロの住人であったバリ人と友好関係を築くことに成功したが、その後、両者の関係は悪化し、商人、そして宣教師たちはバリ人の敵意に囲まれるようになった。宣教師たちはこのバリ人からの敵意と南部スーダンの気候や環境に苦しみ、さらには宣教にも成果が表れないことから一八六〇年には一旦エクアトリアから撤退した。一八六〇年代初頭、一八七〇年代のはじめにいくつかの宣教師団が南部スーダン、そしてヌバ山地へと送られたが「ごく少数の例外を除いて南部スーダンの歴史に大きな貢献をした宣教師団はなかった［Gray 1961: 70］」と言われる。そして奴隷狩り自体はやむことなく行われていた。この奴隷商人たちはいまでもクク人たちに悪しざまにののしられる対象である。その一方でこの奴隷狩りは、南部スーダンの住人を北部へと向かわせるきっかけともなった。連れ去られた奴隷、そしてジハーディーヤと呼ばれる奴隷軍人がハルツームに送られ、そこからさらにエジプトやトルコ本国へと向かっていった。

このような状況下にあったエクアトリアに、アルバート湖を発見したことによって有名になったイギリス人冒険家、サミュエル・ベイカーがイギリス王家とムハンマド・アリー朝の副王イスマーイールの依頼を受けてハルツームから旅立ったのは一八七〇年である。途中スッドと呼ばれる湿地帯に行く手を阻まれ、到着が遅れたものの、一八七一年四月にゴンドコロに到着した。そしてベイカーはエクアトリアを州としてムハンマド・アリー朝の支配下に置き、自身が初代知事となった。これ以降エクアトリアはムハンマド・アリー朝の支配下に入った(19)。奴隷交易が南部スーダンの経済発展を阻害すると考えていたベイカーは、この地に正規の商業ルートを作るつもりでいたが、それは資金不足やバリやロコヤといった地元住民らの反抗にあい、なかなかうまく進まなかった。

そして当時奴隷狩りが行われていたのは主にエクアトリアより北のバハル・アル・ガザルにおいてであり、エクアトリアではまだ象牙が主力商品であった。そのためベイカーがエクアトリアにもたらした影響はあまり大きくなかった［Gray 1961: 86-104］。

この状況は一八七三年にチャールズ・ジョージ・ゴードン[20]がエクアトリア州知事になったことで変化する。敬虔なキリスト教徒であったゴードンは、象牙を政府専売商品とし、武器や弾薬の輸入を制限し、奴隷商人たちの私有兵を解散させることによってエジプト人たちの反発を買いながらも奴隷交易の撤廃に尽力した[21]［Collins 1962: 15］。そしてエクアトリア州の州都をゴンドコロから数キロ北に位置するラド（Lado）へと移した。さらにゴードンはこの地にイスラームが伝わる大きなきっかけも作った。もともとベイカーが知事であったころからムハンマド・アリー朝の兵士と現地の女性との婚姻関係によって、少しずつアラビア語とイスラームは広がっていたところに、ゴードンがハルツームからムスリムであるエジプト人兵士を三〇〇人ともなってゴンドコロに到着し、彼らにモスクを建てることを命じたことが、南部スーダンにおけるイスラームの拡大のきっかけとなった［Abdalla 2006: 16］。

そして副王イスマーイールの退位とともにゴードンはエクアトリアを去り、奴隷狩りはそのまま続けられていった。同時に新しくエクアトリア州の知事となったエミン・パシャ[22]によって、イスラームはさらに広がっていった。ドイツ人で、ムスリムへと改宗したエミンは、ラドに居を定め、行政に携わる一方、モスクとハルワを建設し、イマームとしてイスラームの布教にも尽力した。その影響は特に基地があった場所に大きかったと言われる［Abdalla 2006: 18］。基地は基本的に白ナイルに沿って置かれていた。カジョケジも白ナイル沿いに位置する。この時期のカジョケジへのイスラームの伝播について語る資料は私見の限り存在しないが、この状況から、この頃カジョケジの住人もまた、イスラームの影響を受けたであろうことが想像できる[23]。

そして一八八一年六月二八日、「スーダン」北部、現在のコスティにほど近いアバー島にてムハンマド・アフマドは自身が救世主マフディーであることを宣言した。「スーダン」における反帝国主義闘争として知られるマフディー運動の開始である。戦火は瞬く間に「スーダン」内に広がった。それはエクアトリアも例外ではなかった。南部スーダン領域におけるマフディー運動の意味は、地域、そして民族ごとに異なる［Collins 1962; 栗田二〇〇二］。当時のエクアトリアは現在エクアトリアと呼ばれる地域より広い範囲を指している。そして同じエクアトリアにあっても、その北部にいた民族と、南部にいた民族とですらその意味は異なるのである。南スーダン最南部のカジョケジ郡は当然のことながらエクアトリアの南部に位置する。そのため、本書ではエクアトリア南部、そしてナイル川沿岸に注目してマフディー運動の展開を見ていきたい。

南部スーダン領域で最初にマフディー運動の影響を受けたのは南部スーダン北西部のバハル・アル・ガザルである。一八八四年、バハル・アル・ガザルにあったエジプトの行政府はマフディー軍の将軍、カリーム・アッラーの手に落ちた。バハル・アル・ガザルを手に入れたカリーム・アッラーはエミン・パシャのもとに降伏とマフディー軍への参加を推奨する手紙を送った。そしてエクアトリアへと手を伸ばそうとするが、なかなかそれを達成できなかった［Collins 1962: 42-51］。

一九八五年にマフディー軍はハルツームを陥落させるが、その直後にムハンマド・アフマドが急死した。そのあとを継ぎ、ハリーファとなったアブドッラーヒは再びエクアトリア攻略を試みた。この背景には西欧人のエクアトリアへの侵入と、彼らとエミンとがつながることへの警戒があった。そのため、マフディストたちの標的は第一にエミンとその取り巻きであったと言ってよい。つまり、クク人たちのようなエクアトリアの住人には、さほど注意が払われていなかった。一八八八年六月一一日、ウマル・サリーフは一五〇〇人のアンサールたちとともに、スルタンからエミン・パシャへの手紙を携えて、オンドルマンからエクアトリアへと出航し、一〇月一一日にエクアトリアの州都、ラドに到着した。エミンはラドを放棄し、南方へと逃げのびた。

ウマル・サリーフはラジャフを手中に収め、さらにはエクアトリア全体を支配しようと試みた。そして一時期はエミン・パシャが放棄した軍事基地を占領し、そこを起点として周辺民族の攻略を図った。それは一部では周辺民族自身の協力もあり成功した。だが、極めて限定的な成功であったと言える。ウマル達マフディストの目的は、軍事的支配もあったが、あくまでもマフディー運動の拡大にあった。だがマフディストたちに加担してムハンマド・アリー朝を追い払った周辺民族の真意は、ムハンマド・アリー朝が消えることによって、かつての自身の権威を取り戻すことにあったのである。もちろん、この意図はマフディストのそれとは食い違う［Collins 1962: 71-80］。

結果、一八九一年にはマフディストたちは周辺民族から尽きることのない敵意を向けられることとなり、エクアトリアにおける支配力を徐々に失っていく。そしてエミン・パシャの部下であったファデル・アル・ムッラー・ムルジャーンやサリーム・ベイは多くの兵士たちを従え、現在の南スーダン、コンゴ、ウガンダ領域内を動きまわった。後の帝国イギリス東アフリカ会社（Imperial British East Africa Company: IBEAC）が派遣したルガードによって、この兵士たちは現在のウガンダ領域まで連れ出され、その存在を知られるようになった［Leopold 2005: 125］。現在でもウガンダ北部やケニアでヌビ人として知られるムスリム集団の源流は、このエミン・パシャ配下の兵士たちにあった。また、「スーダン」領域からの長距離、長期にわたる人間の移動の端緒がこの時代にあったことが見える。

そして忘れてはならないのは、この時期同時に西欧列強がエクアトリア地方の支配権をめぐって、マフディストたちと激しい争いを展開していたことである。前述したようにマフディストのエクアトリア侵攻自体がこの西欧人の侵入への警戒を背景としていた。この地方は、アフリカ縦断を狙ったイギリスと、アフリカ横断を狙ったフランスとの争い、そしてコンゴをめぐるベルギーのレオポルド二世とポルトガルとの争いのまさに過中にあった。一八八四年のベルリン会議によってコンゴ自由国の領有を対外的に認められたベルギーのレオポルド二世は、さらにナイル川流域へとその勢力範囲を延ばそうと試みた。一八八八年にレオポルド二世の命を受けてマフディー軍からエミン救出のためにエクアトリアに向かったヘンリー・スタンレーは、五月、エミンに対し、コンゴの支配下に入るよう求めたが、彼は拒否した〔Collins 1962: 93〕。

一八九八年にマフディー国家が滅亡し、「スーダン」はイギリス・エジプト共同統治下に入ったが、ベルギーとイギリス、そしてフランスによるナイル川流域の支配をめぐる攻防は変わらず続いた。だが、そこに周辺民族が及ぼした影響は少なかった[24]。

3　カジョケジの登場

上述の通り、一八四〇年代からはじまった外部勢力との接触によって様相が一変したエクアトリアであったが、筆者が入手でき、かつ解読可能なクク人がこの激動の時代の中でいかに生きていたのかを伝える資料は少ない[25]。おそらく奴隷や象牙を扱う商人たちがカジョケジに入った最初の「他者」である。筆者が確認した限り、文献にククの名がはじめて記されるのは一八六〇年、ゴンドコロを訪れたイタリア人モラン（Molang）が商人たちと周辺民族との間での牛と奴隷の略奪について聞き記した文章においてである〔Gray 1961: 57〕。だが、モランが一八六〇年にククについて言及しているにしても、それが一民族として認識されていたのかについては確認できていない。おそらく一民族として認識されていなかったのではないか。もし認識されていたとしてもその認識は広く受け入れられたものではなかったのではないかと考える。なぜならエミン・パシャはエクアトリア州知事就任後の視察旅行の過程、そしてマフディストからの逃避行の過程で間違いなくカジョケジ付近を通っているが、そこに住む人びとをバリやロコヤのように一民族としては認識していなかったためである。一八八八年に出版されたエミンの手記の解説者もククを一民族として認識していない[26]。だが、一九一〇年にはククの民族誌である『ククたち』〔Plus 1910〕が出版されており、筆者のヴァン・デン・プラスは一九〇七年に調査を開始している。ここから一八九〇年代～一九〇〇年代にククが西洋人に一民族として認識された可能性が高いことがわかる。

では、この時期カジョケジでは何が起こっていたのだろうか。それをラド・エンクレイブ（Lado Enclave）と呼ばれた地域の歴史を追うことによって明らかにしたい。

ラド・エンクレイブとはアルバート湖の北、白ナイルの西に位置する、約四万平方キロメートルにわたる土地を指す名称である。そしてこの土地は一八九四年から一九一〇年までコンゴ自由国（一八九四〜一九〇七）、そして後のベルギー領コンゴ（一九〇八〜一九一〇）にイギリスから租借されていた。

コンゴ自由国の所有者であるベルギーのレオポルド二世がはじめてラド・エンクレイブへと意識を向けたのは、一八八〇年代前半、当時「スーダン」総督であったゴードンと会談をしたときである。以後二五年続くレオポルド二世の「ナイルの夢」がこの会談によって生まれた［Gudenkauf 1985: 13］。だがその後ハルツームはマフディー軍によって占拠された。マフディー軍がさらに南下し、バハル・アル・ガザルやエクアトリアへと足を踏み入れ、当時のエクアトリア州知事エミン・パシャがラドを放棄したのは前述のとおりである。一八八八年、レオポルド二世はエクアトリアとバハル・アル・ガザルの奪取を望み、エミンの救出を口実にスタンレーを派遣することでエクアトリアへの最初の侵入を図った［Collins 1962: 93］。

一八九〇年五月にコンゴ自由国とIBEACとの間でマッキノン条約が結ばれ、ナイル川以東はIBEACが、ナイル川以西ラド以南まではコンゴ自由国が主権を持つこととされた。だがこの条約は当時のイギリス首相ソールズベリー卿個人が認めたものに過ぎず、イギリス政府に正式に提出されることはなかった［Collins 1962: 93-4］。

この当時、エミンは自身の拠点であったラドからさらに南へと向かう逃避行中であった。かつてのエミンの部下であり、後にエクアトリアの支配者を名乗るファデル・アル・ムッラーらもまたエクアトリア領域内にいた。一八九〇年一〇月にベルギー軍がエクアトリア領域に向かうためにベルギーを発ち、行軍を率いた将軍が射殺されるという事件はあったものの、アル・ムッラーに対してコンゴの支配下に入ることを促す手紙を送り、ムッラーは最終的にそれを承諾した。

各国の思惑が交錯した結果、一八九四年にはイギリスとベルギーによるイギリス－コンゴ条約が結ばれ、レオポルド二世の治世中に限り、ファショダを北限とし、ナイル川以西東経三〇度まで、つまりラド・エンクレイブがイギリスからコンゴ自由国に租借されることとなった［Collins 1962: 123］。一八九六年、レオポルド二世はマフディストが守るラド・エンクレイブへとコンゴ自由国の旗を立てるための軍を送った。アザンデ人の協力もあり、一八九七年二月一七日にラジャフを占領した。そして一八九九年にはコンゴ自由国とイギリスの協力体制の下、ラジャフから撤退したのちボル（Bor）に留まっていたマフディー軍を襲撃し、さらに北のダール・カラカ（Dar Kalaka）へと追いやった［Collins 1962: 156-172; 1971: 130-174］。

このマフディー軍のラド・エンクレイブからの撤退に従い、コンゴ自由国による支配が確立されたものの、その統治体制の確立は遅れ、かつ自給体制も整わなかったためにベルギー人たちはナイルを通じてくるハルツームからの支援食料に頼ることになり、それは必然的にラド・エンクレイブにおけるイギリスのプレゼンスを高めることになった。他の西欧諸国、そしてマフディー軍と同様、いやそれ以上に、コンゴによるラド・エンクレイブ支配はそこに住む者にとって厳しいものであった。周辺諸民族は略奪され、正義を踏みにじられ、厳しい強制労働に従事させられた。こうした支配を嫌い、イギリス領に逃れる人びとが後を絶たなかった［Collins 1971: 139-141］。

カジョケジという地名が歴史の中に登場するのはこのベルギー支配期にカジョケジ居留地（station）が設置されたときである。ラド・エンクレイブを訪れたワンジェルメは一九〇九年に出版された手記にククの首長の写真を載せ、それがカジョケジの近くで撮られたものだと説明をしている［Wangermee 1909: 26］。また、一九一〇年に出版されたククの民族誌［Plas 1910］にも筆者の滞在地としてカジョケジの名が見られる。

そしてレオポルド二世の死去によって、一九一〇年にラド・エンクレイブがベルギーから返還され、イギリス領になった。レオポルドの「ナイルの夢」はここで潰えたことになる。一九一四年、ウガンダとスーダンの国境も引きなおされ、現在の南スーダン―ウガンダ国境が画定し、クク人は「スーダン」人となった。

ラド・エンクレイブが英国に返却されたのち、カジョケジはディストリクトとしてモンガラ州に編入された。そしてこののち、二〇一五年に南スーダンが二八州となり、カジョケジ郡が解体されるまで、カジョケジはディストリクト、もしくは郡の名前として地図に載り続けた。しかしカジョケジがククの故郷として認識されるには、クク人たちがカジョケジ以外の場所と出会う必要がある。それを可能にするのはやはり移動である。

4　移動の制限ときっかけ――眠り病とCMSの到来

「スーダン」史の大家、ロバート・コリンズによれば、南部スーダンにおけるイギリスによる最も一致協力した、膨大な非軍事的な取り組みは、アフリカ眠り病（sleeping sickness, Trypanosomiasis）対策であるという［Collins 1971: 267］。眠り病とは、ツェツェ蠅を媒介してトリパノソーマという病原体がヒトの体内に入り、嗜眠性の脳膜炎を起こす病気である。植民地化以前のアフリカにも存在していた風土病であるが、植民地化後の商品流通や人の移動が頻繁になるに従い大規模な蔓延を見ることになった、いわば開発源病（developogenic disease）である［磯部二〇一八：六―八］。神経疾患や睡眠周期の乱れが症状としてあり、治療をしなければ昏睡状態に陥り、死に至る。一九世紀にはウガンダ、そして二〇世紀には南部スーダンでも認められるようになった［Collins 1971: 267］。

カジョケジ、そしてラド・エンクレイブはこの眠り病に深く侵された場所であった。

イギリスはコンゴやウガンダとの協力体制の下で眠り病の撲滅と伝播ルートの遮断を試み、感染地からの人の移動を制限し、カジョケジを含むラド・エンクレイブ南部にいくつかの隔離キャンプを設置した。キャンプでは眠り病の検査と治療が行われ、ウガンダやコンゴから「スーダン」への眠り病の拡大に対するチェックがされた[Collins 1971: 270]。

この眠り病対策は人の移動を制限するものであったが、キャンプが設置されたカジョケジの住人にとっては外部者の介入をも意味した。だがそれは衛生分野に限られたものであった。

では、一九一四年のウガンダ―「スーダン」国境画定はクク人たちに何をもたらしたのだろうか。一番大きな影響はクク―マディ(27)、もしくはルグバラといった近隣の、しかしウガンダ側に住む民族とのある種の断絶ではないだろうか。この国境画定以前、そしてその後もクク人は主にマディやルグバラ人と交易や婚姻関係を通じて交流を持ち、バリ人やポジュル人、ロコヤ人といった「スーダン」側の民族との付き合いはマディやルグバラとのそれと比べれば浅かった[Stigand 1923; Leonardi 2013: 50]。だが、この国境画定を機にこの交流関係に変化が見えはじめたと言える。

なぜそう言えるのかというと、それはマディランドである現在のウガンダ共和国モヨ県（Moyo District）におけるイギリス国教会宣教教会（Church Missionary Society: CMS）の進出年とカジョケジへのそれとが大きく異なるためである。モヨ県にＣＭＳが入ったのは一九二〇年と言われている。それに対しカジョケジは一九二九年である。その間約一〇年の開きがある。また、ＣＭＳのモヨにおける拠点エレピとカジョケジにおける拠点ロモギとは直線距離にして四〇キロも離れていないにもかかわらず、ＣＭＳがモヨに至るルートとカジョケジに至るルートは異なる。カジョケジにおけるＣＭＳの宣教活動ははじめはあまりうまくいかなかったが、次第に信徒数を増やし、一九八六年には単独教区を設立するに至っている。それに対し、モヨでの宣教活動はごく一部の地域でしか成功しなかった。現在でもこの影響は残り、モヨ、アジュマニにおけるウガンダ国教会信徒は完全なる少数派である。これは両者の間に国境が存在していたためであると言って差し支えないだろう。おそらく、国境が画定しようともクク、マディ間の交流のあり方はあまり変わらなかった。彼らは「スーダン」やウガンダといった国家の意味にそれほど意識的ではなかった。しかし国境の画定は両者の歴史を異なるものにし、両者の関係を変容させていく要因の一つであった。

そしてこのCMSのカジョケジ進出がクク人と他者との邂逅のもう一つの大きなきっかけである。前述の通り、南部スーダン領域へのキリスト教宣教師団の進出は一八五〇年代までさかのぼることが出来る。しかし南部スーダンでの活動は容易なものではなく、一九一〇年代に入るまで、どの教派においても南部スーダンからキリスト教徒を生み出すことはできていなかった。しかし次第にキリスト教が南部スーダンで信徒を得ていくようになる。そして一九二〇年代には各地に各教派の宣教所が見られるようになった。だがカジョケジに宣教師団が来るのはその一九二〇年代の末、一九二九年である。

一九二九年にCMSの宣教師、ウィリアム・ジフ（William Giff）が二人の南部スーダン人教師とともにジュバからやってきて、キリラ（Kirila）と呼ばれる場所に伝道所と学校を建てた。ジフがCMSへの報告書で「私の主な仕事は教育だ」と述べるように、クク人が宣教師団の逗留を認めた理由はキリスト教布教の必要性を認めたためというよりは近代教育を求めたためであった。だがその近代教育の基底には聖書があった。生徒たちは、聖書を読むために文字を教えられたのである。そして学校で教育を受けたクク人が休みごとに故郷の村で説教を行ったという。一九三一年のクリスマス、はじめてクク人の洗礼が行われた。ここからわかるように、今でこそ熱心なキリスト教徒として知られるクク人であるが、はじめからキリスト教を受け入れたわけではない。カジョケジには在来信仰があった。また、クク人の西洋人への懐疑心、環境の違いによる宣教師の病気などといった理由から、宣教活動は思うように進まず、宣教師団がカジョケジに入ってから、最初のキリスト教徒の誕生までに二年の歳月を要した[28]。それ以後、クク人のキリスト教化は緩やかに進んでいった。

キリラに建てられた学校は幾人かのクク人キリスト教指導者を生んだ。カジョケジ最後の外国人宣教師となったウィリアム・カーがカジョケジに滞在している間、カジョケジの各地に教会が造られていった。さらにはクク人であるラザロ・トング（Lazaro Tongu）がキリラの学校を終え、ロモギ（Römogi）で教師をした後にイエイの神学校で神学を学んでいた。ロモギは後にカジョケジ教区の本部が置かれる場所である。

カー司祭がカジョケジを去った後、ラザロ・トングが後を継ぎ、初のクク人司祭としてカジョケジ小教区を統括した。彼はウガンダから伝わった信仰覚醒運動を歓迎し、自身もコンベンションを催したが、一九五六年、彼は突然死去した。彼の後を継いだのは、彼と同じくキリラの学校、そして南部スーダンにおける神学教育の拠点の一つであるビショップ・ギョウィニ・カレッジで学んだソロモナ・ケンニ（Solomona Kenyi）であったが、彼は信仰覚醒運動を冷遇した。

宣教師団が入り、近代教育が導入されたことによってカジョケジにもたらされた影響は様々であったが、その一つが人びとの移住である。それまでも交易やマディとの婚姻などによって、クク人が移住をすることはあった。だがカジョケジで教育を受けた最初の世代が中、高等教育を受けるために、または現金収入を得るためにカジョケジを離れ、都市へと向かうようになるのは一九四〇年代から五〇年代であり、そこには宣教師団によって導入された教育が大きく影響しているのは疑いようがない。

南スーダンにおけるイスラームについて書いた著作で、アブドッラーはあるクク人が一九四〇年代にロカ中等学校に入るためにジュバ近郊に来ていたことを書いている［Abdalla 2006: 135］。聖公会ジュバ教区に勤めるある司祭は、一九五三年に教育を受けるためにジュバに来たという。また、現在カジョケジで雑貨屋を営む人は、両親が一九五二年にウガンダの首都カンパラにほど近いブゲレレという街に現金収入を求めて移住したため、そこで生まれたという。ブゲレレ、そしてこれもカンパラに近いムコノには今でもクク人の集落があると聞く。これ以後就学、就職のための移住は後を絶たなかった。

そして一九五五年、第一次スーダン内戦が開始された。一九六〇年代にはエクアトリアでの戦闘が激化し、多くの人が難民となって南スーダンから、そしてカジョケジから去っていった。

三　第一次内戦とウガンダへの移住・避難

第一次内戦は、「スーダン」のイギリスからの独立前年にあたる一九五五年に開始された。現在の東エクアトリア州の州都であるトリットで起きた南部人を主体としたエクアトリア兵団による反乱が、その引き金になった。第一次内戦の歴史について研究したポッゴによれば、この反乱開始のニュースは南部中に伝わり、各地でスーダン政府軍への反抗、もしくはアラブ商人の店への打ちこわしといった形で広がった。基本的にはトリットの乱は、東エクアトリアのロトホ（Lotuho）人とアラブ兵士との諍いを発端としていた。それがなぜ南部中に広がったのか。ポッゴはその要因を、スーダン独立に当たってイギリス軍と交代して入ってきたスーダン軍の南部における振舞いのひどさにあるとしている。「それは政府軍ではなく、征服に来た植民地軍であった」と彼は書いている［Poggo 1999: 336］。カジョケジも例外ではなかった。もともと北部から来た奴隷商人の記憶が残るカジョケジでは外来者であるアラブ商人たちへの疑念が根強くあったこともあり、トリットの乱の後、警察署やアラブ商人の店への攻撃が行われ、戦闘状態になった。

本格的な戦闘が南部スーダン領域で展開されたのは六〇年代以降である。一九五六年の独立によって「スーダン」国内の統治権を握った政府は、キリスト教徒、在来信仰の信者が多い南部に対し、統一されたアラブ世界の一員としての「スーダン」たるべく、アラブ化・イスラーム化政策を行った。この方針は一九五八年にアッブード将軍がクーデターによって政権を奪取した後さらに強化されていくことになる。[29] もともと政府軍の態度やアラブ商人への反発があった上に、このアラブ化・イスラーム化政策によって南部人の北部への不満は高まった。そして高い教育を受けた南部人たちが避難先でスーダン・アフリカ民族同盟（Sudan Africa Nationalst Union: SANU）を結成し、ゲリラ組織アニャニャが戦闘の主体となって、政府軍と激しい戦いを展開して行くことになる［cf. Johnson 2007; 栗田 二〇〇一］。

政府によるアラブ化・イスラーム化政策の矢面に立ったのは、もちろんキリスト教教会であった。トリットの乱以降続いた南部における政府軍への反乱は、政府軍の南部人への疑念をあおった。南部の各地ではスパイと見なされた人が政府軍に捕まり、拷問されていた。この時期、キリスト教教会は政治的に難しい立場に立たされていたということになる。教会指導者たちは自身の立ち位置をめぐって呻吟していた。[30]

そしてアブラヤマ・ケンニ・マナセ（Abrayama Kenyi Manasseh）司祭がカジョケジ小教区の統括者となった一九六一年以降、カジョケジの治安状況はこれまでにないほど悪化していった。政府軍は現在のウドにキャンプを設置しており、住民に対する攻撃は止まず、特にキリスト教教会は標的となった。多くのキリスト教関係者がアニャニャとの密通を疑われて殺され、小教区本部となっていたロモギの教会を含め、多くの教会が焼き打ちされた。[31]

一九六五年、アブラヤマ司祭はついにウガンダへと避難することを決意し、教会を後にした。この後、一九七二年にアディス・アベバ協定が結ばれるまで、カジョケジはアニャニャが勢力範囲としたごくわずかな範囲を除いて、一般の南部人が入ることができない土地になった。[32] 教会は、人びととともに避難地ウガンダへと移ったのである［cf. Duku 2001］。

そして当然、この戦いは多くの難民、避難民を出した。現在五〇代以上のクク人で、ウガンダ在住経験を持たない人を探すのは困難である[33]。人びとはカジョケジに隣接するモヨ県やアジュマニ県の難民居住地、もしくは先に移住していた親戚を頼ってブゲレやムコノ、アルアといったウガンダの都市に逃れた。壮年層のクク人の多くはガンダ語、マディ語、スワヒリ語といったウガンダで話される言葉を話すことができる、もしくは話せたと言う[34]。

避難地ウガンダにおいて多くのクク人司祭は難民司祭として働いた。クク人として洗礼を受けたほぼ第一世代であり、一九九五年からカジョケジ教区の主教代理（Bishops commissary）として教区運営を担ってきたユアサ・ウルベ・モッガ（Yoasa Wurbe Mogga）司祭は、一九六五年にアジュマニに逃れた後、ウガンダ国教会のマディ・ウエストナイル教区に請われて教区の各地で司祭として働いたことを証言している[35]。この時期に教会指導者たちはウガンダ国教会の司祭たちとのネットワークの基礎を築いていた。

そして一九七二年のアディス・アベバ協定締結によって第一次内戦は終わり、カジョケジに一〇年間の平和が訪れた。アジュマニやモヨ、そしてウガンダ南部に避難していた多くのクク人たちはカジョケジに帰還した。だが、ウガンダ南部にいた人びとの中には土地を手に入れそのままウガンダに残った人も少なくなかった[36]。

アディス・アベバ協定後カジョケジにはしばらくの平和があったが、ウガンダ北部にとってはそれは動乱の時代であった。一九七九年にカクワ人であったイディ・アミン政権が崩壊し、アミンの出身地であったウガンダ北部の人びとはアミンを倒したウガンダ民族解放軍（Uganda National Liberation Army: UNLA）による攻撃を恐れ、多くが南部スーダンへと逃れた。カジョケジ、イエイには難民居住地が設置されていた［Hallel-Bond 1986; Allen 1989; 1996］。ウガンダ北部の政情不安は二〇〇〇年代中ごろまで続くが、難民となったウガンダ北部出身者は一九八六年には北部ウガンダへと舞い戻ることになる。それはなぜか。

南スーダン人、そしてウガンダ北部出身者にＳＰＬＡ戦争（SPLA War）と呼ばれる第二次スーダン内戦が一九八三年よりはじまり、その戦火が一九八七年にはカジョケジに到達し、カジョケジの行政機能が崩壊したためである。カジョケジにいた難民たちはクク人たちとともにウガンダに戻らねばならなかった。

その後もカジョケジは何度も政府軍とＳＰＬＡとの間の攻防戦の舞台となった。一九九〇年一月にはＳＰＬＡにより奪取され、その後一九九四年に政府軍の手に落ちた。そして一九九七年の雷光作戦によりＳＰＬＡの支配が確立するまでクク人の手から離れた場所となっていた[37]。

このように一九六〇～九〇年代という時代は、南部スーダン、そして北部ウガンダにとって内戦の激化と避難、内戦終結と故郷への帰還、復興、さらにカジョケジへの難民の到来と再度の内戦という激動の時代であった。つまり、この時代、南部スーダンとウガンダの国境を挟んで多くの人がこの土地を行き来していた。その一方で、この時期には「スーダン」内での移動、特に南部スーダンの中心都市となったジュバへの移動も盛んに行われていた。

では、「スーダン」内の移動はクク人たちに何をもたらしたのだろうか。まずは南部スーダンの中心都市としての長い歴史を持ち、かつ現南スーダン共和国の首都であるジュバへ移住したクク人の様子を見ていきたい。

四　ジュバへの移住

1　都市ジュバの形成

二〇一一年七月に独立した新生南スーダン共和国の首都となったジュバは、南スーダン、もしくは南部スーダンの中心都市でありながら、長らく内戦の敵対勢力であった北部政府軍の支配下にあった街である。その人口は二〇〇八年の国勢調査では約三七万人[38]。もともとはバリ人の土地であったが、植民地化、都市化によって「スー

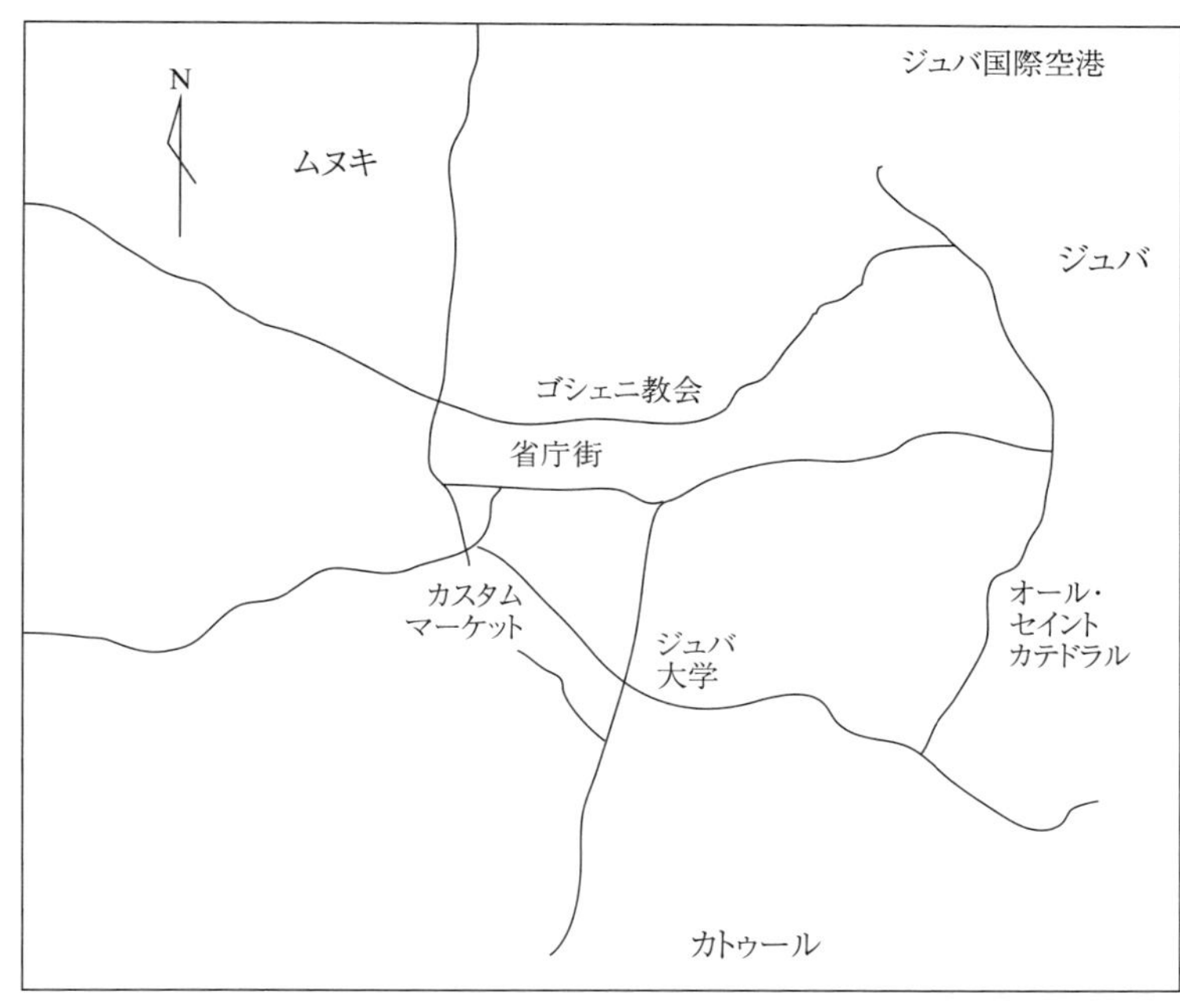

地図 5　ジュバ（筆者作成）

ダン」の各民族はもとより、東アフリカ諸国の諸民族が住まう多民族都市となっている。

だが、正確にはジュバ市、という一つの行政単位はない。中央エクアトリア州ジュバ郡のジュバ、カトゥール（Kator）、ムヌキ（Munuki）という三つのパヤムの集合体を一般的にジュバと呼んでいる［Martin & Mosel 2011: 3］。ジュバ、カトゥール・パヤムは官公庁、国際機関の事務所、銀行、大きな教会などが立ち並ぶ首都ジュバの中心地である。ムヌキ・パヤムはやや郊外に位置し、住宅地であると言っていいだろう。一方、膨れ上がる人口を吸収するために郊外へ郊外へと住宅地は延びており、それに従ってジュバと呼ばれる街の大きさも拡大している。

ジュバはナイル川沿いの北緯四度五一分、東経三一度三六分に位置する。季節はカジョケジと同じように雨期と乾期に分かれるが、高地にあるカジョケジとは違い年間を通して気温は高く、人が暮らすには厳しい気候であ

写真２　ジュバ市内（ジュバ）

る。一九二〇年にＣＭＳの学校と伝道所が置かれ［Collins 1971: 320; Werner et.al 2000: 283］、一九二七年にイギリス―エジプト共同統治下スーダンのモンガラ州（Mongalla Province）州都となるのが決定したのをきっかけに都市として整備されていった。[39] だが南部スーダン、特にエクアトリア地方の中心都市でありながら、そのインフラ整備は一向に進まなかった。一九七二年のアディス・アベバ協定が結ばれた後、ジュバは正式に南部地方政府の首都となったが、それでもその発展の度合いは微々たるものであったと言っていい。[40] それでも植民地化とともに「都市」として創りだされていったこの街と南スーダンの人びとは自分たちなりの付き合いを続けてきた。レオナルディはアディス・アベバ協定ののち、就業や就学のための南部スーダンの各地域からジュバへの移動が加速化したことを描いている。一九六五年のジュバでの政府軍による大虐殺で五〇〇〇〇人にまで減っていた人口が一九七三年には五万七〇〇〇人にまで増え、さらに七〇年代末には一〇万人に達していたという［Leonarudi 2013: 149］。

クク人は早い人で一九四〇年代後半から五〇年代にジュバへの移住をはじめている。それが加速するのは他民族と同じように七〇年代であると考えられる。その根拠となるのは、実際七〇年代に移住したクク人たちの自己を評する言葉である。一九七〇年代後半にジュバに移住したクク人たちは自身を「私たちはとても早い時期にジュバに移住した」と評する。この自己評価をどこまで当てにしていいのかは意見が分かれるところであろうが、アディス・アベバ協定によって、ジュバが南部自治政府の「首都」とされ、多くの人がジュバに帰還していたことや、一九七七年のジュバ大学創設などを考え合わせれば、七〇年代にジュバへの移住が本格化したと考えられなくもない。実際、一九八〇年代にクク人による礼拝がジュバで組織されている。そしてこのような民族ごとの礼拝を行うのはクク人だけではなく、カクワ人やディンカ人、モル人なども行っていた。レオナルディによるジュバへの移動の加速についての記述も考え合わせれば、八〇年代にはジュバがすでに多民族都市となっていたということができる［cf. 栗本 一九九六］。そして一九八〇年代後半からカジョケジにおいて第二次内戦が激化し、ジュバへと避難する人びともあらわれ、さらにクク人の人数が増えていった。一九九〇年一月のカジョケジにおける政府軍とＳＰＬＡとの激しい戦闘によってカジョケジから逃れてきた人びとは、現在ではククの教会として知られるゴシェニ教会建設の立役者となった。

このゴシェニ教会は現在のジュバの官庁街のちょうど裏手にあるが、その周辺はかつてカジョケジから避難してきたクク人が集住していた場所であった。のちの政府の立ち退き命令によって取り壊され、多くが別の地区に移ったが、今も居住している人もいる。

このクク人によるジュバへの移動の開始とその加速化をどう評価すべきだろうか。注目すべき点の一つは、ウガンダへの彼らの移動と比べたときの一九四〇年代後半というジュバへの移動の開始年代の「遅さ」である。そして一九七〇年代にはじまったジュバへの移動の加速の意味である。一九一四年に「スーダン」領となることが決定したカジョケジであるが、前述の通り、もともとはウガンダ側の民族と深い関係を結んでいた。そして心理的にも物理的にもジュバよりウガンダと近かった。それが一九四〇年代後半から南部スーダンの中心都市であるジュバへと移動を開始する。それは彼らが否応なしに「スーダン」人となり、「スーダン」に目を向けはじめた証である。

現在、ジュバはカジョケジに次いでクク人の人口が多い都市となっている。

2　ジュバにおいてクク人として生きるということ

同じ国にあると言っても、ジュバとカジョケジはやはり「異なる」場所である。幼少時に両親の仕事の都合でジュバに来たというノア家のエミは、ジュバとカジョケジとの生活習慣の違いを口にしながらこう言った。

「うちの母はね、私がモロコシを機械で製粉するのを見て、〝あんたはすっかり怠け者になったね。カジョケジではみんな自分で製粉したのに〟と言うのよ。でも私はこう言ったの。お母さん、私はもう都会の人間なのよ」

また、基本的にはクランごとに村を構成するカジョケジとは異なり、ジュバではクラン単位で集住することはなく、家族ごとに分散して家を持つ。親戚同士で近くに住む場合もあるが、たいていはジュバに住みはじめた時期や、交通の利便性によって住む場所を決めている。[41] そして何よりもジュバは南スーダン中の民族はおろか、ケニア、ウガンダといった近隣諸国から来た人も住む多民族都市である。隣がディンカ人であったり、ヌエル人であることは珍しくない。近所づきあいもあり、子どもたちは学校で異なる民族出身の友人をつくる。さらにバリ語（クク語）が主流言語となるカジョケジに対し、ジュバではジュバ・アラビア語が共通語として流通している。ジュバで育つククの子どもたちの第一言語は間違いなくジュバ・アラビア語である。また、ハルツームで育ち、ジュバに帰還した若年層はバリ語を話せない場合がある。だがジュバに住むクク人も自身がクク人であることを認める。これはなぜか。

筆者が確認した限り、ジュバに明文化された形でのククのコミュニティはない。[42] これは成員権等の規定が明文化された文書を基にしたクク・コミュニティが置かれ、ハルツームの居住地域を基準に首長が置かれていたハルツームの状況との大きな違いである。

ジュバにおいてクク人がクク人として生きていくために大きな役割を果たすのは、故地カジョケジのクラン、そして親族ネットワークである。ジュバにおいても結婚式や葬式はカジョケジにおけるクランごとに行われる。もちろんカジョケジでの結婚式や葬式より来る人に多様性は見られるが、基本的には「クランの行事」なのである。また、カジョケジからジュバまで直線距離にして一〇〇キロメートル強、バスで片道約五時間、八〇SSP（約一二八〇円）である。親戚の車に便乗できる場合もある。そのため、ジュバのクク人は結婚式、葬式のたびにカジョケジにいく。また、仕事や学業の都合でカジョケジから親戚がジュバに来た場合、ジュバに住むクク人は当然のように部屋を提供する。つまり、カジョケジ—ジュバ間の人の行き来はかなり頻繁である。それは当然、クラン内部の結びつきを強くする。このような家庭環境の中で生活していれば、ジュバ生まれの若年層であってもクク人であることを意識せずにはいられない。

ただしそれはカジョケジの村で生きるクク人との完全な同化を意味しているわけではない。「都市」ジュバに生きるクク人は、カジョケジの生活スタイルに憧憬を抱きながら、そこから背を向けることがある。ここにも断絶は存在する。

このような故地カジョケジとの結びつきとともに、ジュバのクク人をクク人たらしめている要因の一つが「クク人の教会」聖公会ゴシェニ教会とカジョケジ教区ジュバ支部であると言えよう。

◇ジュバで見出されたクク——カジョケジ教区ジュバ支部

ジュバ国際空港から空港通りを南に下った、官公庁街の向かいにあたる場所——かつては南部各地からの避難民の集住地区であった——に赤い屋根の大きな教会が見える。それが聖公会ゴシェニ教会である。そのゴシェニ教会のすぐ裏手にコンクリート建ての小さな建物がある。そこが聖公会カジョケジ教区ジュバ支部事務所(43)（Diocese

写真3　ゴシェニ教会（ジュバ）

of Kajo-keji Liaison Office）である。ゴシェニ教会はジュバ教区に属し、司祭もジュバ教区から派遣される。だがゴシェニの敷地内に立つこのカジョケジ教区の事務所は、ゴシェニがクク人の教会であることをあらためて想起させる。このカジョケジ教区ジュバ支部はゴシェニ教会設立以前からクク人の信仰の拠り所として機能してきた。そして教会設立後は教会とともにジュバにおけるクク人の拠点となってきた。

支部に勤める司祭によると、支部の前身は、一九八三年からはじまったカジョケジ集会（Kajo-keji Convention）である。もともとジュバに出てきたクク人はクク人同士で集まってフェローシップと呼ばれる祈りの場を設けていた。それを当時ジュバ教区で奉職していた後の初代カジョケジ教区主教マナセ・ビンニともう一人の司祭が中心となって組織化し、カジョケジ集会と呼んだ。彼らは後に小学校を建て、一九九〇年にはカジョケジ信徒会（Kajo-keji Congregation）となった。一九九〇年代には六つから七つの地区ごとに活動が行われ、各地区は活動報告書を信徒会に提出しなければならなかった。この活動はジュバが北部政府の統治下に置かれ、そして戦時下であっても行われていた。

このカジョケジ信徒会がカジョケジ教区ジュバ支部として現在のような形で活動するようになるのは二〇〇五年である[44]。きっかけは聖公会ジュバ教区が教区内での他教区の活動、特に礼拝を禁じたことだった。これを機にカジョケジ教区のジュバ支部となり、精神的救済ではなく、物理的発展を担う組織となった。

筆者が支部でインタビューを行った二〇一二年現在、支部で働いていたのは五人のクク人である。彼らの給料はすべてカジョケジ教区から出ている。現在支部の活動は学校、ホテル、店舗運営、およびジュバにおける教区の資金集めである。集められた資金、そしてホテル等の運営によって得られた収益のうち一〇%はカジョケジ教区に行く。それ以外にカジョケジ教区とスーダン管区との橋渡し役も担う。例えば、教区が管区にレポートを提出したい場合、教区支部の職員がレポートを管区に提出に行く、といった具合である。これをある司祭は「教区支部はカジョケジ教区のジュバにおける大使館のようなものだ」と評した。[45]

このカジョケジ教区支部設立の経緯からは一九八〇年代、ジュバへと移り住んだクク人たちが確かに自身をククだと自覚し、その故地をカジョケジであると認識していたことがわかる。マナシたちが最初に組織した集会にはカジョケジの名が冠せられていた。ジュバにおいてククによって編まれた組織であることを示すためにカジョケジの名が使われること――それは当時ジュバに生きたクク人にカジョケジがククの故地とみなされていたことを示す。この教区支部とともに、ジュバのクク人にとって心のよりどころとなったのが、聖公会ゴシェニ教会である。

3　ゴシェニ教会とクク人――「都市民としてのクク人」の形成

◇一九九〇年一月　ゴシェニ教会設立と避難民

一九九〇年一月、カジョケジにおいて人びとが戦火を逃れ、身を寄せていた軍所有バラックの一つをSPLAの兵士が占拠した。そこを出ざるを得なかった人びとは、兵士の先導を頼って夜通し歩き続けた。そして辿りついたジュバの一角を人びとはゴシェニ（Gosene）と呼んだ。[46] そしてその場に萱葺き屋根の教会を建てた。[47] 教会はゴシェニと名付けられた。

その当時ジュバにいたクク人はもちろん、いなかった人でさえこの話を知っている。

そしてこの時ジュバに避難した人のうちの多くが「スーダン」におけるキリスト教信仰覚醒運動組織であるスー

ダン信仰覚醒運動（Sudan Evangelical Revival Movement: SRM）のメンバーであった。

クク人による礼拝が行われていたとはいえ、このときまでジュバにクク人が主に集まる教会はなかった。クク人たちは英語、バリ語で礼拝を行う教会に通っていた。だが、同じバリ語で礼拝が行われるとはいえ、クク語ではないため礼拝参加者は「説教が完全に理解できない」という不満を抱えることになった。

同じころ、ゴシェニ教会の近くには戦闘を逃れ、他の地域からジュバに来た人びとも住んでいた。人びとはそれぞれの民族ごとに教会を建てた。クク人もその流れに乗ったのだとも言える。

その後ゴシェニ教会設立のニュースは人づてに広まり、これまで他の教会に通っていたジュバ在住のクク人たちが集まりはじめた。そこから次第にククの教会としてのゴシェニ、というイメージがジュバの住人の中に広がりはじめる。

だが、政府軍が街の支配権を握っていた一九九〇年代のジュバで教会を建設し、運営していくのは容易な仕事ではなかったはずである。設立者の一人で長く教会の司祭を務め、引退したポール司祭は教会に人が来て、「ここで礼拝をしてはいけない」と言われたこともあると語っていた。

そしてジュバもまた、内戦から逃れることはできなかった。さらに政府軍による住宅の接収も行われた。人びとはジュバからさらに逃れ、ハルツームやウガンダ、第三国に行かなければならなかった。二〇〇二年に当時ムヌキ・パヤムにあった家を政府に接収され、ハルツームに行くことを余儀なくされた女性は、当時ジュバの街で人が住むことができたのはニョクロン、カトゥールといった中心部のみになっていたと語った。しかし、教会に来る人数は減り、人の入れ替わりはあってもゴシェニがその教会活動をやめることはなかったと言われている。

◇運営と委員会

二〇一二年現在、ゴシェニ教会は英語、バリ語の二言語による礼拝を行っていた。英語が日曜の朝八時から一〇時半、バリ語が一一時から午後一時半までである。もともとはバリ語礼拝のみ行われていたが、CPA締結によってジュバの人口が増え、ゴシェニの礼拝に来る人も増えたため、二〇〇六年に英語礼拝をはじめることにした。なぜバリ語礼拝を二回行わず、英語礼拝にしたのかという筆者の疑問に対し、司祭の一人は「学生や、官庁街から来る外国人のため」と説明していた。

運営は礼拝ごとに行われる。司祭は英語礼拝、バリ語礼拝それぞれに所属しており、聖歌リーダーや、聖書朗読者、説教者を手配し、礼拝運営を担う。この司祭たち以外に礼拝運営をつかさどるのが、バリ語礼拝に関しては小教区協議委員会（Parish Council Committee: PCC）、英語礼拝に関しては英語礼拝委員会（English Service Committee）である。ただし英語礼拝委員会のメンバーはPCCのメンバーでもある。これらの委員会は礼拝運営だけではなく、教会の土地確保や、建物整備といった物理的な問題に対してもイニシアチブを取る。委員会のメンバーは全員クク人である。

写真4　旧ゴシェニ教会（ジュバ）

ゴシェニ教会のメンバーは英語礼拝が約六〇〇人、バリ語礼拝が五〇〇人と言われている。正式なメンバー登録は二〇一二年六月にはじまった。だが、礼拝時にメンバー登録用紙は配られたものの、その回収率はあまり良くなかったと聞いている。そのためメンバーのうち何パーセントをクク人が占めているのかは分からない。とはいえ、半径五〇〇メートル以内にモル、ザンデ、カクワといった各民族が集まる教会があること[48]、バリ語話者以外も来るはずの英語礼拝を運営する委員会のメンバーも全員クク人であることを考えると、かなりの割合がクク人で占められていると考えられる。

また、教会はマザーズ・ユニオン、ユース、サンデー・スクール、ヤング・ファミリー[49]といった教会運営に携わるグループを持つ。また、ゴシェニにはＳＲＭジュバ地区の下部組織であるゴシェニ支部があり、一〇〇人以上のメンバーがいる。教会でのイベントがある際は各グループの代表者が集まり、特別委員会が開かれる。

４　「ククの教会」としてのゴシェニ教会

筆者がカジョケジに滞在していたとき、教会関係者の間でゴシェニの話題がよく出た。あるとき主教はジュバから戻ったスタッフのゴシェニに関する話を聞きながら、ふと「あれはもうククの教会だ」とつぶやいた。また、ゴシェニで出会ったカジョケジ教区に勤める司祭は、教会の建物を見ながら「ゴシェニはジュバ教区に属しているけど、この土地はカジョケジ教区のものなんだよ」と言った。これはクク人だけの認識ではない。あるときポジュルとクク人が集まるバリ語教会で「どこの教会に行っているのか」とポジュル人に聞かれた筆者が「ゴシェニに行っている」と答えると、周囲で爆笑が起こり、こう言われた。「あんたはククかい？　あれはククの教会だよ」

ゴシェニが建ってからすでに二〇年以上が経った二〇一二年の時点でゴシェニはすっかり人びとに「ククの、カジョケジの教会」として認知されたように見える。

だがゴシェニはあくまでもジュバ教区に属する教会である。礼拝で集められた献金の三〇％はジュバ教区に行き、カジョケジ教区には行かない。この点から考えればカジョケジ教区とゴシェニ教会は一見、何の関係もない。ジュバにあることと、ククの教会であること――教会はどのようにしてこのバランスを取っているのだろうか。

この疑問に答えるために重要になってくるのはカジョケジ教区ジュバ支部とゴシェニ教会との関係のありようである。支部に勤める二人のクク人司祭は現在、ゴシェニ教会に正式に所属している。つまりジュバ教区が二人の司祭をゴシェニ教会の司祭として派遣しているということである。だが彼らは七〇年代からジュバに住み、長くゴシェニ教会と支部に関わってきている人びとである。[50] 彼らは筆者に対して自分たちの状況を「精神的部分はジュバ教区、物質的部分はカジョケジ教区に属している」と説明した。彼らがジュバ教区から配置換えを言い渡されることも当然考えられるが、もしそうなっても支部の仕事には差しさわりがない。単に日曜礼拝の際には別の教会での勤めるだけであるという。

だが、当然のことながら司祭たちは教区支部の事務所で日々仕事をし、英語礼拝委員会は支部の事務所で開かれ、教会の運営を担う人びとは司祭を訪ねて教区事務所に来る。カジョケジ教区の新しい教区事務所設立のための献金を集めるにあたって、その委員会は事務所で開かれ、ゴシェニ運営上の要人が集められた。委員長となったのは英語礼拝委員会のメンバーの一人である。そしてその献金を集めるための礼拝は、当然のようにゴシェニで行うこととなっていた。

この状況から見えてくるのは当然のことではあるが、「教会運営を行う上で精神的部分と物質的部分を分けるのは不可能」という事実である。そしてゴシェニ教会とカジョケジ教区ジュバ支部の活動はともに「クク人の活動」として人びとに認知されており、教区、教会運営に直接関わる人でない限り、これらを分けて考える必要はない。さらには二〇〇五年まではジュバにおける他教区の活動が制限されていなかったことを考えれば、ゴシェニ設立以降このような支部と教会の関係が続けられてきたであろうことが予測できる。以上のような支部と教会との関係の歴史が、人びとにゴシェニを「ククの、もしくはカジョケジの教会」として見なすよう促してきたのであろう。

◇ゴシェニはジュバのクク人にいかに「作用」するのか——教会への関わり方の違い

ゴシェニがククの教会として見なされるようになる一方、ジュバに住んでいるクク人であってもゴシェニのメンバーではない人も当然ながら存在する。例えば聖公会信徒ではない人びとや、自分の家の近くの教会に通う人、そして英語もバリ語もわからない人びとなどがそれに該当する。だが能動的か受動的かの差、もしくは程度の差はあれ、彼らもゴシェニに関わらずにジュバで暮らすことはできない。

ある一家族の例をあげよう。筆者がジュバでの滞在先にさせてもらっているノア家は通常父、母、娘、その子ども二人、父の兄弟の妻、その親戚と娘の九人でムヌキ・パヤムに暮らしている。[51] 全員洗礼を受けたキリスト教徒である。父母の子ども三人はウガンダで教育を受けているため通常不在であるが、クリスマス休暇などのときには帰宅する。また、カジョケジから時折父の親戚が訪れる。

このうち父、母がゴシェニのメンバーである。娘は家からゴシェニに行く交通費の問題で家の近くの教会に通っている。父の兄弟の妻はマディ人で、カトリックであるため、別の教会に通っている。その娘は聖公会信徒だが、ハルツームで育ち、アラビア語で教育を受けたこともあって、英語、バリ語能力が弱く、ゴシェニに足しげくは通っていない。

このように一家族の中で通う教会はもちろんのこと、信仰する教派が異なることも一般的である。逆に言えば、ジュバに住むクク人家族で、家族の中にゴシェニのメンバーがいないことは稀なのである。

父母が主日礼拝に行けば、その日家でゴシェニの話題が出る。クリスマスやイースターといった大きな行事の日には、カジョケジやウガンダから来た親戚、兄弟たちとともに、普段はあまり教会に行かない者であっても当然のようにゴシェニに行く。アラビア語を第一、教育言語とし、バリ語や英語が十分に理解できない場合でもそのとき行く教会はゴシェニなのである。そして他宗派の信徒であってもククの一員である限り、ゴシェニで催されるカジョケジやククに関わる行事に行くこともある。

このように程度の濃淡こそあれ、ジュバに住むクク人にとってゴシェニは避けて通ることができない場所となっている。

そして筆者はクク人以外の南スーダンの民族集団出身の人がゴシェニのメンバーになった例を聞いたことがない[52]。だが、それでもゴシェニに通うクク人たちは、自分たちがククだからゴシェニに通うわけではないという。ゴシェニ設立期からSRMのメンバーであった母に連れられてゴシェニに通っていたというノアの妻エミは、「ククだからゴシェニに通うの？」と聞いた筆者にこう答えた。

「ククだからゴシェニに通うわけではないのよ。慣れているから。私たちは二〇年以上ゴシェニに通ってきたのよ。いやなことがあってもあそこに行って、歌って踊ればすべて忘れられるの」

一九三〇年代以降南部の中心都市としての役割を担ってきたジュバは、南部スーダンのあらゆる民族集団が集まる多民族都市となっていた。このジュバにおける一キリスト教教会の歴史から見えてくるのは、民族がある共同体の設立の基礎になっていった、その過程である。そこには人間の移動がどうしようもなく刻印されている。

第一次内戦終結後のジュバにおけるキリスト教活動の活性化には移住、もしくは避難先であったウガンダやケニアといった東アフリカで信仰を新たにし、超教派的意識を持つ「ボーン・アゲイン」たちが関わっていた。あるクク人司祭はウガンダでの避難生活を経て、一九八九年から九〇年にビショップ・ギョウィニ・カレッジで学ぶためにジュバに滞在した際、クク人の仲間を募り、フェローシップを組んで各クク人家庭を回ったことを証言していた。このような証言からは一九八〇年代における民族ごとの礼拝やフェローシップの実施には、この「ボーン・アゲイン」たちのプレゼンスが高かったことがうかがえる。そしてゴシェニ設立に際しては、言うまでもなくカジョケジからの避難民がイニシアチブを握っていた。彼らがジュバに来たことが「ククの教会」ゴシェニ設立の起爆剤となった。

彼らが民族に強くこだわったわけではないにもかかわらず、彼らが何かしらキリスト教実践を行おうとすると き、否応なしにその実践の単位が民族になっていたという過程は注目に値する。それは人間の移動によって生み出される故郷と都市とのつながりを背景としていると言えるだろう。そしてこのつながりがゴシェニという一キリスト教教会を作りだしてきた一方、多民族都市ジュバで生きてきたクク人たちはカジョケジをこれまでとは違った視線で見るようになっていた。

ある日の午後、ジュバでビール・メーカーに勤めているという青年が教会でポール司祭と話していた。カジョケジからジュバに到着した筆者は挨拶のために司祭のもとを訪れた。彼は筆者に握手を求め、尋ねた。

「カジョケジに行って来たんだろう？　カジョケジのキリスト教徒はどうだい？　みんな強い信仰を持っているかい？」

筆者はカジョケジにも強い信仰を持つ人もいれば、そうではない人もいる、と答えた。それに対して彼は司祭と顔を見合わせてうなずき、「そうだな、カジョケジには強い信仰を持つキリスト教徒もいるけど、邪術を信じる人もいるから」と言っていた。

カジョケジと違い、筆者はジュバで邪術師[53]（witch, kujür）を否定する言説をほとんど聞いたことがない。むしろ彼らの会話の中に邪術という単語が出てくることはない。それはジュバでは邪術師がすでに意味を持たないことを示している。だがジュバのクク人たちはカジョケジではそうではなく「まだ、邪術が信じられているのだ」という。そこには彼ら自身が規定した「近代」と「伝統」、もしくは「文明」と「未開」との間の溝がある。もちろん、話が自分の親族のことになればまた違う。だが、ゴシェニを手に入れたジュバのクク人は、明らかに自分たちの住むジュバとは異なる場所として「カジョケジ」を眼差していた。

多民族都市で故地と都市を行き来しながら生きる中で、彼らは民族とその故地とを眼差す二種類の視線を手に入れていたことになる。

ククのジュバへの移動とその顛末が示したのは、人びとの「国境」や「国家」、そして自身の「故地」への眼差しが創られ、変わりゆく過程と理由である。

そして彼らの都市ジュバへの移動は再移動のきっかけとなった。そう、ハルツームへの移動である。

註

（1）現イエイ川州内の四郡だが、調査時は中央エクアトリア州であったため、上記の表記法を取る。

（2）完全な父系というには語弊がある。これについては五章で論じる。

（3）一九一〇年発行の『ククたち』[Plas 1910] にも年齢階梯制は載っていないことから、クク人は少なくとも一九世紀以降年齢階梯制を持っていなかったことがわかる。

（4）ハルツーム方言ではアシーダ (a'shida)、もしくはルグマ (rugma)、ジュバ・アラビア語ではアシダ、もしくはアシーダ (ashida)、バリ語ではディロン (diloŋ) と呼ばれる。

（5）インドネシアのバリ語 (Bali) とは別言語。

（6）通常、クク語の会話の中においてもクランは英語のままクランと言われる。英語をクク語に訳す場でもクランはクランとそのままにされていた。そのためクランのクク語を *kōji, tokakat* とするのは少々問題があると言わざるを得ない。だが数人のクク人にクランのクク語を聞いたところ、*kōji, tokakat* という回答が返ってきたこと、また、『ククたち』でクランに相当する語が ko とされていたところから見ると、度重なる移動や英語の浸透によってクランと言われるようになったと考えることが出来る。

（7）パヤム、ボマは南スーダンの行政単位の名称である。ディンカ語であるといわれることがあるが、意味は不明。一部の村、特にボマ中心部に位置する村等ではクランによって住人が構成されず、カジョケジの各地から仕事のために移り住んだ人びとが集住する村もある。

（8）後述するがカジョケジ郡が完全に北部スーダン政府軍の支配下に置かれていたのは比較的短い間であったことが予測される。そのため英語による教育を続けることが出来たのであろう。また、ウガンダでの教育経験を持つ人材が多かったこともそれを可能にしたと考えられる。南部政府による統計には内戦が激化しつつあった一九八六年の時点でもカジョケジにアラビア語だけで授業を行う学校が存在しなかったことが記されている。

（9）筆者はクク人がディンカ人やヌエル人とクク、およびエクアトリア人との違いを説明する場面に何度か遭遇している。ある壮年層クク人女性は自分たちの料理法を説明しながら「ディンカ人やヌエル人はいつも同じ料理しかしないけど、私たちは一つの食材で一〇通りの料理をする」とその違いを説明していた。

（10）筆者はカジョケジの中等学校の生徒たちが政治家が公金を横領することを当たり前のこととして考え、それを嘲っていた場面を何度か見たことがある。

（11）ウガンダ共和国アジュマニ県の主流民族は中央スーダン系のマディ語を話すマディ人である。だがアジュマニにはウガンダ国籍のマディ人と共に南スーダンから難民としてきたマディ人も存在するため、ウガンダ国籍のマディ人はウガンダ・マディ人、南スーダン国籍のマディ人は南スーダン・マディ人と表記する。

（12）ウガンダ北部を居住地とする民族。中央スーダン系のマディ語と類似する言語を話す。

（13）二〇一三年一一月にその名称はスーダン・南スーダン聖公会となり、さらに二〇一七年一一月にはその北スーダン領域がスーダン聖公会として分離した。そのため現在は北スーダン、南スーダンは別個の管区による運営がされている。本書では調査時の名称を使用する。参考までに筆者の調査地であるカジョケジ郡カナポ二パヤム、ウドボマの二〇一二年六月時点での教会数の教派ごとの内訳をあげると、聖公会四、ペンテコステ派二、バプティスト派一、カリスマ派一である。また、カトリックはカジョケジ単独教区を持たず、ペンテコステ派は単独教区を持っている

（14）南スーダン、ウガンダ北部におけるキリスト教信仰覚醒運動と彼らの移動との関係については別稿を改める。

（15）だが、これまでの歴史において、現地住民の植民地勢力に対する抵抗がまったく描かれなかったわけではない。本節ではそうした記述も参考とする。

（16）J村がカジョケジの経済的中心地ウドボマの近くにあることもあり、実際は他のクランやボマ、村出身でウドの市場で店を構える人がJ村内に土地を借り住んでいる。だがJ村がキニュバクランの土地であるということは自他共に認められている。

(17) その理由は別のクランとキニュバの土地をめぐって争い負けたためであるとか、より豊かな土地を求めたためであるなど様々なものがあった。またそれがいつごろか、正確な時期は聞き取ることができなかったが、聞き取ったデータから考え合わせると、現在五〇～六〇代の人びとの三世代前ぐらいだろうと考えられる。

(18) 現在の南スーダンの首都ジュバより約三キロメートル南に位置する。バリ人の土地であった。

(19) それはエクアトリア全体にすぐ実質的なムハンマド・アリー朝の支配が及んだことを意味するわけではない［Simonse 1992: 93-97］。

(20) イギリス人軍人。マフディー軍との戦いのなかで命を落とす。

(21) だがその努力は実ることがなかった、と言っていいだろう。ブラントによるゴードンの伝記は、この当時のゴードンの苦悩を描いている［ブラント 一九八三：九三―一〇〇］。奴隷商人はあまりにも多く、各地に散っていたため、それを根絶するのは難しく、そして奴隷制は「スーダン」社会の根深いところまで食い込んでいたため、それを廃止することを望む人は少なかったのである［cf. シーガル 二〇〇七、Johnson 1992］。

(22) エミン・パシャはもとはドイツ人医師であった。ドイツ名をEduard Schnitzerといい、ムスリムに改宗してエミン――信心深いを名乗った。

(23) コリンズはムハンマド・アリー朝が建設し、後にマフディー軍が占領した軍事基地として、ムッギ、キリの名を挙げている［Collins 1962: 79］。ここは位置的にカジョケジ郡付近になる。また『ククたち』のなかで邪術師を示す単語がアラビア語起源であるクジュールになっていることからもその影響を見て取ることができる。

(24) コリンズはベルギーとイギリスの攻防の歴史を描く中で、イギリス人やベルギー人がククやカクワといった民族をほとんど認識していなかったことを描いている［Collins 1971: 122］。

(25) エクアトリアに関する手記を残した当時の西欧人冒険家の多くがイタリア、オーストリア、ドイツ出身者であり、筆者はイタリア語、ドイツ語の読解能力は持たないため。

(26) エミンの手記にはククについて民族として言及されている部分は出てこない。また、編者もククをマディの下位民族として捉えている［Schweinfurth et. al 1888: 37］

(27) マディ人は「スーダン」側にも居住しているが、その居住地は主にナイル川以東である。ナイル川以西においては基本的にウガンダに属している。

(28) 参考、*CMS Annual Letter Kajo-kaji Station 1930-32*［Duku 2001］。

(29) このアラブ化・イスラーム化政策は、イスラーム教育を行うハルワ、マデラサの導入、学校教育における教授言語をアラビア語にすること、そして新たなキリスト教教区開設の禁止など多岐にわたった。詳しくは［Sanderson & Sanderson 1981; Poggo 1999］を参照のこと。

(30)［Duku 2001］には時のカジョケジ小教区の統括者ソノラマ・ケンニが、アニャニャに自分の息子が政府軍のスパイ容疑を掛けられて殺されたことをきっかけに、政府軍に対してアニャニャの情報を流しすようになり、それが発覚して彼もアニャニャに殺されたことが記述されている［Duku 2001: 33］。また、カジョケジ教区の行事においてもこの第一次内戦中の政府軍、アニャニャ双方からの拷問に関してはよく言及されていた。

(31) 二〇一三年七月まで南スーダン政府要職にあったクク人、スティーブン・ウンドゥは自身の自伝で一九六三年にアニャニャがカジョケジで第二次軍事計画を開始したこと、一九六五年七月に政府軍がカジョケジに進撃し、教会を焼き払い、一般人を殺害、レイプしたことを描いている［Wöndu 2011: 53］。

(32) この記述には若干疑問が残る。なぜなら一九六〇年代後半にカジョケジで生まれたクク人が一定数いるためである。第一次内戦時のカジョケジでの戦闘と避難の状況についてはさらなる検討が必要だろう。

(33) 二〇一二年の時点で四〇代半ばの人びとが、初等―中等教育をカジョケジで受けることができた唯一の年代である。四〇代後半を過ぎるとウガンダで初等教育を受けている場合が多く、四〇代前半は高校在学中にカジョケジが戦場になったため、ウガンダに逃れざるを得ずカジョケジで学業を続けることは不可能であった。現在四五歳前後の人は中等教育を終えた後に高等教育を受けるためにジュバに出る、という移動パターンを取ることもあり、ウガンダでの教育経験を持たない人も一定数存在する。

(34) クク人たちが植民地化以前からマディ語を話すことができたのかどうかは筆者にはわからない。だが現在カジョケジ郡にマディ語を話すことができる人が相当数いるのは事実であり、それは近年の避難、移住故であることは確かである。

(35) 二〇一二年五月、ユアサ・ウルベ司祭とのインタビュー。

(36) 二〇一六年九月、サイモン・ピタ司祭とのインタビュー。

(37) 内戦時クク人全員がカジョケジから逃れたわけではなく、一定数はカジョケジに残った。もしくはＳＰＬＡの兵士として南部スーダンの各地に派遣された。だが政府軍、ＳＰＬＡのどちらの支配下にあってもカジョケジの支配権はククにはなく、軍のものであった。

(38) ジュバ郡全体。国内避難民も含む。だが、国内避難民、難民の帰還によってその数は相当流動的である。

(39) 植民地政府の年次レポート、*Report on the Finance, Administration and Condition of the Sudan* によれば、一九二七年に州都をモンガラからジュバに移す決定がなされ、正式に移ったのは一九三〇年である。

(40) 栗本は自身がジュバに滞在した一九七八年当時のジュバの様子を平屋の建物が並ぶこと、議会と省庁の建物の安普請さ、そして市場に物資がないことなどを通して描いている［栗本 一九九六：二六―二九］。
(41) ムヌキ・パヤムのミリティア市場の近くにはクク人が集住する地区もある。筆者が確かめた限りでは一〇家族以上が住んでいる。また、かつてゴシェニ教会の周りはカジョケジから逃れてきたクク人たちの集住地区があったが、二〇〇五年以降、政府により立ち退きが命ぜられた。
(42) ジュバに首長は存在する。だがハルツームで首長が担っていたような婚姻届の受付といった公的な役割を持つわけではない。
(43) 英語名をそのまま訳せばカジョケジ教区ジュバ連絡事務所となるが、その活動内容を鑑みてジュバ支部と訳出している。
(44) このカジョケジ信徒会からカジョケジ教区ジュバ支部になる時期に関しては諸説ある。カジョケジ教区の職員が書いた支部に関するレポートには、マナセがフェローシップを組織化した時点でカジョケジ教区支部となったと記されている。
(45) 二〇一二年七月一七日、カジョケジ教区ジュバ支部事務所における職員へのインタビュー。
(46) 創世記第四七章に出てくる族長ヤコブに率いられた人びとが滞在したエジプトの地名。英語では通常Goshenと綴られるが、この教会は正式名称にバリ語の綴りを採用しているため、本書の表記もそれに従う。
(47) 一九九〇年一月、SPLAが政府軍からカジョケジを奪取していた。このジュバへの避難は当然ながらこの出来事を背景としていると考えうる。なぜ着いた先が政府軍の拠点であるジュバだったのか。この疑問に答えてくれた人はいなかった。一九九〇年代のジュバにおける南部人の生活は、当時の彼らの置かれた状況の複雑さもあっていまだ不明の点が多い。
(48) 筆者が確かめた限りでは、ゴシェニ教会から歩いて一〇分以内のところに教派は異なるが、カクワ、ポジュル、モル、ザンデ（Zande）人がそれぞれ集まる教会がある。またエチオピア正教、セブンスデー・アドヴェンチスト教会も存在する。
(49) バリ語礼拝の司祭入場を先導する役目を持つ聖歌隊。参加資格が、まだ子どもが小さい新しい家族の一員であることから、ヤング・ファミリーと言われる。マザーズ・ユニオンとは異なる組織として設立されたと聞くが、現在ではマザーズ・ユニオンとメンバーがかなり重なる。
(50) インタビューの際、筆者は彼らがいつから支部に勤めているのかを聞き損ねた。そのため彼らが支部に勤めはじめた正確な日付はわからない。だが少なくともクク集会から教区支部となった二〇〇五年には二人の司祭のうち、一人は一九九〇年代からゴシェニ教会のメンバーであり、支部の職員となっていた。
(51) 各地からの帰還民の帰還先となっていたこの時のジュバの家庭では人の出入りが激しかった。そのため筆者がジュバを訪れるたびにノア家の家族構成は変わっていた。これについては四章で後述する。
(52) 筆者を含め、ゴシェニの司祭たちと交流を持つ外国人がゴシェニのメンバーになることはある。

（53）　人類学の用語としては英語の witchcraft の訳は妖術である。しかし、カジョケジにおいて現在その存在が語られるのは病気を治すと言って法外な値段の金を取る邪術師に関してのみであり、クク人たちは彼らを指して witch、kujür という。そのためここでは邪術に witch の訳を当てている。

第二章　ハルツームのクク人——移住の過程とその生活

二〇〇七年一二月二五日。筆者はS地区という、ハルツームの郊外に点在する移住者集住地区の一つにはじめて一人で出かけた。カジョケジを出身とするクク人、アベルの家を訪問することになっていた。ムスリムが主流派をなすハルツームの市内ではクリスマスらしい風景を目にすることはあまりない。しかし、バスを乗り継ぎ、最後のバスに乗るとき予感はあった。三つ揃いのスーツを身につけた父親らしい人に率いられた、ドレスアップをした家族が同じバスに乗り込んでいたのである。バスは走り出した。だんだん見知ったハルツームの街中の風景がなくなっていくことに少し不安を覚えながら、「スーク・サマク[1]からすぐだよ」というアベルの言葉を支えに「ここがスーク・サマクね?」とバスの運転手に念を押して降りた。

見慣れぬ土壁の家はどれも同じに見え、ものの見事に迷いかけた。珍種が市場をうろうろしている、とアベルの家に伝わったのか、「アベルの家を知りませんか?」と手当たり次第人に尋ねていた筆者の腕を、アベル家の長女のマリが「ユウコ!　こっちよ」と引いた。

「アベルんとこのお客かい?」と声をかけられると、「そうよ、日本からのお客よ」と早口で答える。買い物に来たらしい、タマネギの入ったビニール袋を下げたマリは筆者を先導して歩いていく。「今日は学校休みなの？」「そうよ、クリスマスはスーダンの学校はみんな休みよ」

後で聞くと、マリはハルツーム市内にある英語を教授言語とする中等学校[2]に通っていた。今年が二年目で、来年は大学受験を控えている。

「ここよ」とマリがアベルの家を指し示した。よくよく見れば、アベルの家は市場と目と鼻の先なのだった。「こんにちは」と入っていくと、「ユウコ、いらっしゃい」と鮮やかなピンクの上っ張りを着たアベルの妻サラが台所から顔を出した。

この家族は一九九七年にジュバからハルツームに来ている。アベルは一九五三年、サラは一九五九年生まれである。この当時、アベルはS地区の電化製品修理店を経営しながら、バハリにあるナイル神学校で神学教育に関するコースを取っており、サラはＩＯＭの現地職員として働いていた。すぐに水置き場にいる次女のアナにバリ語で何かを言いつけ、筆者を居間に案内してくれた。ほどなくしてアナが水差しを持って現れた。アナはS地区の教会に隣接する基礎学校に通う七年生である。アベルと妻のサラ、そして筆者を家に案内してくれた長女マリ、この次女アナ、同じ学校に通う三女セツ、末息子のカイン、これがアベル一家の全構成員である。そしてこの時はアベルの甥のオケロと、姪のルカ、そしてアベルの親族にあたるエバの一家が同じ敷地内に住んでいた。

サラが「水が冷たくなくて申し訳ないのだけど」と水差しとグラスを目の前に置いてくれる。酷暑のハルツームでは、客人が来たとき、冷たく冷やした水を出すのが礼儀である。だが、クリスマスで氷屋の氷も売り切れ、電気の通らないS地区では水を冷やす術はない。だからこそ、サラは冷えていない水を気にしたのだろう。

「アベルは今ジュバよ。再来年帰ったときに私たちが住む家を建てているの」と話していると、朝食のお盆を持ったアナが現れた。「さあ、ユウコ、たくさん食べてね。これは、アフリカン・スタイルの食事よ」

ハルツーム市内では高価な鶏が贅沢にから揚げになっている。見慣れないプディングのようなものもある。一つ一つ、アナの説明を受けながら食べた。紅茶の入れ方もアラブ家庭とは違っている。煮だったお湯で茶葉をぐらぐら煮出すアラブ式に対し、アベルの家では茶葉をカップの上に置き、そこにお湯をかけ、三分の一ぐらいまで入れる。そのあとはお湯を足す。ずいぶん色の薄い紅茶が出来上がった。

紅茶を飲み終わる頃、真っ白なワンピースに色鮮やかなカンガ[3]を羽織ったエバが顔を出した。「ユウコ、彼女と一緒に教会に先に行ってて。私も後から行くから」と、それを合図にするかのように、お盆を持ってサラが立ち上がった。

筆者はアベルやサラたちが通う教会のクリスマス礼拝を見学させてもらいにS地区に来たのだった。エバはハルツームにあるジュバ大学[4]で働いている。アベルの家から教会までは一本道だ。道すがら、行き交う人が「教会かい？」と声をかけていく。同じ教会に行くと思われる人と出会うと、「メリー・クリスマス！」が交わされる。エバの子どもたちも今日は一丁前に三つ揃いのスーツを身につけている。

エバは英語で、「日本にも教会はあるの？」「クリスマスは？」と筆者に尋ねてきた。それに答えていると、十字路が見え、曲がったところに赤い、大きな十字架が見えた。入口に教会名が記されている。鮮やかな青い屋根に白い壁。日本の小中学校の体育館を一回り小さくしたぐらいの大きさである。クリスマスに備えて外壁を塗りなおしたのだという。教会の建物につながるように屋根がかけられ、ベンチが置かれている。ドン、という腹に響く太鼓の音と人のざわめき、目にも鮮やかな女性たちの衣装の色が一気に押し寄せてきた。

「ユウコ、こっちよ」とエバに案内され、「ここに座ってね」と最前列の席を示される。太鼓とマラカスの音が響き、指揮をする男の人を中心にみんなが歌を歌っている。歌詞はアラビア語ではない。重そうな革張り、もしくは布のカバーに入った本を手にしている人が多い。隣に座った人が持っていたプログラムを見せてもらった。英語で書かれたプログラムには聖歌斉唱、聖書朗読、司祭による説教といったプログラムが記されている。特徴的なのは、そこにいちいちアラビア語、バリ語、と言語の表記があることだろう。中央には祭壇、それを囲むようにイスが置かれ、右手にはエバと同じワンピースを着た女性たちが座り、おしゃべりに興じている。エバもいつのまにかその一員になっていた。

太鼓がひときわ重く響き、クリスマス礼拝がはじまった。後ろを振り向くと、かなり大きな教会は満杯だ。さっきまで祭壇の横にいた女性たちがいつのまにか教会の後方に行っていて、太鼓と聖歌に合わせてしずしずと入場してくる。

「ハレルヤ!」と高らかに唱えられた喜びの言葉によって、幕をあけたクリスマス礼拝は四時間にも及んだ。司会は五〇代半ばほどに見える男性。ジュバ・アラビア語を流暢に操り、司会を務めている。時折、あきらかにアラビア語ではない言葉が混ざる。司会がアラビア語をメインに使うのに対し、説教はバリ語がメインである。だが、バリ語とアラビア語が交互に現れることもあった。特に聖書の文言は必ずバリ語で読まれる。当然、聖書朗読はバリ語である。しかし、突然場面が切り替わったかのように標準アラビア語が聞こえてきた。聖書の一説を標準アラビア語で朗読しているのである。⑸ そしてはじまった聖歌斉唱。一人の痩身の女性がニコニコ立ち上がり、近くの人の手を取る。そして祭壇の前に出ると手を取り合ったまま、ダンスをはじめた。それにつられるかのようにみんなで輪を作りダンスがはじまる。輪から輪へ。軽やかに人は人びとの間をすり抜ける。

礼拝修了後、教会の内外は再会の喜びに満ち溢れていた。全員にビン入りのジュースが配られ、手製のお菓子が振舞われる。子どもたちはせっかくのクリスマス用の衣装が汚れるのもかまわず走り回っている。「メリー・クリスマス!」という声があちらこちらから聞こえる。

人びとはベンチに座り、とめどないおしゃべりに興じている。グリーンのワンピースを着たサラが筆者を呼び止めた。「どう?　私たちのクリスマスは?」「アフリカン・クリスマスだね!」と答えると、サラは破顔一笑した。「そうよ、アフリカン・クリスマスよ。クリスマスにはみんなここに集まるのよ。私たちはこうやってクリスマスを祝ってきたのよ」

そうやって話す間にも人が次々とやってきて、サラに挨拶をしていった。ハッジ・ユースフ[6]から来た人、オムドルマン[7]から来た人、色々なところから人が集まってきていた。

筆者がはじめて見たクク人がクリスマスを祝う風景は、クク人の「故郷」カジョケジではなく、そこからはるか遠く離れた北部スーダン、ハルツームでのものだった。それははるか南のカジョケジで生まれ、紆余曲折を経てハルツームで一〇年、もしくは二〇年近く暮らした人びとの人生が刻み込まれているかのようなクリスマスだった。そして、この風景をハルツームで見ることはもうないだろう。

二〇〇五年のCPA締結、二〇一〇年の総選挙、二〇一一年の住民投票とそれにともなう南スーダン共和国の独立を受けて、ハルツームにいた南部人の多くが南スーダンに帰還したためである。教会はクク人の帰還を受けて一旦南コルドファン州のヌバ山地出身の民族モロの人びとに引き渡された。その後、S地区が政府による打ちこわしにあい、教会も閉鎖せざるを得なかった。現在、ハルツームの教会の多くが同じような憂き目に遭っている。

これから筆者が描き出すのは、ハルツームへのクク人たちの移動、そしてそこでの生活、帰還の様子である。これらを描くことを通して、「スーダン」の最南端から北部ハルツームへと移動したクク人にとってのハルツームでの生活の意味を問い直したい。

一　ハルツームへの様々な道

1　南と北が「出会う」場所――ハルツーム

青ナイルと白ナイルの合流地点に位置する旧スーダン共和国、そして現スーダン共和国の首都ハルツームは、移住者の街である。植民地支配の進展とともに開かれていったという歴史からも、その住民のほとんどがある意味移住者であることは予想がつく。ハルツームもまたジュバと同じようにハルツーム州や市といった一つの行政単位を指す名称ではなく、ハルツーム、北ハルツーム（バハリ）[8]、オムドルマンという三つの都市を合わせてハルツームというのが通例となっている[9]。基本的にはハルツームは省庁や名門ハルツーム大学が立ち並ぶスーダン共和国の中心、オムドルマンはもともと植民地政府が置かれた場所であり、北部スーダンの英雄ムハンマド・アフマド廟、北部スーダンのイスラーム教育の中心であるオムドルマン・イスラーム大学もある古都、そしてバハリはハルツームや、オムドルマンよりも少し外れた、ハルツームの郊外という位置づけである。この三つの都市の外枠を取り囲むように移住者地区が点在している。乾燥した砂漠気候であり、一番暑い時期である四月から六月の平均最高気温はゆうに四〇度を越えるが、逆に冬にあたる一二月から二月にかけて朝晩は肌寒いほどになる。七、八月が雨期にあたるがその降水量は微々たるものである。

南スーダンの独立以前、「スーダン」は世界で最も多くの国内避難民を抱えた国と言われていた。特に多くの避難民が住んでいたのがハルツームである。一九九八年に作成された国際強制移動に関する原則指導宣言（指導原則）によれば、「国内避難民とは、特に武力紛争、一般化した暴力の状況、人権侵害もしくは自然もしくは人為的災害の影響の結果として、またはこれらの影響を避けるため、自らの住居もしくは常居所地から逃れもしくは離れることを強いられまたは余儀なくされた者またはこれらの者の集団であって、国際的に承認された国境を越えていないもの」を言う[10]。

指導原則が一九九八年に成立したことからもわかるように、国内避難民というカテゴリーは難民と比べて新しい概念である。一九七二年に国連ではじめて国内避難民が取り上げられ、一九八九年にその定義が試みられた。一九九〇年代初頭、イラク国内のクルド人に対して国連が緊急人道支援を決定したことをきっかけに、この単語が広く知られるようになった［Geissler 1999: 453; 島田 二〇〇五：四］。

この国内避難民という単語の浸透と、「スーダン」における内戦や災害による人間の移住の加速はほぼ平行していた。こうした背景から、「スーダン」内の移住者たちが国際社会によって国内避難民と見なされるようになった。

写真5　ナイル川（ハルツーム）

二〇〇八年の国勢調査ではハルツーム州全体の人口は約五三〇万人[11]。そして二〇〇六年の時点で内戦を機としてハルツームに来た国内避難民は約二〇〇万人と言われていた［UNHCR 2006］。つまり、その人口の約四割が南部、西部出身者で占められていたことになる。実際バハリの市場を歩けば、買い物をしているアフリカン・ドレスの女性たちの一群に遭遇し、明らかに「アラブ」系の顔立ちをした商人と、南部人とみられる女子高校生が会話を交わしている場面も目にすることができる。ハルツームが多民族都市であることを否定する人はいないだろう。

だが、南部、西武出身者のハルツームをはじめとした北部への移住は、決して内戦を機にはじまったわけではなく、それは古い歴史を持っている。支援者となる国際機関やハルツームのマジョリティによって国内避難民、と呼ばれる人びとが全員指導原則によって定められた国内避難民という定義に当てはまらない場合も当然ある。そもそもすでに国籍国を出ており、避難した先で基本的に登録が必要な難民とは異なり、だれが国内避難民なのかを国際機関等が見極めるのは難しい。では彼らは自身についてどう考えているのか。そこで本書では避難民・避難民地区という単語を使用することを一旦止め、すべて移住者、もしくは移住者地区とすることにする。

そしてこの移動の歴史は移住者地区での生活に少なからぬ影響を及ぼしていると言っていい。そのためまず次項でこの南北間の人間の移動をめぐる歴史を見て行きたい。

2　スーダンにおける「南部」と「北部」の出会い

「スーダン」は二〇一一年七月までアフリカ大陸内で最も面積の広い国家であった。この広さを考えればスーダンが画一的な歴史を持っているとは考えにくい。事実南部、北部、西部、東部とで異なる歴史的経験を持つ。

一七、八世紀からイスラームが浸透し、イスラームを基調とした国家がつくられた[12]北部の住人と在来の信仰が浸透していた南部の住人とが出会うのは一八二〇年、植民地勢力が「スーダン」に入って来てからである。従来、イスラーム王国はその南方の異教徒を奴隷としていたが、その奴隷狩りの規模はそれほど大きくはなかった。その規模が飛躍的に拡大するのはナイル川を上る冒険旅行の結果、植民地勢力が南部領域にまでその勢力範囲を広げ、そこに北部商人がさらなる営利の拡大と、象牙、奴隷という魅力的な商品の獲得のために入ってくるようになってからである［cf. Gray 1961; 栗田 二〇〇二］。この奴隷狩り、交易を通じて南部と北部は出会った。人は北部から南部へとだけ流れたわけではない。栗田禎子は一八五〇年代以降、ジハーディーヤが北部社会に投入されていたことを描いている［栗田 二〇〇一：八二―八五］。奴隷として、兵士として、南部から北部へと移動した人びとはすでにこのころから存在した。イギリスからの独立後も学業や就職のため、そして戦火や自然災害を逃れての移動は絶えなかった[13]。北部のアラブ人[14]にとって南部人は安価に雇うことができる労働力だったのである。そして彼らをアラブ人はシャンマーサ[15]（shammāsa）と呼んだ。さらに一九七七年にジュバ大学が出来るまで南部には大学が存在しなかったため、南部の知識人階層はハルツームで高等教育を受けることもあった。

このように植民地期から南北間の人間移動の中継点の一つになったハルツームであるが、その様相が変容するのはやはり、内戦を機にしていると言える。

現在のハルツームにおいて、移住者地区に住む人を指してシャンマーサと呼ぶ人はあまりいない。ほとんどの場合、ナーズィフ、もしくは南部人、フール人といったような呼称が使用される。だがここまでの移動の歴史を見る限り、一九八〇年代までのシャンマーサと現在のナーズィフとの違いは、その人口中の内戦、自然災害から避難してきた人の割合の差のみである。ナーズィフという単語はいつからハルツームで使用されるようになったのであろうか。ここから「移民都市」ハルツームの様相の変化を見て取ることができるだろう。

3　避難民という名付け

一九六二年に『スーダン・ノーツ・アンド・レコーズ』に載ったレフィッシュによる論文、「オンドルマンにおける南部人移住者についての研究」[Rehfisch 1962] は独立以降、現金収入を求めて、もしくは自然災害によって南部からハルツームへの移住者が増えた現状を踏まえ、その実情を調査したものである。この論文は南部からハルツームへの移住者が独立以後、急激に増えたこと、そして南部から北部に来る理由は八〇％以上が「現金収入を求めて」であったことを示している。

一九七七年に書かれた論文になると状況が少し変化する。国際労働機関（ＩＬＯ）と国連開発計画（ＵＮＤＰ）が共同で行った一九七四年の調査をもとにしたオベライの「移住、失業、都市労働市場――スーダンの事例から

［Oberai 1977］では、南部からの移民が少ないことが示されている。

ここでこれらの論文の移住者を表わす単語が、紛れもない「移民、移住者（migrant）」であることに注目したい。この単語の使い方は、学術論文の上だけではなく、行政においても同じであったと考えられる。カラダーウィーが一九六七年から一九八四年までの「スーダン」政府の難民政策について論じた著作の文献目録には、旧スーダン共和国の難民政策に関する行政文書の題名がアラビア語の転写によって記されている。これらの行政文書を見てみると、一九七七年に大統領布告として「外国からおよび国内における移住に関する報告書（Taqrīr'an al-Hijra al-Dākhilīya wa al-Khārijīya）」が出されている。アッヒジュラ アルダーヒリーヤ（al-Hijra al-Dākhilīya）とは「国内における移住者」を意味する。その後も一九七八年、一九八〇年にも移住者に関する報告書が出されている［Karadawi 1999: 258］。この一九七八、八〇年の報告書は必ずしも国内における移住者だけを対象としたものであるとは言えないが、その他の行政文書において国外から来た者だけを対象としている際にはすべて難民と明記されていることを考えると、少なくとも国内外両方の移住者、難民が対象となっていたことが考えられる[16]。またこれらの行政文書の題名に避難民を示す単語は全くなかった。つまり、一九七八年後半から八〇年代にかけてスーダン政府は国内の移住者を理由を問わず単に移住者と記していた可能性が高い[17]。

この状況が変わるのは一九八〇年代後半から一九九〇年代前半である。一九八三年から八四年にかけてのハルツームへの避難民の大量流入は、政府の認識と対応をも変えざるを得なかった。ＮＧＯの圧力という背景もあり、一九八八年に救済復興委員会（The Relief and Rehabilitation Commission：ＲＲＣ）、避難民委員会[18]（Commission of Displaced：ＣＤＤ）が創設されている［Elmugly 1995: 77］。

ミラーとアブーマンガは一九九二年の『言語変化と国民統合――ハルツームにおける移住者』においてハルツームの移住者について説明を行っている。

干ばつと第二次内戦が勃発した結果、南部と西部から大量に移住者（migrant）が流入したことによって、一九八四～八五年は最も重要な（ハルツームにおける移住者の拡大過程の）[19]ターニング・ポイントとなった。――中略――彼らは三都市（ハルツーム、バハリ、オムドルマン）[20]の周りにある四三か所のキャンプに配置された。彼らは〝ディスプレイスト（displaced）〟、もしくは〝ナーズィヒーン（nazihin）〟、つまり国内難民（internal refugee）と言われた。残りの移住者たちは首都に散らばり、〝アッサカヌ　アル　アシュワーイ（al-sakan al-'ashwa'i）〟として知られる「インフォーマルな」居住区に住んだ。難民と移住者との区別をつけることは難しい。なぜなら多くの難民が親戚のもとへ行こうとするし、親戚と共に住むことも多いためである。――中略――ハルツームでは〝al-sakan al-'ashwa'i〟という単語はしばしば〝nazihin〟[21]という単語と関連付けられる［Miller & Abu-Manga 1992: 18］。

この後、ミラーとアブーマンガは移住者たちをキャンプ（the camps）在住者と不法居住区（the settlements）在住者と分けて説明しつつ、これらのカテゴリーが明確に分けられるわけではないことに対し注意を喚起している。

若干のキャンプは発展し居住区となった。その他の事例では内戦を逃れてきた移住者が居住区に住む親戚に合流し、あいている土地に自分の家を建てている［Miller & Abu-Manga 1992: 21］。

このミラーとアブーマンガによる説明は、一九九二年という、ちょうど国内避難民という単語が国際社会に広がりはじめた時期における、ハルツームの移住者の状況を良く表している。[22]つまり内戦を契機とした移住者が増えだし、政府、そしてＮＧＯが彼らを避難民と扱ったことによってナーズィフという言葉が使われるようになった。その一方、以前からの移住者はあくまでも移住者であるが、居住区在住者とキャンプ在住者の区別がつきにくくなっていることによって、ハルツームにおいて移住者がナーズィフと同列に見られるようになるという過程が浮かび上がってくる。

４　ハルツームの移住者地区

では、このような歴史を経てきた現代移住者地区の概観について説明しよう。

二〇〇六年時点での「スーダン」内における国内避難民数はおよそ五〇〇万人であり、南スーダン独立以前のスーダン共和国は世界一の避難民数を抱える国であった。ハルツームには国内最大の二〇〇万人がいたという[23][UNHCR 2006]。一九八〇年代から急増した彼らの多くは内戦、自然災害を背景として避難してきていると言われる。避難民の出身州は多岐にわたる[24]。

二〇〇八年の時点でハルツームにはスーダン政府に公認された避難民キャンプが五つ、南部、西部出身者が集住する不法居住地が一〇以上あった[25][Abusharaf 2009: 152-153]。

これらの土地のほとんどは賃貸料がかからない。特に不法居住区においては、避難、移動してきた人は家を建てる材料さえ調達できればそこで生活できた[26]。キャンプ、不法居住地ともども基本的なインフラは整っていない。ハルツームの多くの場所で電気、水道が通るようになった今でも彼らは水を買い、発電機で電気を起こす。その一方、大きな移住者地区には学校、宗教施設、市場、薬局が存在し、都市的機能も持っている。南部、西部からの移住者の多くはこれらの移住者地区に住むが、なかにはこれらの土地以外に住む人もいる。

彼らの多くはその土地の賃貸料が払えるだけの収入の道がある人びとである。移住者地区に住む人の職業は

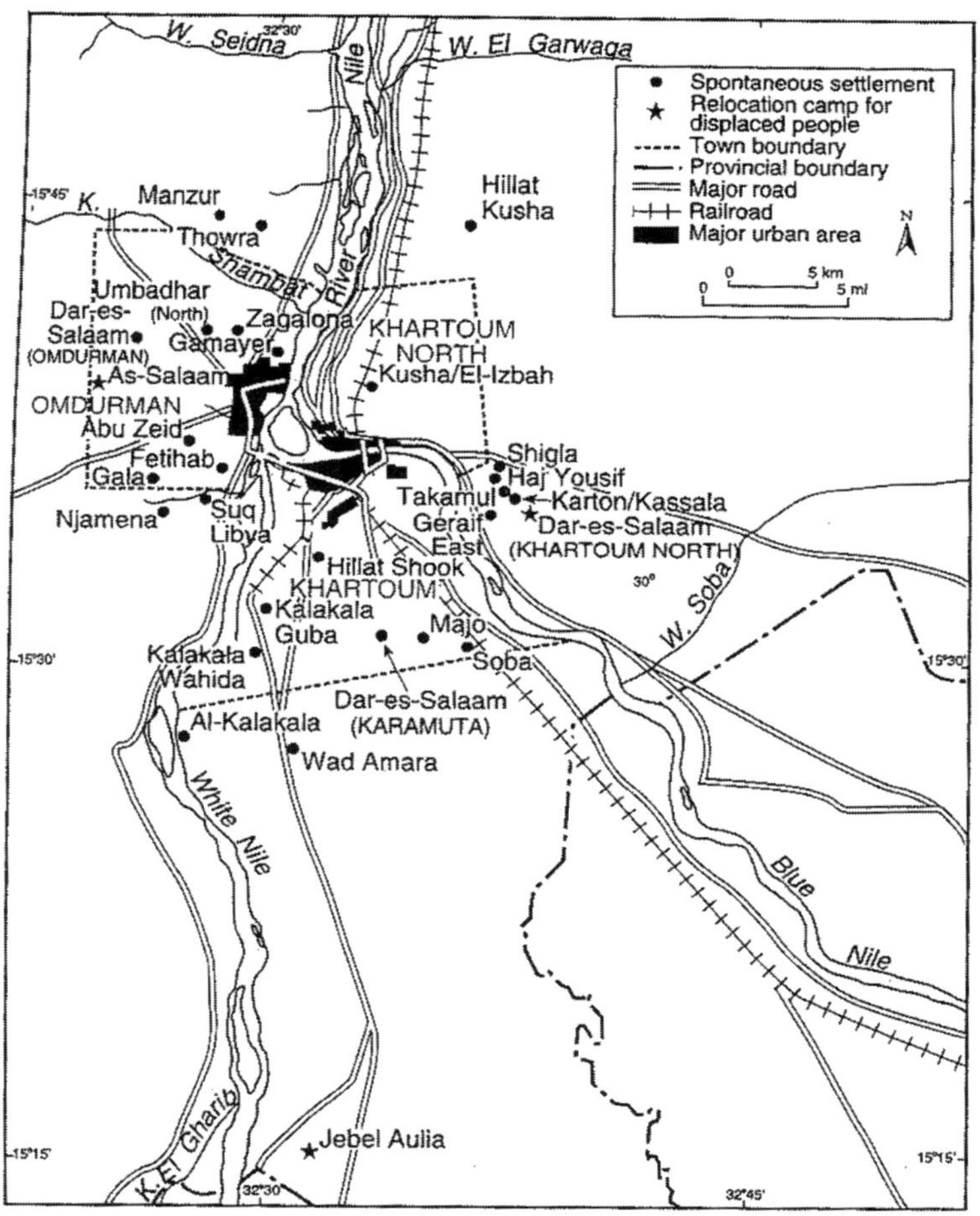

地図 6　ハルツーム移住者地区［Hutchinson 1996: 12］

表1　ハルツームからの帰還先・人数

帰還先	人数
中央エクアトリア	13,175
西エクアトリア	1,267
東エクアトリア	2,020
ジョングレイ	3,999
ハルツーム	52
レイク	8,410
北バハル・アル・ガザル	27,071
北ダルフール	7
南ダルフール	81
南コルドファン	57,527
ユニティ	8,443
上ナイル	14,866
ワラップ	19,570
西バハル・アル・ガザル	2,248
合計	158,466

［IOM 2009］を参考に筆者作成。2005から2009年のデータ。これは調査地が経由地コスティであるため、実際に帰還した人数より少ないと考えられる。

写真6　移住者地区（ハルツーム）

写真7　移住者地区2（ハルツーム）

様々である。無職、小売、ハウスキーパーとしてその日暮らしをする人もいれば、NGOや国連機関の職員として高給を得る人もいる。また移住者地区には教会もモスクもあり、信仰宗教も様々である。

難民、国内避難民の生活を考える際に重要な要素の一つが、政府、および国際機関による支援である。だがハルツームの国内避難民に対する支援は、スーダン政府が国際機関に対する支援の要請を行わなかったため、極めて限定されていた(27)。スーダン政府は一九八〇年代後半に避難民支援体制を整える一方、カシャ(28)と呼ばれるハルツームに住む南部、西部出身者の大量強制送還も行った［栗田 二〇〇一：四八五］。このカシャは強制送還からハルツームの郊外の別な土地への強制移動、そして飲酒者取締りというように、かたちは変えつつも二〇一四年まで行われ続けていた［Tufts University & IDMC 2008: 11］。

本書の舞台の一つとなるS地区は、これらの不法居住区のうちの一つである。ハルツームの南郊外に位置し、中心部にあるバスターミナルから一時間ほどかかる。正確な人口は不明であるが、大規模帰還がはじまる前、一説では六万人の人口を抱えていたと言われた。この地区は内戦時からSPLAの支配下にあるとささやかれていた[29]。CPAが締結から五か月後の二〇〇五年五月には、強制退去を求める警察と住民との間で大規模な衝突が起きていた[Abusharaf 2009: 23-26]。そうした影響もあってか、筆者がS地区に入ったときには行政官は存在せず、人びとは民族ごとのコミュニティを作って生活していた。

二　国内避難民とは誰か

1　それぞれのハルツームへの道

さて、話をクク人に戻したい。ここまでの説明を読みながら多くの人が疑問に思うことがあるだろう。それは、ウガンダ—南スーダンの国境地帯という「スーダン」の最南端を出身とするクク人がなぜハルツームに来ているのか？　という疑問である。クク人だけではない、「スーダン」最南端に当たるエクアトリア地方から一定数の移住者がハルツームに来ている。どう考えてもハルツームよりウガンダやケニアに出た方が安全を確保しやすいはずである。なぜ、彼らはハルツームに来たのか。本節ではクク人を事例として彼らがハルツームに来るまでの過程を追うとともに、「敵地」ハルツームにおいて彼らが創りだしたネットワークについて見ていくことで、この疑問に答えたい。そしてそれを通して、「スーダン」における南北間関係の新たな一面を見せ、南部人にとってのハルツームの意味を再考することができるだろう。

「私はハルツームに避難してきたわけではないのよ。夫が兵士でね、ハルツームに派遣されるというので家族

でハルツームに来たのよ」[30]［エルザ、一九六二年生まれ、女性］

「ジュバ大に入学するためにハルツームに来たんだ。当時ジュバ大学は戦火を避けるためにハルツームにあったからね」［アンデレ、一九六〇年代後半生まれ、男性］

「ハッジャはいつハルツームに来たの？」

「一九九七年だよ」

「どうやってハルツームに来たの？」

「そりゃ飛行機でだよ」

「自分でチケット買ってきたの？」

「まさか！　政府が飛行機を出したんだよ。それに乗ってきたのさ」［エステル、一九七〇年代前半生まれ、女性］

一九九二年からハルツームに住むというエルザは、「一九九二年といえばジュバでの戦闘があった年ね」と言う筆者に対し、私は避難してきたわけではない、と答えた。彼女はカジョケジで初等教育を終え、ジュバで高校を卒業した後に結婚し、夫に従ってハルツームに来た。

一九九一年に、当時紛争激化によってハルツームに移転していたジュバ大学に入学するために、ジュバからハルツームに来たのは、ジュバ大学で教鞭をとりながらＳ地区で司祭としても活動していたアンデレである。彼もまた、自分は避難をしてきたわけではない、と言う。

Ｓ地区で小売をしながら子どもと孫の生計を支えるエステルは、一九九七年、ジュバでの戦闘に巻き込まれ、政府が提供した航空機でハルツームに避難してきたという。ハルツームに来たのは自分の選択ではなく、それ以外に選択肢がなかったからである。

こうして人びとのハルツームに来る経緯についての語りを聞いていると、内戦によってハルツームに来たという語り方が、どれほど多くのものを捉え損ねるのかが改めてよくわかる。三人とも確かに内戦を背景としているが、ハルツームに来る理由はそれぞれ異なっている。その一方、ある共通点も見えてくる。それは三人ともジュバからハルツームに来ているという点である。確かに生まれはカジョケジなのだが、全員が一旦ジュバに出ているのである。これはこの三人だけに限る話ではない。筆者がハルツームでインタビューを行った三〇人のうち、カジョケジから直接ハルツームに出てきたという人は三人だけであった。そしてジュバからハルツームに来た人は一四人である。[31]

このことは何を示すのか。一つは、内戦中におけるジュバ—ハルツーム間の人の交流の存在である。前述の通り、ジュバは第二次内戦時における北部政府軍の拠点であった。それと当時にそこは明らかに「スーダン共和国」の一部であった。ジュバに住む人の多くは何らかの形で「スーダン」政府とのつながりを持つ機会があり、それがハルツームへの移動をもたらすきっかけとなった。もちろん、エクアトリアからハルツームは遠い。そのため一度ハルツームに来てしまえばエクアトリアに帰るのは難しい。実際筆者がインタビューを行った人のうち、内戦終了前に南部スーダンを訪れたという人は、ジュバ大学に勤めており、大学の用務のために行ったという一人だけだった。その意味ではハルツームは、「スーダン」難民が多くいたケニアのカクマ難民キャンプや、アジュマニの難民村、居住地とは状況が異なる。だがＳＰＬＡと政府軍が戦闘を続けていても、同じ「スーダン共和国」の都市であったジュバとハルツームを通して南部と北部はつながりを保ち、それが南部人がハルツームに来る理由の一つになった。

もう一つは、南部内での人間の移動のありようである。クク人でジュバからハルツームに来た人のうち、戦闘を逃れてカジョケジからジュバに行ったという人は確認できた限りで二人だけである。他の人は学業や就業のためにジュバにいったか、もしくはジュバで生まれた人である。これは第二次内戦時のジュバがすでに南部の中心都市としての位置を築いており、南部スーダンにおいて人口の都市流入がはじまっていたことを意味する。それは前章で見てきたとおりでもあり、またジュバは政府軍の要衝として南部の中心都市でありながら、長らく北部政府が支配した場所でもあった。このジュバの状況がエクアトリア地方の人びとがハルツームに来るきっかけとなったと考えることも可能であろう。そしてこのような移動のあり方は、おそらくエクアトリア地方出身者に共通するものだろう［cf. Mills 1981］。

エクアトリアの各地からジュバ、もしくは州都へ出てきた人が、戦闘、政府の居住地接収によって、もしくは仕事上の理由からハルツームに出てくることになった――エクアトリアからハルツームへの人の移動は、このような経緯をたどることが多かったということができるだろう。

２　当事者による避難民の基準

先述のとおり、かつて「スーダン」は世界で最大規模の国内避難民を抱える国であるといわれており、その中でも首都ハルツームは「スーダン」国内で最も多い国内避難民が住んでいるとされていた。だが上述のようにハルツームに来る理由が多様であるならば、彼らが実際、自分のことを「避難民」だと考えているのだろうかという疑問も浮かび上がる。本節ではこの疑問に答えてみたい。

二〇一〇年一一月。Ｓ地区にあるＡ教会での日曜礼拝の帰り、教会の会計担当ヤコブの家を訪問した。そこには四〇代ぐらいの女性と、一〇代後半くらいの男性が先客としており、ヤコブの妻と女性がバリ語で話していた。

若い男性はバリ語を理解することはできても、返すことは出来ず、アラビア語で返事をしていた。ほどなく昼食が運ばれてきた。

ジャンジャロ[32]と呼ばれる、クク人がよく食べる豆を塩で煮たものをパンですくいながらのおしゃべりはやまない。話題はジュバのことだ。ジュバの物価が恐ろしく高いと客人の女性が話している。そして帰還支援プロジェクトの状況についての話に流れていった。途中でクク人の女性が二人訪れ、話の輪に加わった。そのとたんにバリ語の使用頻度が上がった。筆者も理解が出来ないが、若い男性も理解できなくなったらしく、同じ状況の筆者に話しかけてきた。流暢な英語である。バハリにある私立大学でコンピューターのプログラミングを専攻しているという。いつハルツームに来たのかを尋ねてみたところ、「二〇〇一年、八歳か九歳のときに避難してきたんだ(I was displaced from war)」という答えが返ってきた。

あとでヤコブが話してくれたところによると、彼らはヤコブの姪と姪の息子だが親子ではなく、叔母と甥の関係にある。ヤコブには姪が二人いて、今日家に来ていた女性の妹が男性の母にあたるという。今日来ていた女性はハルツームで生まれ、大学でジュバ出身の男性と出会い、卒業後にその男性と結婚してジュバに行った。ハルツームに来たのは彼女の父親を訪問するためである。

この二人の状況を知るだけでも移住者地区にいる人の状況が多様であることがうかがえる。ヤコブがハルツームに来ることになった経緯を聞いてみよう。

「はじめは南部政府の役人として、職業訓練のためにジュバからハルツームに来たんだ。私はハルツームで農業についての講義を聴講した。だが講義が終わっても南部政府は帰りの航空券をくれなかった。そして私は避難民(displaced)になった。私は焦ったよ。ジュバには妻も子どももいる。仕事もある。だが、チケットがなければどうにもならない。チケットを自分で買うお金はなかった……だから考えたんだ。南部ではまだ戦闘が続いているし、ハルツームに留まろうと。そして仕事を見つけ、妻子を呼び寄せたんだよ」

この話からもわかるように、彼は内戦や自然災害から避難してハルツームに来たわけではない。だが彼は自身がハルツームに来るくだりを説明する中で「避難民になった」という言葉を使った。

次にA教会の司祭を務めるヨセフの話を見てみよう。彼はカジョケジからウガンダのカンパラに出た後に、一旦カジョケジに戻り、そしてハルツームへと来ている。

「ちょっとした好奇心だったんだ。私はウガンダの首都を見た。今度はハルツームを見てみたいと思ったのさ。そしてハルツームに来た。そしたら戦争がはじまったんだよ！　一巻の終わりさ！　私は避難民（become displaced）になった」

彼もまた、避難してハルツームに来たわけではない。そもそも彼は第二次内戦がはじまる前の一九七九年にハルツームに来ている。就業機会の拡大と、好奇心からハルツームを訪れ、結果的に避難民になったのだという。

彼らは自分がはじめから避難民だったとは言っていない。その点は本節の冒頭で避難してきたと言った男性の状況と異なる。ここで問題とされるべきなのは、彼らが何をもってして避難民になったと考えているのかということであろう。二人に共通しているのは帰郷出来なくなったという状況である。

ハルツームの移住者は、自分が避難民であるか、もしくは避難してきたのかということに対して、彼らなりの基準を使って判断している。それは前節で夫についてきたエルザが「私は避難をしてきたわけではない」と筆者に言ったことからもわかる。彼らが日常生活において集合的アイデンティティとして避難民を主張することはあまりないという状況も、彼らのハルツームに来る理由の多様性、および彼らが彼らなりの避難民かそうではないか、という基準を持っているということを考えれば納得がいく。また、避難民と難民とを分ける際に国際社会が重要視する国境は、彼らが自分を避難民であると考える際にはあまり重要視されない。英語を話す人びとは国境を越えた者が難民であり、越えていない者が避難民であるという知識を持つ。だがこれは単なる便宜的な分類の方法に過ぎない。

住民投票が行われ、帰還が続く中、A教会で行われた主日礼拝において一人の司祭が教会に集まった人びとに向かってこう言っていた。

「ウガンダにいた者や南部にいる者は、本当のキリスト教を知らない。私たちラージイーは、南部に帰ったのち、本当のキリスト教を伝えなければならない」

ここで言われているラージイーとは当然避難民である。このようにナーズィフとラージイーはしばしば混同して使われる。この司祭はウガンダにいた者と南部スーダンにいる者を並列して扱い、ハルツームにいる人と区別している。そこで問題になっているのは場所の違いであって、国境を超えたか否かではない。

ここまでハルツームに住むクク人が避難民であるということをどのように捉えているのかを、彼らの語りから分析し、彼らが彼ら自身の避難民の基準を持つことを明らかにした。だが様々な避難、移住の理由を持つにせよ、彼らは移住者、避難民としてだけ生きているわけではない。彼らはハルツームでの生活の中で「クク・ネットワーク」も創り上げていった。

３　再形成されたネットワーク――民族と教会を通して

どんな理由であれ、南部からハルツームに来た人はそこでの生活を作りださなければならない。しかもキリスト教、在来の信仰が浸透し、各民族集団がそれぞれの民族語を持つ南部とは異なり、アラビア語が公用語、主要言語として流通し、ムスリムがマジョリティを占めるハルツームでは勝手がかなり違う。当然食生活も異なり、ククク人がウガンダで食べなれていた食用バナナは彼らいわく、「恐ろしい値段」で、ジャンジャロといわれる豆もウガンダからの輸入品となるため、手に入れるのは簡単ではない。飲酒は禁止で、酒を販売しているところを見つかれば警察に捕まる。

特に戦闘に巻き込まれ、取るものもとりあえずそれまで住んでいた場所を出なければならなかった人びとは何も持たず、ただハルツームに辿りつくことになる。家もなく、仕事もなく、財産もほとんど持たず。だが、人びとはそこで歩みを止めるわけにはいかないのである。

S地区の大きな市場を貫いて通る道沿いに一つの家がある。台所に寝室二つ、居間が一つ。壁から通りに屋根を張り出し、その下に茣蓙（ござ）を敷き、いつでもエステルはそこにいる。小売をやっているのである。ときには茣蓙に転がり、ときには近所の人としゃべりながらコーヒー豆や塩、干し魚、自分で揚げるザラービア(33)を売っている。カジョケジのカナポで生まれた彼女は、父の仕事の関係でウガンダのアチョリ人の間で暮らし、やがて母とともにジュバへと移り住んだそうである。ハルツームで女性一人で子どもたちを育て、しっかりと生活基盤もつくり上げてきた彼女はある程度抜け目がなく、したたかで、率直である。子どもが朝帰りしたことを嘆き、孫の成長に目を細め、ときには筆者にちゃっかりオレンジやバナナといったお土産を要求する。

「（ハルツームに来た時に）親戚は？　ハルツームにいたの？」

「いないよ、来たときは私と子どもたちだけだよ」

「来たときは家も何もなかったでしょう？」

「そうだよ！　この家は私が建てたんだよ。材料も全部買ってさ。ハルツームに来て、ここに住むことを決めてね」

「一人で建てたの⁉」

「いや、近所の人が手伝ってくれたんだよ」[34]

エステルが語ってくれたハルツーム到着後の話は、ハルツームの移住者たちが何も持たずに来た後にS地区に来るまでの経緯の一例である。彼女のように本当に知り合いも親戚もいないなかで一から家を建てねばならない状況を筆者が聞くことは稀であった。多くは一度ハルツームの親戚宅に身を寄せることが多い。だが、彼女の話はハルツームに着いたのちの人びとが何もない、希望の見えない状況で、それでも生きるために戦ってきたことを示す一例である。そして彼女は一九九七年にハルツームに来て以来、南部に戻っていない。また、ハルツームで自身の生活を立て直すということは、南部で築いてきたのとは違ったネットワークを創り上げるということでもある。

S地区では民族集団ごとに生活しているわけではない。クク人の隣にシルック（Shilluk）人やアチョリ人が住むことは珍しくない。南部人の帰還がはじまった後は家の間貸しも頻繁に行われていたため、一つの区画にクク人とバリ人、ヌエル人が住むこともあった。エステルの家にもディンカ人やポジュル人、アチョリ人の隣人が顔を出し、生活道具を借り、洗濯を手伝い、おしゃべりを楽しんでいく。このネットワークは隣人同士という関係だけではなく、娘の同級生の親、という関係などからも構築されており、ハルツームでの彼女の生活を反映させたものとなっていた。このネットワークはエステルにとって欠かせないものである。彼女にとって、彼らはお店のお得意さんであり、情報交換の相手であり、日々の出来事を語る相手である。

だがハルツームで移住者が作りだすネットワークは、地域的なものだけではない。民族集団ごとのコミュニティ、そして教会を通したコミュニティも作られている。そして特に民族集団を基盤としたコミュニティの機能がＳＰＬＭの行政システムとリンクし、そこに教会を通じたネットワークが深くかかわることになったがゆえに、このコミュニティとネットワークが及ぼす人びとの生活への影響は強まった。以下、このコミュニティとネットワークの概要について説明しよう。

◇クク・コミュニティ

クク・コミュニティ[35]は一九八八年、Ｓ地区においてハルツームにおけるクク人の生活向上のために組織された。基本的にハルツームに住むクク人すべてが参加できる。徴収金はなく、イベントやカジョケジからの要請があったときに寄付を募る。マヨ、ジャバル・オウリヤ、オムドルマン、Ｓ地区それぞれに首長を置き、その首長の統括者として大首長を置く。さらにチェアマン[36]と長をおいてコミュニティの運営にあたっている。彼らは様々な議題ごとに会合を開き、ハルツームにおけるクク人の生活向上に努める。

首長は基本的に世襲制である。それに対し、チェアマンは任期二年の選挙制である。首長は各地区のクク人の動向を把握しており、何か問題があった際は調停役を務める。また婚姻届も現在では首長に提出されている。[37]首長とチェアマンの役割に特に差はないが、チェアマンは特に高学歴者が選ばれる傾向があり、クク人学生への学業支援といった、首長が扱いにくい問題を引き受ける。このような仕事以外に、クク・コミュニティはクク人を集めたイベントなども企画する。

クク人がハルツームで生活していく上でこのコミュニティが大きな役割を果たすのは、このコミュニティがSPLMの作り上げた統治システムと連動しているという理由が大きいと考えられる。

ローランドセンによれば、SPLAが活動を開始した一九八三年から九一年まで、その支配地域における統治システムはごく基礎的なものだった。SPLAは植民地政府が行った「間接」統治（'Indirect rule）を参考にして、首長制を元に支配地域の統治を行っていた［Rolandsen 2005: 30］。ローランドセンは、さらにこの首長制がSPLAの司令官の地域での権力行使に大きな影響を与えたことを説明している。SPLAの司令官は地域の首長を指名することができ、首長は地域内の兵士のリクルートなどを行わなければならなかった[38]［Rolandsen 2005: 67］。

この統治システムがハルツームのクク・コミュニティの運営に大きな影響を与えている。ハルツームにおいて、クク・コミュニティははじめから南部政府の配下にあろうとして設立されたわけではない。またハルツームにおいてすべての首長がSPLMに任命されているわけではない。だが筆者はクク人の首長の一人が、SPLMによる首長であることを証明する身分証明書を持っていたのを見ている。彼は二〇〇一年つまりCPA締結以前に首長としてハルツームに来たと言っていた[39]。和平協定締結後、ハルツームに住む南部人の間における南部政府のプレゼンスが高まっていく過程で、クク・コミュニティは南部政府およびSPLA／Mとのつながりを深めていったと考えられる。

◇カジョケジ教区ハルツーム支部

一九八六年にクク人の念願であった聖公会カジョケジ教区が設立されたが、その翌年、カジョケジ郡の行政機能停止とともに教区もその運営を停止せねばならなかった。そして一九八八年、ハルツームにおいてクク人による祈りの場が誕生する。それがカジョケジ教区ハルツーム支部[40]の前身である。

当初、人びとの意図は教区の引き継ぎにはなく、ハルツームにおいてクク人が集まって祈ることができる場をつくることにあったという。だが徐々に祈りの場に人が集まりはじめ、一方で、内戦はやむ気配を見せず、当然、教区も再開する気配はない。そのため、ハルツームにおいて教区の仕事を引き継いでいったのだと司祭は言う。だが、カジョケジ教区がジュバ、そしてウガンダでもその活動を継続していたのは一章で見てきたとおりである。おそらく、これはハルツームのクク人たちにとってのカジョケジ教区の役割を引き継いだということなのであろう。

筆者が調査をしていた二〇一〇年当時、ハルツームにはクク人が中心となって運営する教会が三つ、礼拝所が二つあった。これらは一九九〇年代から二〇〇〇年代にかけて建設されたものである。これらの教会は制度上はECSハルツーム教区に属するが、教会に所属する司祭やレイ・リーダーたちは独自のネットワークをつくりだし、毎月最終週の金曜に三つの教会を巡回してカジョケジ教区集会を行っていた。通常クク人が中心となって運営している場合であっても教会は「万人の教会」と見なされ、他の民族集団の人が排除されることはない。また、教会関係者も宣教の意識を常に持つ。だがこの集会だけはクク人のみで行われる。内戦が終結した二〇〇五年にはカジョケジにおいても教区の活動が本格的に再開していた。だがハルツームにおいても教区支部の活動が止まることはなかった。むしろ活動を開始したカジョケジ教区やジュバの教会との橋渡し役を担い、南部とのつながりを強化し、ハルツームでの支援金収集などに積極的に動いていた。

人びとは通常いくつものコミュニティやネットワークに属して生活を送っている。それはハルツームへと移り住んだ人も変わらない。この重層化したネットワークとコミュニティを御し、他者からの名付けに反応することによって、人びとは自身のアイデンティティを構築していく。

三　キリスト教徒がハルツームに住むということ

本章では、これまでの節においてハルツームにおける南部出身者の移住の歴史を背景として、ククの人びとの移住、避難と、つくりだされたネットワーク、そして彼らにとっての避難民の基準を見てきた。そしてハルツームにクク人たちが来る背景には、内戦中も途切れなかった南北間のつながりと、南部内での都市化による人口移動があったこと、そしてハルツームにおいて、民族やキリスト教を基盤とするネットワークが形成されてきたことが明らかとなった。

本節では筆者がハルツームでの調査拠点としてきたS地区でのクク人たちの様子を描写することによって、クク人、ひいては南部人がハルツームに住むことの意味を理解する助けとしたい。本節の主人公はS地区におけるクク人の拠点、A教会であり、彼らのよりどころとなったキリスト教である。

1　ハルツームのキリスト教史

ここで、ハルツームにおけるキリスト教の展開について簡単に説明をしておく必要があるだろう。キリスト教は最初四世紀には北スーダン領域に伝わっているが、その後イスラームの伝播とともに一旦消滅している。だがコプト・キリスト教徒はハルツームに残り、ムハンマド・アリー朝支配期には政府官僚として働いていた。そこに西欧諸国からの宣教師団が到来する。

宣教師団がはじめてハルツームに到着するのは一八四八年である。そのころハルツームはムハンマド・アリー朝が支配する人口一万五〇〇〇人ほどの小さな町に過ぎず、しかも奴隷交易の玄関口であった。イタリアから派遣されたカトリック宣教師団はハルツームを中継地点としてさらに南を目指した。このころのハルツームは、宣教師団の本部、そして教会活動の拠点、そして奴隷制度への抵抗の拠点という三つの役割を担っていた。彼らはさらに教育活動を開始した。だが、ハルツーム、南部での活動ともに気候の厳しさや地域住民らの抵抗によって難航し、ときに宣教師団が入れ替わることもあった。そのなかで大きな影響を持ったのはカトリックのコンボニ宣教師団である。彼らはエル・オベイドなど北部諸都市で活動を続けたが、マフディー勢力がハルツームを支配したことによって一八八三年にハルツームを去った。

宣教師団が再びハルツームに舞い戻るのは一八九八年、イギリス・エジプト軍によるマフディー軍制圧、「スーダン」支配開始以降である。一八九九年にイギリス国教会系のCMS[41]、そして一九〇〇年にはカトリックのヴェローナ・ファーザーズ、プレスビテリアンのアメリカン・ミッションが相次いでハルツームに入った。だが、イギリス政庁は北部スーダンにおける宣教師団の布教活動を禁止したため、彼らはハルツームを拠点としながら活動範囲を南部へと拡大して行くことになった。

CMSは一九〇四年にハルツームにオール・セイント・カテドラルを建設し[42]、当時北部で行うことを許されていた教育や医療活動を展開した。カトリックも同様に教育活動を行っていた。北部スーダン人への布教は原則として禁じられていたため、その精神的活動は主にハルツームに滞在するイギリス人に対するものとなった。

その役割が若干変化するのは第二次大戦中に南部人、もしくはヌバ人がハルツームへと移住するようになって以降である。CMSは南部出身者が泊まることができるホステルを開設した。ハルツームに来た南部出身者にはキリスト教徒もいたが、非キリスト教徒もいた。教会はハルツームで南部出身者に対する洗礼を行った。他の宣教師団もこのようなホステル運営を開始した。このようにハルツームのキリスト教教会には南部出身者が深く関わってきた歴史があった。

一九五六年に「スーダン」が独立した後、六〇年代には南部人のハルツームへの移住はさらに増えた。各教派は南部人主体のクラブを運営し、民族ごとの教会も建設され、キリスト教教会は南部人の拠点となっていった。そして一九八〇年代には、第二次内戦の激化に伴い主に中部「スーダン」から避難民がハルツームへと流れ込んだことによって、教会は彼らの支援をも担うことになっていったのである［cf. Werner et el. 2000］。

2　隣り合う他者――「アラブ・ムスリム」からの視線

移住者地区におけるムスリムとキリスト教徒との関係の背景として、ハルツームのマジョリティとなる「アラブ・ムスリム」[43]からの南部人、もしくはキリスト教徒への視線がどのようなものであったか、そしてその視線に対し、南部人やキリスト教徒たちがどのような対応をしてきたのかを見て行きたい。ハルツームのマジョリティとなるアラブ人の南部人、そしてキリスト教徒への視線はどのようなものであったのか。

ハルツームでアラブ人と話すとき、筆者の調査について話すことになる場合が多かった。その際にアラブの人びとは、「私はジュバに行ったことがない」、もしくは「南部についてはわからない」という反応を示す。または「南は戦争があって危ないから行くのはよしなさい」、「どうして南部に行くの?」一方で、「南部は緑がいっぱいできれいなのよね、私も行きたいわ」という反応もある。南部人が多く住むS地区に出かけることすら「怖い、私にはとても行けない」という反応を示す人もいる。また、彼らは「南部人」という単語に明確な定義付けをしているわけではない。アラブ人も一様ではない。そのため筆者に対する、そして南部に対する態度も様々である。だが彼らに共通して表れるのは、「南部人」を他者として見なし、「南部について私は知らない」という態度である。そこには多かれ少なかれ南部人に対する蔑視が存在する。[44]この態度をハルツームのアラブ人の対エジプト、もしくはカイロ観と照らし合わせるとその違いが浮き彫りになる。

ハルツーム在住アラブ人のエジプトへの思いは複雑である。スーダンへの蔑視の視線を反発を持って受け止めながらも、ハルツームとは比べ物にならないカイロという大都会へのあこがれも捨てきることができない。アフリカン・カップでエジプトが優勝すれば、新聞には「おめでとう、エジプト」と出る。現在ハルツームでは衛星放送によってエジプトやその他アラブ諸国のテレビ番組を視聴することが可能である。女性たちの楽しみの時間の一つがエジプトで制作されたドラマであることを否定するハルツームの人は少ないに違いない。六〇代のアラブ人女性は、アラビア語ハルツーム方言とカイロ方言を「同じ」だと言い切った。(45) つまり、ある文脈においてはハルツームのアラブ人はエジプト人と同化を図ろうとする。しかし、現在ハルツームのアラブ人が、南部人との同化を図ろうとすることは、「南北統一」という政治的同化を除けば基本的にはあり得ない。

ハルツームが表面的に多民族都市となってから、かなりの時間が経っている。また、現在のハルツームにおいてアラブ人家庭と移住者家庭との生活レベルの違いがあるのかと問われれば、筆者は答えを留保する。もちろん平均的に見ればアラブ人家庭の方が物質的に良い生活を送っている可能性が高い。だがアラブ人家庭であってもその日の暮らしに困る生活をしている場合もあり、また教育への意識なども様々である。そのような状況は移住者と変わらない。アラブ人の中・上流家庭と貧しい家庭と、アラブ人の貧しい家庭と移住者の貧しい家庭を比べ、教育意識や、消費のあり方などといった生活状況が似ているのはどちらかといえば、後者である。このように近い距離にいながら社会的、そして心理的にここまで分断されているのはなぜなのだろうか。

そこには前述した、南部人のハルツームへの流入過程とハルツームの社会的事情が背景にあると考えていいだろう。南部、ヌバ山地出身の奴隷を主な構成員とした、ジハーディーヤがおそらくハルツームの住人に最初に認識された「南部人」である。そして植民地統治の都合上からゴードン・カレッジがおかれ、「イスラーム的知識人」

がハルツームの上流社会を牛耳るようになり、イギリスによる「原住民自治」によってアラブ人の部族の系譜の整備が進められた結果、アラブ・イスラームはハルツームの支配的文化となった［栗田 一九九三b：二二四］。そこにアラブ人でもムスリムでもない南部からの移住者が、賃金労働者や奴隷、そして避難民としてハルツームに流れ込む。移住者地区の外の人間には彼らが郊外のいわば「ゲットー」で、貧しい生活を送っているように見える。移住者地区が「危ない」場所に見え、「南部人」と自分たちは違うのだとハルツームのアラブ人が認識するようになるのも無理はない。そしてたとえ貧しくとも、少なくとも「アラブ・ムスリム」という支配的文化の側にいる自分たちと「南部人」とは違うのだ、という認識が出来上がる。

では、ハルツームのアラブ・ムスリムたちはキリスト教、もしくはキリスト教徒をどのように見ているのだろうか。筆者自身の経験から考えてみたい。

ハルツームではよく帰属宗教を聞かれた。筆者はそのたびに仏教徒（budīya）であると答えてきた。だが、仏教について知らない人も多く、「それはどんな宗教か」「啓典はないのか」「死んだ後に天国に行けるのか」といった質問をさらに重ねられ、四苦八苦する、もしくは論争になることもあった。

またあるときには、「帰属宗教を聞かれたらキリスト教だと答えておきなさい」と言われたこともある。その理由は「ムスリムにとって、キリスト教はイスラームの次にいい宗教だと思っているけれど、仏教は違うと考えているから」というものであった。事実、ハルツームのムスリムで仏教を知らない人はいてもキリスト教（masīhīya）の名を知らない人はいない。そしてキリスト教徒がユダヤ教徒とともに「啓典の民（'ahal al-kitāb）」であると認識している人もいる。また、アブラハムが息子を神に捧げるという犠牲祭のベースとなっている逸話はクルアーンにも聖書にもある。そしてムスリムが重要視する神を信じる者は天国に行けるという思想もキリスト教徒とムスリムは共有しているため、彼らにとってわかりやすいものでもある。その意味ではキリスト教はハルツームのムスリムにとって共感できる宗教である。彼らはキリスト教徒であることに一定の理解を示す。だが、それが南部人の信仰する宗教としてのキリスト教に対してとなると、そうはいかない。

筆者はハルツーム滞在中、あるムスリム家庭に居候していた。そこは筆者の日本でのアラビア語の先生の家であり、先生の母である女主人とその息子二人が住んでいた。この家は一九五〇年代に北部州からハルツームへと移住してきた人であり、敬虔なムスリムである。一日五度の礼拝と、イスラームの祭り、イードの際の喜捨を行う「正しい」ムスリムであることを誇りとしている。また、三人の子どもがアメリカ、日本に住んでいることもあって他宗教を無条件に否定するわけではない。それでもこの家でフィールド調査に行ってくると告げると、行き先について質問された。彼らは筆者が移住者地区に行っていることは知っていた。「ムスリムなの？　それともキリスト教徒？」と聞かれ、そして筆者が「キリスト教徒だよ」と言うと、ムスリムであることの「正しさ」について語りだすのが常であった。

犠牲祭の日、筆者は調査地に出かけて行った。家に帰ってくると一族が家に集まっており、筆者をみつけると手招きした。そして調査地で何を食べたのかを聞かれ、「鶏肉だ」と答えると、「犠牲祭の日に羊を食べないなんて！」という言葉とともに見事に調理された羊肉がのった皿が出てきた。

実は、当時ハルツームでは質の高低はあれど鶏肉が一番の高級品であった。だが、犠牲祭の日の羊はハルツームのムスリムにとって特別なものであり、彼らはそれを南部人キリスト教徒の家庭から帰ってきた筆者に供することによって、ムスリムであることの誇りを見せたのである。そこには南部人に対する優越感に裏打ちされたイスラームの優越という価値観が働いていた。

だがこのようなイスラームの優越という意識は、アラブ・ムスリムと南部キリスト教徒との間の直接的な交渉によって生まれたわけではない。本項の冒頭でのアラブ人たちの南部に対する言説からもわかるように、彼らは同じ「ハルツーム」に住みながらもお互いの理解を目的とした交流を図ることは稀であった。それがよくわかる、筆者のハルツームにおける居候先であったアラブ・ムスリムの一家における一場面を見てみたい。

この家にはエチオピア人ムスリムの家政婦が働いていた。決して裕福な家ではなかったが、女主人が年を取って家のメンテナンスをひとりで行うのが難しくなったため、雇い入れることにしたのである。そのような場合は通常、娘か嫁が手伝いをするが、この家の娘は全員、外国に行ってしまって不在だった。それでも手が足りない場合は、飛びこみの掃除婦や洗濯婦を雇う。時折、扉をたたき、売り込みに来る掃除婦がいるのである。そういった掃除婦は南部出身者が多かった。

ある日、女主人は一人の南部出身の掃除婦を雇い入れた。赤みがかった付け髪を編みこんだ、タラハともトーブとも縁のない、見るからにキリスト教徒の少女で、ディンカ人だという。女主人は掃除が終わった掃除婦に冷たい水をふるまうと、家のベランダでベッドに座り、家政婦と掃除婦とともに話をはじめた。ハルツームの物価や天気等についての他愛のない話である。ふと、女主人の髪に目をやった掃除婦がベッドの上に乗り、髪を整えはじめた。

女主人が「あんたはどこに住んでるの?」と問うと、「マヨに住んでるのよ」と、掃除婦は移住者地区の一つをあげた。S地区に近い大きな移住者地区である。だが女主人はその地名はわかっても、そこがどのような場所なのかを具体的にイメージするのは難しいようだった。ああ、とうなずいた筆者をちらりと見ながら彼女は続ける。「ここから三〇分ぐらいのところよ。でもあなたは知らないでしょう?」

そう、確かに南部人であり、キリスト教徒だという存在は、ハルツームのアラブ系の人びとにとって二重に他者化された存在なのである。近くに住んでいてもあくまでも「他者」にすぎない。それがハルツームにおける「多民族共生」の一つのかたちであった。そしてこうした「多民族共生」は南部と北部との間の関係の歴史とともに、南部人がハルツームに住むことの意味を規定する背景ともなる。

3　多様なるムスリム――交錯する差異と「アラブ」の意味

だがハルツームのムスリムは、アラブ・ムスリムだけではない。移住者地区にもムスリムはいる。南部出身キリスト教徒たちが向き合わねばならない宗教的他者は、実はこちらのムスリムである。

A教会での礼拝を終え、メンバーがそろって教会の外に出ると、小柄でサングラスをかけ、カーキ色の上下を着た男性が、片手をあげて挨拶をした。周りのメンバーたちは全員彼を知っているようで、次々に肩を抱きあい、挨拶を交わしていた。隣にいたメンバーの一人が、「彼はククの首長なのよ」と教えてくれた。この首長、実はククには珍しいムスリムである。いつハルツームに来たのかは聞き損ねたが、カジョケジでムスリムの家に生まれ、第一次内戦中はウガンダで軍人として働き、内戦終了後ジュバに移り住んだという。当時、日本大使館の食堂で働いていた。彼はS地区のククの首長であったため、クク・コミュニティの事務作業を一手に引き受けていた前述のアベルの家によく来ていた。

あるとき他のクク人二人とともにアベル家を訪問した首長は、コミュニティの運営事項について話し合う中で、自分はムスリムだが、アラブ・ムスリムではないことを主張した。

「アラブは同じムスリムでも黒いムスリムは認めないのさ」

このときアベルの家に集まっていた人は彼を除いて全員キリスト教徒であった。彼は自分がムスリムであることを認めたうえで、しかし自分は「黒い」のだと言い、自分はアラブではなく、この場にいる人と同じ「アフリカ人」なのだと主張したのである。

だが別の日、アベルの家の近くの通りで南コルドファン出身のSPLA兵士に会ったとき、彼は「私たちは同じムスリムだ、だからわかりあえる」と手を取り合っていた。

つまり彼は南部人に対して自分はムスリムであってもアラブではないと「同じ」南部人であることを強調し、ヌバ山地出身者に対しては「同じ」ムスリムであることを理由に連携を図ろうとしたのである。このように彼はときにムスリムであることと南部人であることをうまく使い分け、よりよい人生を得ようとする。それは移住者地区に住む者ならば程度の差はあれ誰でもやることである。このような彼らの行動は一見、ムスリム対キリスト教徒、アラブ対アフリカという図式をあいまいなものにするように見えながら、実はムスリムであること、南部人であることを痛いほど意識した結果の行動である点で、図式の強化へとつながっていったといえる。

このようにムスリムとキリスト教徒、アラブとアフリカという差異への認識が強化される一方、ハルツームというムスリムがマジョリティをなす場所で生活をする中で、彼らはその境界線をもう一度見直そうとする。それは差異が交錯する、まさにその場である。

ある夜、アベル夫婦に連れられてS地区の市場にほど近いクク・コミュニティの首長の家を訪れた。三月はまだ夜は涼しい。気持ちのいい風の吹く戸外に食事の席が設けられ、並べられたグラスには蠟燭の火がゆらりと映っている。水とコーラによる歓待を受け、暫くするとがっしりとした体格の三〇代くらいの男性とそれぞれ五〇代半ば、二〇代半ばほどの女性二人がやってきた。女性の様子を見た筆者はおや、と思った。色鮮やかなトーブに隠れながらも見える金製のアクセサリー。手に施されたヘンナと呼ばれる染料で描かれた文様。明らかにムスリム女性の身支度である。案の定、三人はムスリムだった。同じくムスリムであるクク人の首長が仲介し、アベル夫婦と引き合わせたようである。男性はダルフール出身のSPLA兵士(46)なのであった。このS地区のSPLA事務所に詰めている。食事がはじまった。首長は驚くほどうまく箸を操りながら料理をとりわけ、場を取り持つ。はじめはみな英語で話していたが、どうやらダルフールから来た三人は英語が得意ではないらしい。しばらくすると会話がアラビア語になっていった。アベルは流暢にアラビア語を操り、新婚であるというSPLAの兵士に自分の結婚生活と子どもたちの話を笑いを混ぜながら話す。サラも時々質問をするなどして、会話に加わっていた。

また、前述のエステルの家で出会ったアチョリ人[47]の女性は、東エクアトリアのトリット出身だった。一九九五年に内戦の影響でハルツームに来て、二〇〇〇年にシリアに行き、そこで過ごして去年ハルツームにやってきたという。

「トリットではアチョリ語を話すんでしょう?」と聞いてみると「ロターナ[48]もあるけど、英語とアラビア語と少しだけ。フランス語もある」と言う。「じゃあ、シリアにいってもアラビア語が出来るから大丈夫なのね」と言ってみると、「いや、トリットのアラビア語は簡単だから。シリアでは大丈夫だけど、ハルツームのアラビア語は難しいから大変」と言っていた。

ハルツームでもアラブ・ムスリムの家で掃除婦をして働いたが、「ハルツームで働くとお金は多くもらえるけど盗みの疑いをかけられるからいやだ。シリアではそんなことはなかった。だから私はエジプトに行って、一年間働いた後にトリットに戻る」と話した。

ムスリムでありながら、アラブと敵対関係にあるダルフール出身者との語らいによって南部人キリスト教徒であるアベルたちにもたらされるムスリムへの再認識、そしてシリアというアラブ・ムスリムの国で過ごした経験を持つ南部人の、ハルツームのアラブ・ムスリムへの視線。これらが見せるのは、ハルツームに住む南部人による「アラブ」、そして「ムスリム」認識の変容過程である。

ハルツームで南部出身者によるムスリム批判を聞いていると、時々彼らがアラブとムスリムを同一視してしまっているような気になることがある。だが、移住者地区での彼らの話を良く聞いてみると、彼らはアラブであることとムスリムであることが完全に同じではないことを彼らなりに理解していること、さらにはアラブと一口に言ってもハルツームの支配層としてのアラブとアラブ世界のアラブとは異なると考えていることなどが見えてくる。彼らが腹立たしげに「アラブ」と口に出すとき、それは単なるアラブでもムスリムでもなく、彼らを苦しめ、故郷から追いやった存在としての「ハルツームのアラブ」なのである。そしてそれはハルツーム、そして移住者地区での多様なアラブとの出会いがもたらした認識であった。

南部やウガンダにおいても彼らはムスリムとアラブが別の存在であることは知っていた。だが、ハルツーム、もしくはアラブ世界での暮らしを通してムスリムと密度の高い付き合いを経験し、ムスリムの中の多様性に対し、さらなる理解を深め、アラブの多様性を知ることになった。移住者地区での生活を通して、彼らはムスリムという枠組みを見直し、もう一度「私たち」と「彼ら」の境界線を引きなおしたのだと言える。そしてこうした境界線の引きなおしは、おそらく移住者地区におけるホストとゲストとが入れ替わり続ける歴史の中で何度も繰り返されてきたのだろう。

このような歴史を歩む移住者地区において、南部人キリスト教徒という、ハルツームにおける二重のマイノリティとして生きて行くことになった人びとが認識する自分たちの立場と態度を良く表わすのが、南部人キリスト教徒の女性が着る衣装である。

移住者地区を歩くと、アラビア語でジャラビーヤと呼ばれるワンピースに綿の布を羽織った女性の姿をよく見る。この布はカンガと呼ばれ、東アフリカでは一般的な女性の衣装である。実はハルツームのムスリム女性の衣

写真8　ケテンゲ姿の女性（ハルツーム）

装であるトーブと羽織り方は完全に同じなのだが、ポリエステルやシルクが主な素材で大判のトーブと、綿で大きな柄が染め抜かれたカンガとでは着たときの印象は全く違う。この布を女性たちは見事に使いこなす。ときには料理の際のエプロンになり、ちょっと出かけるときには部屋着の上に羽織り、寝入ってしまった子どもの上に掛けられる。また、南部人であってもムスリムが着ることはない。キリスト教徒が着るものなのである。ハルツームの市内でこの姿をほとんど見ることはない。カンガは略装であるため、遠出する際には用いられない。

彼女たちは遠出をする際、もしくは正装が必要な場所に出るときにはケテンゲと呼ばれるカンガより大きな布を思い思いにデザインし、仕立てた服を着る。若い女性は身体のラインに沿ったデザインを好み、壮年層の女性は丈の長い上着と、ストンとしたスカートの一揃いを好む。彼女たちは自分が何を着れば映えるのかをよく知っている。こちらの姿はハルツーム市内でたまに見かける。キリスト教徒の南部人女性だけの衣装である。この姿はハルツームにおいてキリスト教徒、南部人という存在を象徴するものでもあった。鮮やかな柄の、見事に仕立てられたケテンゲは南部人女性に本当に似合っていて、道を歩いていて目を奪われることがよくあった。

ハルツームに点在するどの市場にも女性用衣装を扱う店がある。ビーズやスパンコール、そして手の込んだ刺繍が施されたトーブや、ジャラビーヤ、丈の長いスカート、タラハといったムスリム用の衣装を扱う店に混ざって、必ず何軒かはカンガやケテンゲを扱う店があった。その値段は、決して安いとは言えない[49]。南部出身者自身が輸入する場合もあるが、それでも普段羽織るためだけに使うのであれば、露店で安く売っているトーブを買った方がお買い得であるように見える。実際、生活が苦しい家庭ではトーブを着る女性の姿も見られた。だが、カンガやケテンゲが消えることはなかった。彼女たちは家でカンガを羽織り、外ではケテンゲを着る。

それはなぜか、筆者は彼女たちにあえて聞くことはなかった。だが彼女たちにとってカンガやケテンゲがムスリムの衣装であるトーブに対して南部の、そしてキリスト教徒の衣装であることは間違いなかった。ハルツームのオール・セイント・カテドラルで行われた南部の聖書や祈祷書、聖歌のカセットを売るフェアではカンガとケテンゲも扱われていた。

彼女たちがハルツームでカンガとケテンゲを着ることから、二つの意味を見て取れる。一つは彼女たちがハルツームでキリスト教徒として生きることに全く負い目を抱いていないことである。圧倒的マイノリティでありながら、彼女たちは頭部を晒さない、肌を見せないといったムスリムの規範を意に介さず[50]、ムスリムからの視線を気にしていない。自分がキリスト教徒であることを堂々と示して見せる。それはまた、ハルツームでキリスト教徒が一定の地位を保っていることを示す。もちろん、ムスリムはキリスト教徒のケテンゲ姿を憧憬を持って見ることはない。若者の細身のジーンズやミニスカートに侮蔑の視線も投げる。だが、彼女たちがそれに影響を受けることはない。それがどうしたとばかりに侮蔑の視線を返してみせるその態度は、イスラームが彼らの生活を支配することがなく、キリスト教徒の価値観がムスリムとは関係ないところで確立していることをよく表わしていた[51]。

このようにマイノリティではあるものの、キリスト教が一定の地位を保つハルツームで彼らの「日常」は展開していたのである。

四　S地区の中で——A教会とクク人

キリスト教徒、そして南部人としてハルツームで生きるということは、二重のマイノリティ性を帯びること、そしてこのマイノリティとしてハルツームで生きる、自身の生をクク人、もしくは南部人がどのように見ているのかについてを前節で論じてきた。本節ではこれらの記述を背景としながら、S地区におけるクク人たちの生活の実際についてみていきたい。その中心となるのがS地区におけるクク人の拠点、A教会である。

１　A教会の歴史と概要

A教会はS地区の大市場から大通りを一〇分弱歩いたところにある。真っ青な扉、真っ白い壁の教会に赤い十字架が高々と掲げられているのが目印である。教会の敷地には基礎学校も併設されている。この教会はクク人が建て運営しており、カジョケジ教区ハルツーム支部の集会の会場の一つである。

A教会の前身となる教会がS地区に設立されたのは一九九四年である。S地区にはそれまでククの人びとが集まれる教会がなかったという。カジョケジでのクク人は熱心な信徒であったが、S地区にバリ語教会がないため、ハルツームに来てからは神に祈ることも減っていた。[52]マヨやハルツームの中心部には聖公会の教会があったが、遠い。子どもや、老人にとってはなかなか行ける場所ではなかったのである。

「だから、私たちは私たちの教会が必要だと思ったんだ」と教会の総主事[53]であるシラスは言う。

一九九四年二月にトマス、ヨハネ、シラスを含む五人のクク人が集まり、教会を立てることを決めた。だが、手ごろな敷地がない。そこでシラスが自分の家の庭を提供し、S地区にはじめてのバリ語で礼拝を行う教会が設立された。はじめはハルツームの公休日である金曜日に決まって集まり、礼拝を行っていた。日曜は仕事がある人もいたため、夜に礼拝をしていたという。

一九九五年、マヨにある聖公会の教会とバプティスト派韓国人の支援を受け、現在の場所に教会を移転した。教会の隣に孤児院も設置し、内戦で保護者を失った子どもの支援も行った。その孤児院事業の終了後、同じ場所に一九九六年に小学校が建設された。また、病院も併設した。その後、教会の敷地が手狭になったため、病院は別の場所に移転することになった。二〇〇三年には小教区になり、A教会と名前を変えた。二〇〇四年には教会設立の中心人物の一人であるヨハネが司祭の資格を取り、現在に至っている。

写真９　A教会（ハルツーム）

特に教会簿のような名簿はないが、何度か教会に足を運んでいるとメンバーとして教会に認識されるようになる。インタビューを行った二〇〇八年の時点で教会のメンバーは約一五〇人であり、そのうち七五％ほどがクク人であった。設立一、二年後から、クク人以外のバリ語話者も教会を訪れるようになったと聞いたが、筆者が教会を訪れるようになった二〇〇七年の時点ではクク人以外のメンバーはほとんどいなかった。例外はユース・リーダーとして活躍していたカクワ人のみである。

教会の運営は、毎年イースターに選挙によって選ばれる総務（administration）、情報提供担当（information）、総主事（general secretary）、そして司祭が中心となって運営している。このうち、司祭以外はすべてクク人である。司祭はハルツーム教区から二人のポジュル人が派遣されていた。この二人以外に教会付きのクク人、ヨハネとアンデレがいる。ヨハネは教会に併設する学校、そして薬局を運営するカジョケジ開発協会のスタッフでもあり、アンデレとともに教会活動に広く関わる一方、ポジュル人の司祭は日曜礼拝やクリスマス、イースターといったイベントのときにしか姿を見せない。この司祭たち以外に他の教会に派遣されているクク人司祭もたまに姿を見せる。

また、教会活動としては教会コミュニティの開発を担当する委員会、婦人会、青年会、日曜学校が主に活動している。

教会のメンバーが中心となって行う教会活動は、筆者が知る限りでは日曜の昼に行われる主日礼拝と夜の礼拝、水曜の聖書勉強会、金曜の日曜学校[54]、土曜の故郷の文化を伝える会がある。さらに婦人会に所属する女性達は各人の家にしばしば集まり聖歌の練習を行っている。

また、この教会活動には設立者の一人であり、情報担当を務めるトマスを筆頭にＳＲＭのメンバーも参加していた。だが、ＳＲＭ独自の教会活動は行っていなかった。彼らは教会運営、そしてマザーズ・ユニオンの中心的メンバーとなり積極的に活動していたが、自分がＳＲＭのメンバーだと声高に主張はしなかった。教会活動の中でＳＲＭのメンバーであることによって他の教会メンバーとの違いが生まれていたわけではない。むしろ、ＳＲＭの主張でもある禁酒、そして呪術の禁止が当たり前のこととして受け入れられていた。

教会設立後、何か変わりましたか？　という私の質問に、シラスは即答した。「もちろんだよ。みんな礼拝に来るようになったし、結婚式や葬式のときに困らなくなった。なによりあそこでバリ語で話せるということは、私たちにとって本当に救いなんだ。主日礼拝のときに必ず挨拶の時間があるだろう？　みんなあそこで慣れない土地での悩みや、困難を話して、共有してきたんだよ」と。

2　移住とキリスト教

クク人はハルツームで教会活動を展開し、それが彼らのネットワークの再形成の礎となってきた。だが、実際彼らはどのようにキリスト教徒となっていったのか、そこにハルツームへの移住はどう関わるのか。ハルツームに住む数人のクク人の状況からそれを解明してみたい。

◇アベル一家

ハルツームで筆者がお世話になっていたアベル一家の例をあげよう。アベルとサラは二人ともカジョケジのカナポ出身であり、第一次内戦中である一九六〇～七〇年代にウガンダでの生活経験がある。サラの洗礼の場所は聞き損ねたが、彼女は移住先のウガンダのブゲレレで信仰覚醒運動と出会い、「生まれ変わった」。そしてアベルはウガンダ在住中に洗礼を受けている。サラはカジョケジに帰還後、ＳＲＭのメンバーとして活動し、アベルはジュバで就職した。彼らは八〇年代半ばに結婚し、ジュバで生活をはじめた。一九九七年にハルツームへと逃れ、当初親戚の家に寄宿したが、やがてS地区に移り住んだ。S地区のA教会でサラはマザーズ・ユニオンのリーダーとして活動し、アベルはA教会の主要メンバーとして活動しつつ、ハルツーム教区のエンジニアとしても働いていた。四人の子どもたちは全員キリスト教徒であり、長女のマリは学校の祝日の関係からオール・セイント・カテドラルで礼拝をし、次女、三女、長男はA教会のメンバーであり、日曜学校の活動に参加している。

◇アンデレ

一九六四年にカジョケジのリレに生まれ、内戦のためウガンダのトロ県に避難した。そこで初等教育を開始したが、内戦終結によって一九七四年にカジョケジに帰還し教育を継続、八二年に南スーダン中央部の都市ルンベックの中等学校に入り、卒業後教師としてカジョケジに帰還した。その後南部政府での仕事のためにジュバに移ったが、九〇年代のジュバでの戦闘激化、そしてそのころハルツームに移転していたジュバ大学への入学のため、九一年にハルツームに来た。彼の専門は動物科学であるが、ハルツームでは紛争解決、そしてキリスト教神学のコースも取り、ジュバ大の聖書勉強会、カジョケジ教区ハルツーム支部、そしてA教会のユース・リーダーでもあった。聖公会の司祭の資格を取りつつ、ハルツーム大で修士号を取り、さらにジュバ大で博士課程に進み、二〇一〇年に博士号を取得している。ハルツームに来た当初はS地区に住んでいたが、インタビューを行った二〇一〇年には移住者地区ではない、インカーズに家を借りていた。

◇ヨセフ

A教会のクク人司祭である。併設された学校、そして薬局の運営責任者でもある。カジョケジ生まれで、高校を卒業している。先述したとおり、彼は中等学校卒業後ウガンダでしばらく働いた後、内戦開始前の一九七九年にハルツームに職を求めて来ている。はじめはアパレル関係の会社に勤めていた。だが、次第に教会の仕事に重点を置くようになり、九六年には教会、そして教会関連の施設運営の仕事に専念することになった。彼は特別な神学教育を受けていない。だが、教会で熱心に働くうちに、メンバーからリーダーとして認められるようになり、教会の推挙を受けて二〇〇四年に司祭の資格を取った[55]。その後A教会の専属司祭として働いている。彼になぜ教会の職に就いたのか、と聞いたとき、彼は教会に関わるようになったのは偶然であり、働くうちに神に呼ばれたのであると答えている。

A教会の主要メンバーのライフヒストリーを移住とキリスト教という観点から見てきた。極めて限られた事例ではあるが、ここからハルツームに来ることが彼ら個人のキリスト教信仰の変化の決定的な要因になるとは限らない、という事実が見える。アベル夫妻はウガンダでキリスト教徒としての信仰の転換点を経験している。特にサラはハルツームに来たときすでに信仰覚醒者だった。そしてハルツームで神の言葉を伝えるべく、さらなる教会活動に邁進して行った。一方、アンデレやヨセフはハルツームでキリスト教徒としての積極的な活動を開始している。だが、神学教育を受け、大学の聖書勉強会を率いたアンデレとA教会というローカル教会を地盤として司祭の資格を取ったヨセフとでは、その「キリスト教化」の道は異なっていたと考えられる。

つまり、ハルツームのキリスト教徒は様々な過程を経てキリスト教徒となっていった人びとの集合体であるということができる。では、それぞれの道を辿ってキリスト教徒となった彼らが「ハルツームのキリスト教徒」という認識を共有して行く過程とはどのようなものだろうか。

3　教会からの抱摂と排除がもたらすもの

教会の一番重要な活動である主日礼拝の様子を概観してみよう(56)。通常礼拝は、日曜の一一時過ぎからはじめることが多い。しかし、一一時ごろには誰も居らず、一二時ごろになって人が来はじめる、というのがよくあるパターンである。あまりにもみんなが遅く来るので、「礼拝は一一時半から必ずはじまります。遅刻しないようにしましょう」というアナウンスがされたこともあるほどだ。

最初は必ず聖歌斉唱からはじまる。その聖歌に迎えられるように司祭入場、そして聖書朗読。この聖歌斉唱と聖書朗読は必ずバリ語で行われる。その後、コミュニティと教会関連のインフォメーションを行う時間が必ずある。このインフォメーションは最初に全ての情報をアラビア語で行い、その後バリ語で要所のみを説明する、という形式を取るのが一般的である。そして説教であるが、こちらはメンバーによる持ち回り制である。教会運営の中心人物たちが話し合って担当の日を決めるという。筆者が見せてもらった主日礼拝の予定表には、三か月分の主日礼拝の予定が記されていた。説教の担当者が急な用事でその日に出来なくなったときなどは、教会運営の中心人物の誰かに連絡が行き、そこから代役依頼が行われていた。説教の言語はアラビア語の場合、バリ語の場合、二言語が混ざる場合がある。説教言語の決定にはその日の来場者が大きく関わる。例えば、バリ語話者ではない人が来た場合、アラビア語になる。アメリカに移住したクク人やクク人の国会議員が来たときは全てバリ語であった。ハルツーム方言かジュバ・アラビア語なのかは話者の年齢によるところが大きい。次にその日の特別なお客、もしくは久しぶりに教会に来た人、そしてこれから故郷に帰る人などに対する挨拶の時間がある。人びとはそこで教会のメンバーに対して挨拶をし、自己紹介をする。このときの言語はアラビア語も、バリ語のときもある。次に聖歌を歌い、日曜学校の生徒たちの歌声も毎週披露される。同時に寄付もこのとき行われる。聖体受領がある日は、この後に聖歌に合わせて聖体受領の式を行い、最後に子どもたちへの祝福を行って、司祭が退場、終了となる。全部で二時間～三時間である。

参加人数は、週によって多少前後するが、五〇人前後である。礼拝終了後は教会で暫くおしゃべりをし、帰途につく場合が多い。そしてS地区に住む家族は遠方から来るお客を家でもてなし、大勢で昼食をとるのである。

この主日礼拝の様子からは、ククが主体となって運営されるA教会がククのネットワークを強化すると同時に、「クク」として他者とのつながりをつくる場でもあったことがわかる。そしてこのような様々な「つながり」を創りだす役目を担った教会で過ごしてきた人びとはそこでの記憶をも共有する。

二〇一〇年八月。「今日は大きなお祝いをやるからね!」と言われた日曜日である。ハルツームで強い雨が降った翌々日だった。川となったバス通りを通り抜け、なんとか教会に辿りつく。確かにいつもより多くの人が教会に集まっていた。しかもいつもより着飾っている。通常の日曜礼拝を終えたのち、そのお祝いははじまった。

それはククの司祭の一人であり、筆者がインタビューをしたアンデレの博士号取得のお祝いであった。太鼓が調子よくリズムを刻む中、首に花輪をかけたアンデレとその妻が入場してくる。年配の女性たちがザハルーラ[57]をし、ハンカチを振る。アンデレとその妻が祭壇の脇の席に座った後、司祭がお祝いの言葉を述べる。その後アンデレによるお祝いのお礼の言葉があった。そして、「私たちは夫が成功したとき、その妻の功績も一緒に称える。なぜなら夫の名誉は妻の名誉でもあるからだ」という司祭の言葉に応え、アンデレの妻、リラが壇上に上がる。

「このようなお祝いの席に出席できることに感謝したい。ハルツームに来てからは、苦しいこともたくさんあった。夫の収入が途絶え、私が働かねばならないときもあったし、子どもたちの行く末が不安になったこともある。でも夫が頑張ってくれて、見事博士号を取ったことを今日は本当に神に感謝する」

この言葉に教会にいた女性たちは歓喜し、次々とザハルーラが行われた。そして再び教会に鳴り響いた太鼓によって、人びとはしばらく歓喜のダンスを踊っていた。

前述したように、このアンデレは避難によってハルツームに来たわけではない。しかも彼はS地区には住んでおらず、不法居住区でもキャンプでもない場所に家を借りている。だが彼らは自分たちがこの教会に集う者であり、南部人、もしくはクク人がハルツームで生活を送るという記憶を共にする者であるという立場を取る。そして教会に集う人びとはそれを認め、彼の成功を教会、そしてクク人の喜びとして受け止めている。ここに一つの記憶のかたちとしての「ハルツームでの苦しい生活」を創る一つの契機があるとみてもいいだろう。

そして「『我々』とは誰であり、『彼ら』とは誰であるのかを確認するために、公共の記憶が抽出する過去が活用され」〔小関 一九九九：九〕ることによってこの記憶を持つ者の共同体が出来上がっていく。この共同体は国際社会が彼らに名付けた「国内避難民」という名称の意味と完全に重なるものではない。しかしこの「記憶の共同体」が、国際社会に「国内避難民」の共同体を想起させることもまた事実である。教会は、彼らの集合的記憶を作る場でもあった。そして、そうした記憶がウガンダや南スーダンと異なる「ハルツームのキリスト教徒」という認識を生み出す背景ともなる。

だが、あるコミュニティが出来るということは、その内部での連帯が強化される半面、その外部を排除することにもつながる。Ａ教会はクク人にとって移住、避難によって断ち切られたネットワークを再度つくりだし、つながりのきっかけとなったが、同時にその「外」に出ようとする人の排除にもつながった。以下の事例はそうしたＡ教会から離れることになった人のその経緯である。

◇他教派への転派の帰結

教会の創設者の一人で、ＳＲＭのメンバーでもあるトマスの妻、エルザは母がＳＲＭのメンバーであり、もともとは聖公会信徒、そしてＡ教会メンバーであったという。だが、筆者がインタビューをしたときすでに聖公会に属していなかった。彼女はアフリカ内陸教会（African Inland Church: AIC）のメンバーとなっていた。

彼女がＡＩＣのメンバーとなった経緯は以下の通りである。彼女はＮＤＡの兵士であった夫についてハルツームに来て、Ｓ地区に居を定めた。ある日、聖書を読んだ彼女は本当の意味で洗礼を受けるためには、川に入って洗礼を受けなければならないと考えた。そして彼女は、Ａ教会に行き、司祭に川で洗礼を受けたいと告げたが、聖公会では川での洗礼は認められていなかったため拒否された。そこで彼女は川で洗礼を授けてもよいというＡＩＣの司祭に従い、ＡＩＣの転派し、川に入って洗礼を受けたという。

だが、Ａ教会のメンバーはその彼女の行為を非難し、彼女を「制裁」したという。このときの「制裁」の内容については語られなかった。その後、彼女はＡＩＣのメンバーとして教会活動に参加している。

Ａ教会のメンバーの中での彼女の評判はあまり良くない。そしてＡ教会のコミュニティにもカジョケジ教区支部にも参加しない彼女の人づきあいは、他のクク人のそれよりも他の民族との付き合いの方が濃い。彼女は仕事があるときにはハルツーム市内で事務職をし、Ｓ地区に帰ってきた後はＡＩＣのメンバーとともに聖書を勉強し、聖歌の練習をする。Ｓ地区のＡＩＣ教会は特定の民族が集まる教会ではなく、多民族教会であった。ポジュル人、ロトホ人、アチョリ人といった出身地方こそエクアトリアに限られるが、様々な民族出身者が彼女とともに行動していた。

◇結婚と教会

筆者の最初の調査時（二〇〇七〜二〇〇八年）に中等学校の生徒であったアベルの長女マリの人生は、二〇一〇年に筆者が再びＳ地区を訪れたときに激変していた。彼女は同じＳ地区に住むアチョリ人と結婚し、新居で二児の母になっていた。もちろんこれは教育熱心なアベルの望んだことではない。マリはいわば「出来ちゃった結婚」をしたのである。当然中等学校は中退、本来なら要求するべき婚資は受け取らず、アベルはマリを婚家に送り込んだという。「子どもが出来たとわかったら、婚資も何も受け取らず、相手の家に送るしかない。これがククの掟なんだ」とアベルは苦笑いしていた。そしてこのことは口に出さなくてもＳ地区のクク人であればほとんど知っている事実だった。[58] 移住者地区において「出来ちゃった結婚」は珍しいことではない。だが、女子でも教育を受け、きちんと子育てが出来るようになってから結婚、出産した方がいいという考え方はハルツームのクク人の間では定着しており、それが出来なかったマリの結婚は、クク・コミュニティの中では喜ばしいものとしては受け取られていなかった[59]。

結婚相手は同じエクアトリアだが、カジョケジより西に位置する東エクアトリア州を出身とするアチョリ人の若者である。筆者がその婚家を訪れたときには彼とマリ、そして彼の母だけがいた。そしてこの婚家はＡＩＣのメンバーであった。

マリはもともとＡ教会に足しげく通っていたわけではない。彼女が通っていたハルツーム市内の中等学校は金曜と土曜を休日としていたため、日曜の朝に礼拝があるＡ教会には通えなかったのである[60]。だが、父、母、そして兄弟姉妹がＡ教会に通い、家に来る客の多くが教会のメンバーか、もしくは親族であった家で育った彼女にとって、そこに行けば誰かしら知り合いがいるＡ教会はいわばシェルター的存在だった。ときにはそこに顔を出し、知り合いと話をすることもあった。

だが、この結婚によって彼女はＡ教会と距離をおかなければならなくなった。彼女の婚家は実家であるアベルの家と一〇〇メートルも離れていない場所にあった。彼女は頻繁に実家に顔を見せ、ときには子どもを妹に預け、休息をとったりしていたが、Ａ教会に足を向けることはなくなった。また、仕事をせず家にいる彼女にとって、ハルツームの中心部にあるオール・セイント・カテドラルに行く交通費を捻出するのは大変難しいことだった。Ａ教会のメンバーたちは彼女とアベル一家を遠巻きに見ていることになった。

本来なら、キリスト教徒として祝福された結婚式を教会で行うことこそ、キリスト教徒と教会の関係としてもっとも望むべき形であろう。だが、マリの結婚は彼女の結婚の経緯と婚家の教派によって、彼女をむしろ教会と教会コミュニティから遠ざける結果になってしまっていた。

このエルザとマリという二人のクク人女性のＡ教会との関わりに関する事例から見えてくるのは、彼女たちのキリスト教観というよりも、司祭や教会幹部が宣教の意思を持ち、他の民族への門戸も開こうとし、メンバーもそれに賛同しながらも、どうしようもなくA教会が「ククの教会」として機能しているというその事実である。エルザはAICに転派し、A教会から離れたことで、クク・ネットワークとの距離ができた。一方、マリは転派していないものの、他教派の家に入り、その結婚がクク・コミュニティに好感を持って受け入れられなかったために、シェルターであるべきA教会から離れることになった。ここからある人間をクク・コミュニティという民族的ネットワークに結び付けもするが、そこからの排除をも担うA教会のもう一つの役割が見えてくる。

4　ハルツームへの眼差しを規定するもの

では、A教会を中心に展開してきたククのキリスト教はS地区でどのような存在なのだろうか。マジョリティであるムスリムに対抗するための象徴としてだけあるのか、それとも人びとを救う存在なのか、またはどちらでもないのか。それをS地区における人びとの生活の中から見ていきたい。

ある二月の末の晩、S地区のアベルの家は大騒ぎだった。学年末テストが明日に迫っていたのである。アベルの三女セツは翌日宗教のテストを控えていたらしい。聖書の一節について同居しているバリ人、ピエタに聞いている。アベルの姪は生物のノートを片手にブツブツとつぶやきながら暗記の真っ最中である。その日の昼に従兄弟のオケロに暗記を手伝ってもらっていたのだがあまりの出来の悪さに匙を投げられたのだった。だが、ソーラー発電を利用していたアベル家の電気には限りがある。夜一一時を過ぎると明かりが消える。もう勉強はできない。彼女たちはあきらめてベッドに横になった。そして部屋にいた全員で明日のテストの成功を神に祈って床に就いた。

このようにS地区での生活には、キリスト教徒としての振る舞いが其処此処にあった。彼らはテスト、イベントの成功を祈り、事あるごとに神に感謝した。それは一部のキリスト教徒の振る舞いに過ぎなくても、「キリスト教徒」という存在を移住者地区の中に定着させる重要な要素の一つであった。ここではハルツームの移住者地区における様々なキリスト教徒の姿を通して、クク人が「キリスト教化」していく過程を見て行きたい。

ある日曜の朝食[61]のときだった。アベルもサラも出かけて不在だったため、次女のアナが簡単なサラダを作り、末っ子のカインにパンを買いに行かせて子どもたちだけの朝食となった。食べざかりの六、七歳から二〇歳までの五人でお盆を囲む。待ちきれない子どもがひとり、サラダが入ったボウルに手を出そうとした。ピシャッとその手がはたかれる。叩いたのはその日珍しく家にいたアベルの甥でジュバ大に通うオケロである。「お祈りをしてからだ」

そしてマリがボウルとパンが載ったお盆に手をかざし、「天にましますわれらの神よ、無事に日曜が迎えられ、この食事をお与えくださったことに感謝いたします」と祈りの言葉を唱え、全員で「神の名において、アーメン」と唱和して食事がはじまった。お盆に山のようにのっていたパンはあっという間になくなった。「さあ、礼拝に行く準備をしな！」とアナが号令をかける。

実はこの時間に全員が水浴びをしていては礼拝の時間に間に合わないのだが、しょうがない。一人ずつバケツに水を汲んで浴室に入っていった。そして年長の女の子たちは弟妹の服を準備し、自分も着替える。箪笥には洗濯され、アイロンが掛かった服がきちんとたたまれてしまわれていた。アイロンが掛かった服を着ていることは「スーダン」の都市で社会生活を送る上での重要なアイコンである。しわくちゃの服を着ていれば「だらしがない」と見られてしまう。筆者はアイロンの必要がないジーンズやTシャツを着ていたが、それでもときに服をつまれ「これ、アイロンがいるでしょ」と言われることがあった。

そうしてパリッとアイロンが掛かった服を着た一行は教会に向かっていく。教会に向かう道すがらあちこちから「教会かい？」と声を掛けられていく。セツは斜め向かいのエステルの家に入りこみ、家人に礼拝に行くことを告げている。そして別の教会に行く一行ともすれ違う。そして礼拝を終えて帰ってきた子どもたちは、教会から来たお客にお菓子や水をふるまう。

夕方、部屋で寝ていたオケロが部屋から出てきた。その辺に転がっていたバケツを手にして、浴室に向かう。「教会に行くの？」と声をかけると黙ってうなずいた。彼は手早く水浴びを済ませると、足早に家を出て行った。ハルツーム市内のオール・セイント・カテドラルに向かうのである。これが、移住者地区におけるごく一般的な日曜の風景である。

この風景からはキリスト教徒としてのスタイルともいうべき生活のかたちがS地区の中に出来上がっており、それが日々の生活の中で子どもたちに「しつけ」として伝えられている様子が見えてくる。これもある種の「キリスト教化」である。

そして、普段の生活にも神は姿を現す。

「ユウコ、ちょっとこっちにおいで」

その日、家を訪れていた筆者をエステルは自分のベッドが置いてある部屋に呼んだ。

「何？」と聞くと、「あんたたち、おとといどこ行ってたの？」と聞かれた。

二日前、筆者はエステルの娘のジョイと彼女の友人たちと一緒に出かけていた。行き先はS地区から遠く離れたオムドルマンのジョイたちの友人の家である、という触れ込みだった。実際行ってみるとそこはジョイの彼氏の家だった。彼氏の友達とジョイの友達を引き合わせるために企画された「合コン」だったわけである。さしずめ筆者は話のネタかダシだろう。「合コン」は盛り上がり、いつのまにか彼氏の親戚の結婚式にまで出掛けることになっていた。このとき、夜の一〇時半を過ぎていた。いくら宵っ張りのハルツームとはいえど一一時を過ぎればバスの本数は格段に減る。筆者が住むバハリもだが、S地区はここからさらに遠い。結婚式に行っていたらもちろん帰ることが出来なくなる。そこで筆者はジョイたちと別れ、一人でバハリに帰った。

そしてその二日後再びS地区を訪れたわけである。エステルの家を訪ねるとジョイは家にいて、友人たちと一緒に化粧の真っ最中だった。今日はバハリでダンスパーティがあるのだという。遊び放題である。

「オムドルマンにいたよ」

「ジョイはあんたをどこに送っていったの？」

「バス停までよ。私はスターツ[62]行きのバスに乗って、終わり」

「そのあとジョイたちはどこに行ったか知ってる？」

「知らないよ」

「ジョイも友達もおととい帰ってこなかったのよ、昨日帰ってきたの」

「ははぁ」

「良くない！　女の子が夜帰ってこないなんて。何かあったらどうするの」

「そうねえ……」

「神様だって、良くないって言うよ」と、エステルはモーセの話を語りながらジョイの文句を言う。

「じゃ、ジョイには言ったの？」と聞いてみると、「言ったって聞かないよ。父親の言うことだって聞きやしない」とぼやき通しである。

「私の自由でしょうって、あんた、自由はいいことだと思うかい？」

「うーん、自由にも種類があるでしょう、いい自由と悪い自由が」

「そうなんだよ！」

そして、どうやらやはり説教が必要だと思ったのか、よいしょ、とベッドから起き上がり、ジョイたちがきゃいきゃいと化粧をする部屋へ入っていった。

「あんたたち、わかってる？　正しい生活をしなきゃ神様だってあんたたちにいい人生をくれないんだよ。遊んでばっかりいないで……」

という説教が聞こえてきた。ジョイたちがそれをまともに受け取ったのかはあやしいところである。彼女たちはエステルを振り切ると、筆者の手を取り、S地区を後にしてしまったのだから。

このようなS地区の生活の風景から、何が見えるだろうか。それはキリスト教がすでにハルツームのクク人たちの生活にしっかりと根付いている、その姿であろう。ただしその「キリスト教」もしくは「神」がクク人たちにとってどのような存在として立ち現われるのかは、人によって異なる。

例えば、一九七〇年代に自ら洗礼を受け、それ以後熱心なキリスト教徒となったアベルと子どものころからウガンダでキリスト教信仰覚醒運動のメンバーとなっていたサラの子どもたちにとって、神や教会はやはり救済の源である。そして「正しい」生活のかたちの参照点でもある。その一方、エステルの娘ジョイにとって神とは母からの説教の中に出てくる単語であり、母の「正義」の代弁者である。そしてオール・セイント・カテドラルは彼女にとってのハルツーム市内に出かける口実となる。このように、人によってキリスト教が持つ意味は変わる。おそらく重要性の度合いも異なるだろう。しかしS地区で生活を送る上で「キリスト教」という存在を無視できないという点は共通しているといえる。

そして移住者たちとマジョリティであるアラブ・ムスリムとの平行線を描く生活、A教会が宣教の意思を持ち、他民族を受け入れようとしながらも「ククの教会」となっていったこと、A教会とのつながりと断絶がそのまま民族的ネットワークとのつながりと断絶になりうることといった事例をみていくことによって、この「キリスト教」を無視できない生活を送る場としてのS地区が、従来の南部人の持つハルツームのイメージとは異なる場所であることがわかるだろう。だが、ここも彼らにとっては間違いなくハルツームなのである。彼らが共有する「ハルツームでの生活」という記憶の中には二つのハルツームが混交して存在していることになる。

5　「小さな天国にようこそ！」——捨象される記憶

だが、ときに彼らは「ハルツームでの生活」の記憶をあっさり捨て去る。

二〇一〇年一一月。穏やかな陽気の日だった。聖公会ハルツーム教区で一番大きい教会オール・セイント・カテドラルには、きらびやかな一群が出現していた。今日はクク人の若者とカクワ人の女性の結婚式の日である。クク人側の結婚式挙行の責任者となったヨハネは、オール・セイントの司祭との打ち合わせに余念がない。そこに次々とクク人が集まってくる。この結婚式はクク人の結婚式としてカジョケジ教区ハルツーム支部のネットワークと各人のネットワークによって、ハルツーム在住のクク人の間に広まったまさに「クク」と「カクワ」の結婚式だった。

一六時にはじまるはずだった結婚式は一六時半を過ぎてもはじまる気配がない。だが人びとは気にしない。一七時を過ぎたころ、花婿の車が到着した。女性たちがわっと走り寄り、ザハルーニアで迎える。ケレと呼ばれるマラカスで音頭を取り、高らかにバリ語の聖歌を歌いながら教会になだれ込んだ。祭壇を前にして左側が花嫁の客、右側が花婿の客席である。二〇〇人分の席があっという間に埋まった花婿側に比べ、花嫁側はまだ人がまばらである。花嫁が到着したのは結局一八時半を過ぎてからだった。若い女性にエスコートされて花嫁が席に着く。その頃には花嫁側の席も埋まっていた。

ジュバ・アラビア語の聖歌斉唱と英語による聖書の朗読の後に、指輪交換、結婚証明書の記名という結婚セレモニーが続く。そしてオール・セイントの司祭から祝福の言葉。神に祝福された結婚がいかに素晴らしいものなのかについて、アラビア語で述べられる。その後花婿の父が自分たちの家族の紹介をしてお礼を終えたのち、花嫁の父は、自分の出身地を紹介した。カクワ人の出身地はカジョケジ郡の隣、イエイ（Yei）である。イエイがどんなにきれいで素晴らしいところか。カクワ人がどれだけ優秀か。流暢なアラビア語[63]で述べ、彼はイエイを評してこう言った。「イエイは昔、小さなロンドンと呼ばれた」

次に祝辞を述べたクク人のヨハネは開口一番こう言った。「小さなロンドンから小さな天国へようこそ！」会場がどっと沸く。もちろんこの「小さな天国」とはクク人の故郷、カジョケジのことである。彼のアラビア語は花嫁、花婿の父が話すアラビア語よりよりジュバ・アラビア語に近い。明らかな「南部のアラビア語」で彼はカジョケジの素晴らしさを称えた。そして「カジョケジへようこそ！」と繰り返した。そして最後にあいさつに立ったオール・セイントの責任者は、「プラニ・プラ[64]（purani pura）！」と二つの民族集団をつなげる言葉であるバリ語で神をたたえたのである。

結婚式が終了したのは二一時半過ぎであった。疲れも見せず、人びとは教会の隣にしつらえられた披露宴会場に向かった。

主にアラビア語によって進められた結婚式であった。指輪交換や結婚証明書への記入などの結婚セレモニーを取り仕切ったオール・セイントの司祭[65]はアラビア語ハルツーム方言を主に使いながらも「アラビア語が分からない人のために」と英語での説明もところどころに入れていた。だが祝辞やお礼の言葉、司会はアラビア語で行われ、特に通訳もなかった。カクワ人もクク人もバリ語話者である。バリ語が使われても問題はなかったはずだが彼らはアラビア語を選んだ。そこには紛れもなくハルツームで彼らが過ごした年月が刻み込まれていた。そして花嫁も花婿もハルツーム在住者であり、花婿がハルツームにあるＮＧＯで働いているため、今後も彼らはハルツームで生活する予定でいるという話だった。

だが、彼らの話の内容だけ聞いていれば、そこにはハルツームのハの字も、避難のひの字も出てこない。彼らはイエイの女性がカジョケジに嫁入りするというスタンスにかけらほどの疑いも持っていなかった。そしてカクワとククという異なる民族集団が出会い、その素晴らしさを称えるべき場では、「ハルツームでの苦しい生活」という悲しい記憶はあえて言及されることはなかった。あくまでクク、カクワ、というエスニシティが彼らのアイデンティティとして強調されていた。これは「ハルツームのクク（もしくはカクワ）」というアイデンティティは彼らの中に形成されようがなかった、ということもできる。ジュバに移り住んだククが「都市のクク」を名乗っていたのとは対照的である。ここからはハルツームが彼らにとって望んで移り住むべき場所ではなかったことがわかる。

本章では、南部スーダン最南部のカジョケジを故地とするクク人たちが北部スーダンの首都ハルツームに来るまでの多様な経緯、それを背景とした彼らの国内避難民としての自己認識、そして移住者地区Ｓ地区でのクク人たちの生活をキリスト教実践を中心に描くことを通し、彼らのハルツーム観を明らかにしてきた。その結果、ハルツームに住むクク人たちがハルツームという場所や単語に対し重層的な態度を示しつつも、決して心を許しはしなかったという状況が明らかになった。それは同時にハルツームの主流派となる「アラブ」・ムスリムと南部人であるクク人との関係も示していたということが出来るだろう。

註

（1）アラビア語で魚市場を意味する。

（2）「スーダン」の教育制度は、初等教育八年、中等教育三年、高等教育四年の計一五年であった。学事暦は七月にはじまり、三月に終わる。初等教育を開始する年齢は一応六才となっているが、あくまで目安である。各教育課程終了時に試験があり、その結果によってその後の進路が決まる。

（3）東アフリカで広く流通する、羽織るための布。鮮やかな色柄のもの、神をたたえる文句が書かれていることが多い。移住者地区でのカンガ着用の意味については後述する。

（4）当時ジュバ大学は戦火を逃れ、ハルツームに移っていた。

（5）ジュバ・アラビア語の聖書はあまり流通していなかった。そのためバリ語を理解できない人のために標準アラビア語の聖書の朗読も行われた。

（6）ハルツームの地区名。大きな移住者地区がある。

（7）ハルツームの地区名。大きな移住者地区がある。

（8）英語ではKhartoum Northだが、アラビア語ではバハリ（Baḥarī）と表記される。

（9）英語ではGreater Khartoumと言われる。北スーダンの行政単位は、州（英：State、アラ：Wilāya）の下に地区（英：Locality、アラ：Mahalīya）、そして行政区（英：Administrative Unit、アラ：Al-waḥida al-idārīya）がある。だが、ハルツーム、バハリ、オムドルマンは地区としてまとまっているわけではなく、いくつかの地区の集合体である（参考、ハルツーム州ホームページ）。

（10）指導原則　序2

（11）この国勢調査でハルツームの郊外に点在する移住者地区の人口がどれほど正確に計上されていたかに関してはだいぶ疑問が残る。「スーダン」政府は移住者地区の家一軒ごとに番号をふり、調査を進めようとしていたが、筆者は実際調査に来たと証言した移住者地区の住人に出会ったことがない。

（12）四世紀以降キリスト教が入って来ていた北部スーダン領域にイスラームがはじめて到来するのは七世紀である。その後キリスト教勢力は徐々にその力を削がれていき、ヌビア系王朝がマムルーク朝の支配下に入った一四世紀にはアラブ系部族との婚姻関係が結ばれることによって、イスラーム化が進んでいった。しかし一六世紀まではキリスト教徒は残ったと言われる［Holt & Daly 2000: 13-21］。

（13）筆者が直接会うことはなかったが、現在でも一九五〇年代からハルツームに住む南部出身者がいることが確認出来ている。

(14) 通常中東地域研究においてアラブとは「アラビア語で生活し、自分をアラブと考える者」と定義される。本書でもこの定義に従う。だが栗田や大川が論じる通り、アラブ性、つまりアラブの意味は社会的、政治的状況次第で変容していくものであろう［栗田 一九九三b、大川 二〇〇九］。「スーダン」におけるアラブ、もしくはアラブ性に関しては、［栗田 一九九三b、二〇〇一］を参照のこと。また南部において「アラブ人」と見られた人が北部における「アラブ人」ではなかった可能性も十分あり、また現代北スーダンにおいてアラブ人と見なされる人のうちどれほどの人が自身をアラブであると考えているのかについては検討の余地がある。

(15) 太陽の下にいる者の意。屋根のないところに住む貧しい暮らしをする人を揶揄して呼ぶハルツーム方言。

(16) 政府がその政治的意図によって文書内の難民と移住者の表記を分けていた可能性を考慮にいれる必要もあるだろう。だが筆者が確認した限りでは、［Karadawi 1999］に載っていた行政文書のうち、エリトリア、エチオピア出身者の強制移動、もしくは都市からの追い出しを図ろうとする文書であっても表記は難民となっていた。この点を考えるとスーダン政府による難民と移住者、避難民の定義付けには他意はなく、アラビア語の語義通り記していた可能性が高い。

(17) もちろん、カラダーウィーが見ていない行政文書に避難民という単語が使われている可能性もある。だが一九八〇年代前半まではハルツームに来る南部出身者のほとんどが、経済的理由によるものと認識されていたと考えれば、七八～八〇年代に避難民という単語が使われていたとは考えにくい。

(18) この displaced に難民が含まれる可能性はない。なぜなら一九六七年に難民委員会（Commissioner for Refugee）がすでに創設されており、二〇一一年一月の時点でも引き続き運営されていたためである。

(19) 筆者による挿入。

(20) 筆者による挿入。

(21) ナーズィヒーンはハルツーム方言におけるナーズィフの複数形。転写法は［Miller & Abu-Manga 1992］の表記のままとした。

(22) 興味深いことに［Miller & Abu-Manga 1992］の題名のアラビア語訳では、マイグラントはナーズィヒーンと訳されている。

(23) ここであえて二〇〇六年という古いデータを持ち出すのは、ＣＰＡが締結された二〇〇五年以降ハルツーム内の国内避難民数が極めて流動的になるためである。

(24) 現在、管見の限りにおいてハルツーム在住者の民族集団、もしくは出身州ごとの割合を示しうるデータは見つかっていない。

(25) 避難民キャンプ数はどこまでを一つのキャンプとするかによって、その数は異なる。だが四～五と言われる。また［Abusharaf 2009］で取り上げられている避難民キャンプ、不法居住地が一四ある。それ以外に少なくともサラマが存在するため、一〇以上としている。

(26) だがこの状況は、二〇一〇年末の時点で南部人の帰還と南コルドファンやダルフールからの避難民の流入によって変化しつつあり、家の賃貸という状況が見られるようになった。また市場においても店の売買が成立しつつある。
(27) [栗本 二〇一一：二八二]。アッサールは、二〇〇二年に書かれた論文において避難民キャンプではNGOによって支援がされていたと書いている [Assal 2002: 110]。だが筆者が調査を行った二〇〇七〜二〇一一年の時点では大規模な支援を認めることはできなかった。
(28) kashsha。スーダンの口語アラビア語で、しょっぴくという意味合いをもつ [栗田 二〇〇一：四八五]。
(29) 筆者が移住者地区にはじめて入ったのは内戦終結後の二〇〇七年であったため、内戦時の様子については目撃していない。だが二〇〇七年の時点でS地区にはSPLA兵士の詰所がすでにあった。また、ハルツームの移住者地区についての調査を進めているハルツーム大学社会経済学部のイドリース・ハサン教授は、ハルツームに点在する移住者地区の中でもS地区は特別な存在であると筆者との面談の中で語った（二〇一六年二月のインタビュー）。内戦終結前からSPLAの兵士がひそかに入っていることは公然の秘密であり、一九九〇年代から反政府的デモや闘争が行われていた地区であるという。
(30) 筆者が使用したエステルに対する呼称。孫のいる女性に対しては一般的に用いられる。
(31) 南スーダンでインタビューした人を加えればこの傾向はさらに強まる。
(32) janjaro。スワヒリ語からきている。食感や見た目からおそらくインゲン豆の一種であると考えられるが英語、和名は不明。
(33) 小麦粉で作る砂糖を使わないドーナツ。食べるときに砂糖をかけて食べる。
(34) この会話はテープを起こしたものではなく、フィールド・ノートからの抜き書きであるため、完全に会話の内容を再現できているわけではないことをお断りしておく。
(35) これは彼らの自称である。
(36) チェアマンを議長、委員長とも訳せるが、その前提となるべき会議、委員会は存在しない。クク・コミュニティの責任者という意味でチェアマンと称していると考えられる。
(37) かつては教会の出す証明書が正式な婚姻の証明であったが、現在は首長に提出しなければならないという。
(38) ローランドセンはこれをダグラス・ジョンソンに依拠しながら説明し、さらにこの統治が必ずしもきちんと機能していなかったこと、地域や時代によって状況が異なったことも説明している。しかし、この首長制が内戦中を通じて南スーダンの諸地域に少なくない影響を与え [cf. Leonardi 2013]、現在の南スーダン行政制度にも生かされているのもまた事実である。
(39) 二〇〇一年という内戦の最中にSPLMの首長がハルツームに居られたのか、という疑問が残る。二〇〇一年に何らかの理由でハルツームに来て、二〇〇五年以降に首長に任命された、とも考えられる。そこについて筆者は彼から詳しい情報を得ることが出来なかった。ただし、S地区は北部政府側にとって「反政府勢力に属する者の巣窟」と見なされており、厳しいカシャがたびたび行われていたのは筆者の聞き取りから判明しており、且つ、二〇〇五年のS地区での蜂起に関してはアブーシャラフも言及している。S地区だからこそ、SPLAの首長が存在しえたということもできる。

(40) ハルツーム支部については大部分を二〇一〇年三月にS地区の教会司祭に対して行ったインタビューに基づいて記述している。一部にはその後のフィールド・ワークからの情報もある。

(41) 当時はゴードン記念ミッションと呼ばれていた。

(42) 一九一二年完成。

(43) 繰り返しになるが、筆者はハルツームのマジョリティ「アラブ・ムスリム」が一枚岩であると考えているわけではなく、また「アラブ・ムスリム」と呼ばれる人びとの全員が自分がアラブであると認めていると考えているわけでもない。現代北スーダンのアラブ性に関しては再考の余地がある。だが、南部出身者と話すとき、彼らが相対する他者としての「アラブ」が実体として立ち上がってくることもまた事実である。本書ではこの南部出身者から見た「アラブ」をアラブ人と呼んでいる。

(44) [大塚 一九九五b] の冒頭の記述からも北部スーダンにおける南部への視線のあり方が見て取れる。もちろんアラブ人と南部人が交友関係を持つ場合もある。特に知識人階層は日常において南部人への蔑視の態度を見せることは少ない。実際筆者はアラブ人の知人からクク人を紹介してもらい移住者地区に入った。だがその知人ですら筆者が移住者地区に頻繁に出入りすることに対し、「危険だ」と苦言を呈した。ここから見えるのは、ハルツームのアラブ人の顔の見えない「南部人」に対する視線のありようであろう。

(45) 実際にはカイロ方言とハルツーム方言とではかなりの違いがある。だがハルツーム方言を第一言語とする人は改めて学習せずとも、カイロ方言を理解することが可能である。

(46) 一九八九年以降、スーダン政府はダルフールの非アラブ系住民に対する圧力を強めた。それに対し、フール人、ザクワ人といったダルフールの非アラブ系エスニック・グループはSPLAと手を組むことで対抗しようとしていた [Johnson 2007: 140]。

(47) 南スーダン共和国東エクアトリア州とウガンダ共和国北部に居住する西ナイル系言語を話す民族。

(48) **rotāna**。民族語を示すアラビア語。北部では「意味不明語」というような差別的意味を含むが、南部では単に民族語を示す。

(49) 六メートル（スカートと上着を作れるだけの長さ）のケテンゲで一〇〇SDG（約三〇〇〇円強）。カンガ一枚五〇SDG。トーブであれば最安の一五SDGで買うことができる。だがケテンゲとは違いトーブは略装にも正装にも用いられるため値段に幅がある。刺繍やスパンコールが施されたシルク製のトーブは五〇〇SDG以上するものもある。

(50) キリスト教徒であっても、極端なミニスカートを礼拝に着て行くのは非難の対象となる。また、タラハを被ることはなくとも、髪をケテンゲの共布でまとめることはある。
(51) ただしこれには筆者の調査時期が二〇〇七年～二〇一一年という暫定期間に行われたという事情が大きく影響している可能性がある。
(52) ハルツーム近郊の移住者地区の一つ。移住者地区において最初に建てられた聖公会教会がある。
(53) 二〇〇八年三月、A教会総主事とのインタビュー。
(54) A教会の日曜学校は子どもたちの学校が休みになる金曜に活動を行っていたが、呼称は「日曜学校（Sunday school）」である。
(55) スーダン聖公会では、聖職に就くためには所属教会のメンバーによる承認が必要となる。
(56) 二〇〇七～八年当時のプログラムに沿って説明している。この後帰還の加速化によってプログラムの省略が行われるようになった。また、礼拝参加者の数の減少によって教会活動も縮小されていった。
(57) 高い声を張り上げて祝福の意を示す行動。基本的に女性のみが行う。南北スーダンの両方で行われている。
(58) 帰還に際し、彼女の動向について教会のメンバーと話をした際、全員がこのことを知っていた。
(59) 何人ものクク人が「彼女はまだ幼い」とコメントをしていた。
(60) ではどこの礼拝に参加しているのかと聞いたとき、彼女はオール・セイント・カテドラルの礼拝に参加していると言っていたが、筆者はそれを確認できていない。
(61) ハルツームでは朝起きてすぐにミルクティとパンかビスケットの軽い食事を取り、一〇時から一一時ごろにおかずと主食の食事をとる。この食事を朝食（fatūr）と呼ぶ。
(62) ハルツーム最大のバスターミナル。近くにサッカー競技場があるためこう呼ばれる。
(63) このときのアラビア語にはハルツーム方言、標準アラビア語の要素とジュバ・アラビア語の要素が混ざっていた。特に形態的にはハルツーム方言、標準アラビア語の要素が強く、発音はジュバ・アラビア語の要素が強かった。
(64) 意味は「（神を）賛美する」もしくは「賛美せよ」
(65) 彼はヌバ山地出身者であり、自身のアラビア語をハルツーム方言であると言っている。

第三章　故郷とのつながりの形成と変化――帰還をめぐって

一　故郷とはどこか

1　揺れ動くアイデンティティと故郷観

二〇〇八年の二月に入ったばかりのその日は、寒いとも言えるほどの気温だった。乾いた風が吹き付ける中、バスに乗ってS地区へ向かった。

乗り継ぎのバスが比較的スムーズに発車したため、午前一〇時ごろアベルの家に着いた。アベルは、今日は姿が見えない。サラは子どもたちと一緒に洗濯中。アナが居間に入れてくれ、水を持ってきてくれた。二〇〇八年の三月にA教会に隣接する小学校の八年生を終了することになっていたアナは、卒業試験を受け、姉マリと同じ英語で授業をする中等学校に進む予定であった。エンジニアである父に似たらしく、英語と数学と理科が好きだという。将来は医師になりたいのだそうである。

「でもジュバには医学部がない[1]。再来年南部に帰るけど、医学部に入るためにはハルツームに戻らなければならないかも」というので、「でも南部にいればウガンダの大学にも行けるんじゃないの?」と聞いてみると、「ハルツームの教育システムとウガンダの教育システムは違うから、ウガンダの大学には行けない」という返事だった。[2]

アナがサイドボードから写真の山を取り出してきた。二〇〇六年に家族で行ったカジョケジの写真だという。そこには緑の濃いカジョケジの風景が広がっていた。

「ここがカジョケジよ」「これがアフリカン・スタイルの家よ」と写真を指差して一つ一つ教えてくれる。写真の山の中にはウガンダから送られてきたという彼らの親戚の写真もあった。カジョケジには二〇〇五年のCPA締結以降初めて行ったと言う。しかし彼女の会話には、「私たちの故郷カジョケジ（beled）」という単語が端々ににじむ。「カジョケジではバリ語を話すの？」と聞いてみると、「そうよ、バリ語は私たちのことばだもの」という言葉が返ってきた。

扉から人が来る気配がした。しばらくサラに挨拶をする声などがして、居間に入ってきたのは一〇代後半〜二〇代前半の二人の男性である。彼らはアベル一家の親戚筋にあたるクク人であり、ジュバ大学で経済を学ぶ学生であるという。ジュバ大学は戦火を逃れて、この当時ハルツームにほとんどの学部を移していた。一九九〇年からほとんどの大学でアラビア語で授業が行われるようになった北部スーダンで、英語で授業を行うほとんど唯一の大学であった。[3] 彼らはアナに挨拶をした後、しばらくアナの進路について話をしていた。そして私に英語で話しかけようとしたが、アナの「彼女はアラビア語を話すよ」という言葉を受けて、アラビア語で話し出した。ジュバの話をしていたというと、一人が「俺はジュバの出身だ」と言う。そして、ジュバの気候のよさや、食べ物が豊富にあることなどを語るのを見て、「ジュバが好きなのねぇ」と相槌を打っていた。二人が声を合わせて「もちろんだよ」という。「ハルツームは暑いし、乾燥してる。気候が悪いよ」と口をそろえた。

彼らが通うというジュバ大学の授業について聞いてみた。

「ジュバ大学では英語だけで授業をするの？」それに対しての答えは「いや、英語が多いけどアラビア語でもやるよ」であった。「二人ともアラビア語を話すでしょう？　英語での授業は難しくないの？」とさらに聞いてみると、一人が「俺は英語で教育を受けたからね、英語もアラビア語も話せるから問題ないよ。そうだな、でもレポートを書くのは英語の方が楽だな」と答えた。それを受けてもう一人が「俺たちは英語を話すホワイト・アフリカンなんだよ」と返し、二人で声を合わせて笑っていた。

この二人とは、アベルの家に行くたびに顔を合わせるようになった。そのうちの一人、サイモンと「スーダン」の文化についての話をしたことがあった。サイモンは「スーダン」にはいくつもの文化があるという。表向き、つまり政治的にはイスラームの国と見られがちだが、南部スーダンの人びとは自分たちはアラブだとは思っていない。「俺たちは、アフリカンだからね」とにやりと笑って言う。彼は、ハルツーム生まれではない。彼はジュバで生まれ、はじめ英語で教育を受けたものの、中学に入るときアラビア語で授業をする学校に入り、そしてジュバ大学に入るためにハルツームに来たのである。

「こんな教育を受けてきたおかげで俺は英語もアラビア語も読めるし、書けるようになった。でもフスハー[4]を喋るのは難しいな。アラビア語は俺たちのことばじゃないからね」そういうと、「南部は英語で授業をするようになったんだよなぁ」と感慨深げにつぶやいた。

このアベルの家でのひとときからはハルツームに住む若年層のクク人たちがハルツームでの生活に適応しながらもクク、南部人、もしくはアフリカ人としてのアイデンティティを保つ様子を見ることが出来る。[5]だが、ハルツームで長く過ごした若年層にとってハルツームは単なる移住先ではなくなっている場合もある。

A教会に併設された基礎学校は、二〇〇九年の時点で一年生から八年生までの約三〇〇人の生徒が在籍していた。多くがS地区の住人であるが、英語で授業を行うこの学校には別の地区からバスで通う生徒もいた。そしてその多くは南部出身者、もしくは現在の南北スーダン国境地帯出身者の子弟である。

筆者がアナに連れられて訪れた二〇〇八年の二月、八年生の教室には二〇人ほどが在籍していた。男女比はわずかに男子が多い。そして全員アラビア語と英語を使うせいもあり、ぱっと見ただけでは誰がどの民族に属しているかはわからない。生徒たちはアラビア語と英語で自在にコミュニケーションをとりながら学校生活を楽しんでいた。

だが、S地区が移住者地区であることを認識し、移住者の調査をしてきていた筆者は当たり前のように出会ったひとりの女の子に「あなたの民族は何?」「どこから来たの?」と聞いていた。それに対し、彼女は自分はディンカだと答えた上で、「私はハルツームで生まれたのよ」と言った。

こうしたハルツーム生まれの南部人は少なくない。南部人であっても南部に行ったことがない者も少なくなかった。ハルツームで生きる彼らにとって、故郷とは何を指すのだろうか。

彼らはなぜそれを故郷と呼ぶのだろうか。また、南部で生まれてハルツームに来た者であっても、一〇年、二〇年とそこで暮らすうちにその場所の意味が変わる場合もある。本章では二〇〇九〜二〇一一年という、総選挙や南北スーダンの分離・独立を決定する住民投票、そして南スーダンの独立といった大きな出来事があった激動の時期におけるハルツームの移住者地区の変容を描くとともに、ハルツーム在住のクク人にとってのハルツーム、そして故郷の意を問う。特に帰還の現場において故郷の意味が変化しつつあった様子に注目する。

そもそもククにとっての故郷とは何を示すのか。クク語で故郷[6]を何というのかと尋ねれば、「それはジュルである」という答えが返ってくる。だが、このジュルという単語はたいへん多義的な単語である。村、国、そして民族すべてをジュルという単語で表す。一九〇八年に版されたバリ語の辞書によれば、ジュルとは土地（land）と国（country）のことと されてる［Owen 1908: 134］が、一九三〇年代にデータを集め、一九六〇年に出版された辞書にはジュルは村、部族（tribe）、そして民族（nation）を示すことが記されている［Spagnolo 1960: 79］。そして現在、村、民族に加え、国家もジュルで示す。この多様な意味は何を示すのか。この問いに答えるためのヒントを同じナイル系に属するヌエル人の事例から得ることが出来る。ヌエル人もジュルとよく似た使われ方をする単語を持つ。それは home を意味するチエン（cieng）である。(7) エヴァンズ＝プリチャードはこのチエンという単語について詳しく検討し、この語に多様な意味が付されているのは「言語的に矛盾があるわけではなく、この語が示す集団値の相対性によるものだ」［エヴァンズ＝プリチャード 一九九七：二三八］と言っている。(8) カジョケジの路上であなたのジュルはどこかと聞かれれば村の名を答えるし、ウガンダで同じ質問をされれば南スーダンだと答える。問われる文脈により、ジュルが示すものは変わる。ここから、ジュルとは他者によって規定される「自己」のルーツとなる場と言える。つまり、他者に出会わなければ、ある場所がジュルだとは認識されない。「他者」に出会う大きなきっかけの一つは移住であろう。

S地区で暮らすということは、幾重にも重なり合う民族や宗教的ネットワークの網を御し、自分の生活を創り出すということだった。そこにあったのはハルツームで生きる人びととのやり取りを基盤とした生活である。だが、クク人たちがハルツームで生きるということに何らかの意味を見出す背景にはハルツームで生きる人びととの関係だけではなく、カジョケジやジュバ、そしてウガンダやケニアといった「スーダン」の外で生きる人びととの関係が深く関わる。むしろ、彼らはハルツームの外で生きる人を認識するからこそ、「ハルツーム」に生きる意味を自ら問うようになるともいえる。

2　カジョケジとのつながり

二〇〇八年の一月。A教会の礼拝に参加したのちに、礼拝参加者に連れられて教会から五分ほど歩いたところにある家を訪問した。その家にアメリカに住んでいる親族が訪れたため、それを歓迎する食事会が開かれるとのことだった。

調査を開始したばかりで右も左もわからなかった筆者は、女性たちがいる部屋へと放り込まれ、目を白黒させていた。

室内には子どもたちから六〇～七〇代くらいに至るまでの様々な年代の女性たちがひしめき合っていた。四方にベッドが置かれ、女性たちはそこに座る、もしくは寝そべって思い思いのことをしている。バックから毛糸玉を取り出し、編み物をはじめる者、久しぶりに会った人と近況を伝えあう者。子どもたちは床で遊ぶか、出されたお菓子に手を出している。年配の女性たちはどうやら民族語で話しているらしいが、その頃南部のなの字も知らなかった筆者にとってそれは未知の言語だった。それでもどうにか気を取り直して、女性たちにどこに住んでいるのか、クク人なのか、そしてカジョケジから来たのかを聞いた。カジョケジの名前を聞いたとたん、数人の女性が目を輝かし、「カジョケジを知ってるの⁉」と聞いてきた。もちろん当時の筆者にとってカジョケジは単なる土地の名前である。だがそれでも遠く離れた場所からやってきた外国人がカジョケジを知っていたということに女性たちは盛り上がり、カジョケジに行ったことはないという筆者に対し、カジョケジがいかに素晴らしいところかを懸命に説明してくれた。

そして一人が歌を歌いだした。数人の女性たちがすぐ後に続き、しまいには部屋中の女性たちが歌いだして合唱となった。それはクク語で歌われたらしく、筆者にはカジョケジという単語しか聞こえてこなかった。のちに一人の若い女性が「カジョケジに帰りたいという意味だ」と歌の意味を説明してくれた。

また、Ａ教会の総主事の家に教会の歴史に関するインタビューをしに行ったとき、教会にいつもいる総主事の姉と会い、彼女が近々様子を見に行くために南部へ行くという話を聞いた。筆者は彼女にカジョケジまで行くのかと聞くと、まだわからないという。だがそこで聞かされたのもカジョケジの素晴らしさだった。

「カジョケジはいいところだよ。マンゴーがたくさんあって、ただで食べられるんだ。カジョケジの鶏を食べたらハルツームの鶏なんか食べられないよ……」

調査をはじめたころ、南部の状況についてはほとんど素人同然であった筆者にククの人びとは南部が、カジョケジがいかに素晴らしいところなのかを力説した。特にクク人にとってカジョケジという地名は特別なようだった。

筆者がS地区の、そして南部の状況を理解するようになるにつれて、そうしたカジョケジに対するクク人の言説が必ずしも本音を反映しているわけではない場合もあることもわかるようになったが、それでもカジョケジがククの故郷であるという言説は揺るがなかった。ハルツームで生まれ育ち、カジョケジに行ったことがない若者にとってすら、カジョケジは故郷（beled）なのである。こうしたハルツームのクク人たちのカジョケジへの視線を裏打ちするものは何だったのだろうか？　本節ではハルツームのクク人たちをクク人足らしめているものについて見ていきたい。

二〇一〇年のラマダーン明けの日、筆者はハルツームの南郊外に位置するインカーズという地区にいた。ククの文化祭が開かれると聞いたため、頼んで連れてきてもらったのである。この文化祭はクク・コミュニティの主催によって、子どもや学生も出席できるようにハルツームの学校が休みになるラマダーン明け第一日目に行われることになっていた。ククの文化、特にダンスの継承を目的に開催されるもので、企画実行委員の一人はA教会の司祭ヨハネである。

インカーズに向かうバスが出るバス停でヤコブと待ち合わせ、会場に向かった。途中の小売店でジュースと焼き菓子を買う。店の椅子に座りこんで食べているとき、真新しい洋服に身を包んだ家族[9]が小売店の前の道を通り過ぎた。この年のラマダーン明けの時期はハルツームの雨期に当たり、水はけの悪いハルツームの道はあちこちがぬかるんでいた。

「今日ラマダーン明けだからね。ウチも大変だったよ」とホームステイ先[10]の話をすると、ヤコブもうなずいた。

「ああ、S地区でもムスリムは大変そうだったよ、この雨だろう？　道がぬかるんでいてね……」

そして辿りついた先は巨大な天幕が張られた広場である。天幕の下には椅子が並べられ、そのほとんどがまだ空席だった。その椅子の具合をA教会の情報担当、トマスがチェックしている。青いシャツに大きな銀色の十字架を下げていた。筆者たちに気がつくと「よく来たね！」と汗をふきふき挨拶をしてくれた。そして水を手渡してくれる。広場では別の司祭がトラックで運ばれてきた椅子の荷降ろしを手伝っていた。グレーのシャツにカラーで司祭であることはすぐにわかる。コの字型の客席の向かいにも小さな天幕が張られ、音響設備が設置されていた。ジュバ・アラビア語の聖歌が大音量で流されている。人が少しずつ集まりだした。トマスは筆者を天幕の中央に連れて行き、前から三番目に座るように告げた。中央の天幕の最前列にはプラスチックではなく、布張りの椅子が置かれており、明らかに来賓用である。

一時過ぎには文化祭がはじまった。天幕の下は満席である。来賓席にはハルツームの各地区の首長、そしてクク・コミュニティのチェアマンが座っていた。以下に示すのが文化祭のプログラムである（表2）。

すべてのプログラムが行われたわけではない。時間が押していたこともあって詩の朗読は行われず、コミュニティの長からの言葉はなかった。だがこのプログラムをみればこの会がハルツームにおけるククの社会的権威を総動員させたものであったことは一目瞭然である。そして実行委員の一人が教会司祭であり、キリスト教司祭の祈りによってはじまり、閉会が宣言されたこの会において、キリスト教はその存在感をはっきりと示していたと言ってよい。トマスや他の司祭たちが文化祭実行を担っていたことからもわかるようにカジョケジ教区支部は文化祭開催の中枢を担っていた。そしてこのようなククの行事とキリスト教とのつながりは、この文化祭だけに限るものではない。首長が集まる会議の場でも、後述する学生組合の会議でも同じであった。そしてこの文化祭はハルツームにおいてククがククであることを確認する場であった。

三〇〇人以上のクク人が集まり、文化祭は大盛況であった。すべてのプログラムが終了した後、人びとは互いに挨拶をし、近況を尋ね合い、次々と広場中央でのダンスに参加していった。そのダンスはコレと呼ばれるクク「伝統」の踊りである。そしてその広場の外側を真っ白なジャラビーヤ、華やかなトーブを着たムスリムたちが行きかう。その風景は妙に鮮やかな対照を見せていた。

表2　文化祭プログラム

1	歓迎の言葉
2	開会の祈り
3	開会の辞
4	マザーズ・ユニオン代表の言葉
5	詩の朗読
6	ドラマ
7	学生代表からの言葉
8	間奏
9	コミュニティの長からの言葉
10	首長代表からの言葉
11	退役軍人代表からの言葉
12	間奏
13	ファンドレイジング
14	国会議員からの言葉
15	クク・コミュニティ・チェアマンからの言葉
16	来賓からの言葉
17	間奏
18	閉会の祈り
19	伝統的ダンス

クク・コミュニティとカジョケジ教区支部というハルツームにおけるクク・ネットワークが十二分に生かされた文化祭によってククがククになっていく過程が見えた。だがこのクク・ネットワークはハルツームのクク人をつなぐばかりではない。彼らはハルツームの外のクク人ともつながろうとする。その様子をあるクク人の改葬をめぐるハルツームのクク人の動きを追うことによって見ていきたい。

スコパス・ゴディ・アビナ・ヤンギ（Scopas Godi Abina Yangi、生没年不明）は先代のクク人の首長の一人で、内戦によってジュバに避難し、そこで亡くなっている。彼は傑出した雨の首長として知られていた。雨を降らせたり止めたりする力を持つとされる首長をクク語では雨／水の首長（matat lo kudu/piyon）という。彼は亡くなった後、ジュバに埋葬されたが、その後カジョケジの天候が悪くなり、農作物に影響が出るようになったという。そのためクク人の長老たちは話し合い、彼をカジョケジに改葬することを決定した。この改葬にはかなりの費用がかかる。そのため、ククの首長たちはスーダンの各地にいるクク人に費用の負担を求めることにした。ハルツームのクク・コミュニティはこの事業の支援を全会一致で決定した[11]。

この事業支援依頼は、カジョケジからハルツームに来ていたカジョケジ教区の司祭からハルツームのクク・コミュニティの長老であったアベルに伝えられた。これを受けて二〇一〇年一月、これについてハルツーム在住のクク人首長の間で話し合いが持たれた。この会合の記録がある。これは当時コミュニティのセクレタリーであったアベルが記述したもので、英語で書かれている。筆者がアベルから直接受け取った。記録原稿は四つのパートに分かれており、まず、会合の日時と出席者、アジェンダが記述され、イントロダクションとして改葬が計画された背景と、それを支えるハルツームのクク・コミュニティ、そしてキリスト教教会の組織についての簡単な説明がなされている。そして出席者の発言内容の記録ののちにその他の議題について記載されている。

この記録からは、カジョケジの五つのパヤムすべてから出席者があったこと、スコパスの改葬とともに、有名な聖公会司祭であるカノン・ビナイア・ポッゴ（Canon Binaiah Poggo, 1935-1992）の改葬の計画もされていたこと、そしてビナイア・ポッゴの改葬に関しては聖公会が全面的に支援することになったため、クク・コミュニティとしては残るスコパスの改葬に関わることが決まったこと、さらに会合に出席した首長たちの中にこの改葬に反対する者はいなかったことがわかる。続いて二月の話し合いでは支援を決定し、具体的な支援予算等が話し合われている。

この事業遂行にあたって、ハルツームの教会、そしてハルツームのカジョケジ教区委員会は大きな役割を果たすことになる。まず、この事業の支援依頼はカジョケジ教区の司祭を通して行われている。そしてこの司祭の依頼を受けたのはクク人が運営するA教会の主要メンバーの一人であり、ハルツームのクク・コミュニティの長老でもあるアベルである。彼は教会の日曜礼拝においてこの事業への協力を求めるとともに、クク・コミュニティの支援を受けてカジョケジへ調査に出かけ、この調査の様子はカジョケジ教区の集会において報告された。そしてこの集会には聖公会信徒だけではなく、ムスリムの首長も参加していた。さらには、A教会の主要メンバーであった女性の葬儀の際にも、教会の情報担当であるトマスから同じアナウンスがされていた。先述したように、トマスは信仰覚醒者である。

ここで考えねばならないのは、雨の首長というキリスト教信仰にはない存在を彼らはどのようにとらえ、この改葬への支援を行ったのか、ということである。アベルはこの改葬について「もちろんキリスト教徒である私たちは雨の首長の力を信じていない。だがクク人の間でこれと似たケースがあったことが知られており、この事業は各地に散ったクク人をまとめるのに役に立つ」とコメントしている。そして筆者自身、ハルツームで他のクク人から雨の首長の力を信じる声を聞いたことはない。また雨の有無は農耕が主な生業であるカジョケジにおいては重要であるが、ほとんど農耕を行わずにハルツームで暮らしている以上、ハルツームに住むクク人にとってはあまり意味がない。ハルツームに限って言えばこの事業はクク・コミュニティをまとめるために行われたという一面があることがわかる。それを教区コミュニティ、そして教会が支援したことになる。

だが、キリスト教徒であるはずのハルツームのクク人たちが、雨の首長の改葬への支援をこんなにもやすやすと決めていいものなのだろうか。反対意見は全くなかったのはなぜなのだろうか。このとき筆者は若干の疑問を持った。この疑問は、のちにカジョケジであっさりと解決した。実はクク人にとって、改葬とは雨の首長だから行うものではないのである。同じ時期に現カジョケジ教区主教の父ビナイア・ポッゴ（Binaiah Poggo, 1935-1992）のジュバからカジョケジへの改葬も行われている。筆者がカジョケジに滞在中にはウガンダで死んだ司祭の改葬も行われた。なぜ彼らは改葬するのか。それはクク人たちが死後、父祖の地カジョケジに帰ることを望んでいるためである。クク人は、どこに行ったとしても死して後にはカジョケジに帰ることを望む。そして故郷で子孫を見守りながら眠りにつくことを願う。これはキリスト教がカジョケジに広がる前にあった信仰がかたちを変えて残ったものだと考えられる。[12]一九一〇年出版の『ククたち』［Plas 1910］には死者の魂に関する記述がある。それによるとそのころのクク人たちは人間が死んだのち肉体は次第に滅びるが、「影（uletet）」はその土地に残り、子孫を見守るのであるという。そのため「影」への供え物などを怠ると「影」が子孫の夢に出て不満を訴える［279-280］。こうした話は筆者も「昔のこと」として年配のクク人から聞くことがあった。ここから人は死してもなおその土地にとどまるという考えが現在もククの中に息づいており、だからこそ彼らは死者を「故郷カジョケジ」に葬るのだということがわかる。この慣習はハルツームでもジュバでも、ウガンダでも変わらなかった。彼らはこの慣習を共有しているからこそ、雨の首長の改葬に反対しなかったのである。このように、「本当のキリスト教徒」であることを主張し、南部スーダンやウガンダのキリスト教徒との線引きをしてきたハルツームのキリスト教徒たちは、同時に自分たちの慣習を完全に忘れ去ったわけではなかった。

その一方で、このカジョケジへの死者の帰郷という慣習は、ククの移住が盛んになる前は行われていなかった、もしくは変容したと考えられる。

プラスによるともともとカジョケジにおける雨の首長の存在はかなり大きかった［Plas 1910: 293］。そして彼らは死ぬと彼の石[13]がある場所に葬られた。その場所は彼の父が葬られている場所でもある[14]［Plas 1910: 259］。彼らは死してなお雨を制御する力を持つと思われたのである。

では、今回の改葬はハルツームのクク人たちにとって、雨の首長を葬るためのものなのだろうか。おそらくそうではない。なぜならハルツームにおいて雨の首長の存在の影響はほとんどなく、記録ではカノンの改葬と同列に扱われていたうえに、スコパスを父祖の地、もしくはカジョケジに葬るとされていただけで、雨の首長が埋葬されるべき場所に埋葬するとはまったく書かれていなかった。さらには一九一〇年の民族誌には改葬については書かれておらず、プラスの調査時の「カジョケジ」と現在のカジョケジ郡とでは範囲が異なる。

以上の情報から、雨の首長の葬儀、そして「影」の観念といったものを背景に、移住したクク人たちは死者を「カジョケジに帰す」ことに意味を見出していたと考えられる。そこには改葬される死者の出身村に帰すことより、あくまでもカジョケジに帰すことへのこだわりが見える。[15] ここからわかるのはハルツームでの生活を通して変化しつつ、「ククであること」を認識した人びとが、共通の故郷としての「カジョケジ」という場所を見出し、そこへ帰る、もしくは帰すことを望んでいたことである。

そしてこういった改葬も含めた葬儀はハルツームに住むクク人たちを「クク」として結びつける。

「ユウコ、君も葬儀に参加しなさい。ククのユースとして、食事を運ぶんだよ」

ある日アベルにそう言われ、彼の次女アナに連れられてS地区内で行われた葬儀に参加した。A教会の古参メンバーの葬儀であったらしく、参加者の多くはクク人であった。道に張り出した天幕はすでにかなりの人数で埋まっていた。アナと筆者はその天幕にもぐりこみ、適当な場所を陣取った。この葬儀でもスコパスの改葬に関する連絡がなされていた。気がつくとアナがいない。あわてて探すと天幕の奥、つまり家の中と天幕とを何人かの若い女性が行き来している。そこへ行くとアナが同じぐらいの年齢の女の子たちと一緒にお茶や食事の準備をしていた。

葬儀や何かのイベントがあるとき、食事は必ず用意される。食事は大鍋で用意され、それを発泡スチロール製の弁当箱に入れ、お盆に載せて配り歩く。それは主催者の家の女性たちが担う仕事だが、配布や片づけには若者が使われる。どうやらアナも働き手として葬儀に参加したようだった。

しばらくすると弁当箱を山と載せたお盆、もしくはミネラルウォーターが入った箱を持った若者たちが天幕に次々と現れ、参加者に配っていた。

一定の年齢になってからハルツームに来た壮年層とハルツーム生まれ、もしくは幼いころハルツームに来た若年層とではハルツームでの生活の仕方などに違いがみられる。特に民族間関係に関して若年層は日々の生活でそこまでのこだわりを持たない。「クク」だと大声をあげて主張することはあまりない。だが、こうした葬儀の場では彼女たちも親や年長者に従い、ククの一員としての役割を果たす。これがハルツームで数少ない民族を意識する場なのだろうということが想像できる。

死者はハルツームのククに「故郷カジョケジ」を想起させるとともに、「クク」というアイデンティティを次世代に植え付けているともいえる。それはしかしハルツームという場所との対比によって生まれるアイデンティティでもあった。

だが、彼らのハルツームでの生活は二〇〇五年のＣＰＡ締結、そして続く住民投票、南スーダン独立によって激変して行く。

ハルツームを生きた人びとが、再び変わらなければならないときが目の前に迫っていた。

二　変わりゆくハルツーム

二〇一〇年八月のある日曜日、筆者は教会の主日礼拝に出た後、アベルの家を訪れていた。筆者が約五か月ぶりに訪れたアベルの家はすっかり様変わりしていた。二〇一〇年三月に、筆者がハルツームを去ったときにはアベルの家には彼の家族と彼の知り合いの娘であるバリ人の女性、ピエタが住んでいた。だがアベルの家族は、アベルを除いてすでに南部に帰還しており、あいた部分をアベルはヌエル人の家族に貸したのである。これまでアベル家の居間であった場所はその家族のベッドが入り、四人の幼児が中庭でにぎやかに遊んでいた。ヌエル人の家族は一家の主人であるチョル、その妻、主人の妹が二人、弟、母、夫妻の子どもが三人、妹の子どもが一人の計一〇人の大所帯である。チョルは日本大使館の警備員をしている。

仕事から帰ってきたピエタはジャラビーヤ(16)に着替え、日陰に出したベッドに座って刺繍の続きをはじめる。初めて会ったヌエル人の家族に挨拶はしたものの、話のとっかかりがつかめなかった筆者は、小山ほどもある子どもたちの汚れた服を洗濯していた若い女性にとにかく声をかけてみた。

「これ、全部洗濯するの？（Ita kasulu di kullu kullu?)」

するとその女性は振り返って目を丸くした。そこでピエタはにやりと笑い、すかさず声をかける。

「彼女はアラビア語、しかも南部のアラビア語を話すのよ(17)」

ハルツームと南部のジュバで話されるアラビア語は異なる。ハルツームではハルツーム方言が話されるのに対し、ジュバではジュバ・アラビア語が話される。ハルツーム方言話者とジュバ・アラビア語話者が会話をしても話が通じないわけではないが、この二つのことばの間の違いは大きい。また南部出身者は、より標準アラビア語に近いとされるハルツーム方言に対し、複雑な言語意識を持っている。そのためヌエル出身の彼女に対し、筆者はあえてジュバ・アラビア語を使って話しかけようとした。もっともベンティウというジュバとハルツームの中間点にあたる場所を出身とする彼女に対して、これは的外れな対応であった[18]。だが、なにはともあれItaという筆者の使った単語に彼女は驚き、そこにエクアトリア出身のピエタが筆者のアラビア語に対し「南部のアラビア語」という評価を下し、スーダン中部を出身とするヌエル人に「南部」という単語を使って話しかけることで私たちは南部人だと同意を求めている[19]。

ハルツームの厳しい日差しが和らいでいく。日陰に三つベッドを並べ、女性たちはおしゃべりに興じる。話題は先ごろ婚約が整ったピエタについてである。ピエタの婚約者はヌエル人である。

「ユウコ、結婚するならキリスト教徒、しかも教会関係者がいいわよ。だってキリスト教徒じゃないと奥さんを何人も持つじゃない。私は旦那の唯一の奥さんになりたいの」

ピエタが筆者にアドバイスをする。そこに向こうのベッドから声が飛ぶ。

「でも旦那一人に奥さん一人だったら旦那や子どもの世話が大変じゃない」

「そんなことないわよ！　他の家族だっているし、うちはお母さんがちゃんとやっているわよ」

ピエタの家はジュバにあり、彼女の父は教会の司祭である。にぎやかにしゃべっていると家の主人、アベルが帰宅した。

「暑いねえ、おおユウコ、礼拝はどうだった？　私は今日はどうしても抜けられない仕事があってハルツームに行っていたんだ」

アベルが家用の服に着替え、くつろいだころ、チョルが水を浴び、出かける準備をはじめる。夜勤の警備員なのである。チョルが出かけた後、アベルはベッドに寝転びながらチョル一家に家を貸した経緯を説明してくれた。

「私が彼に家を貸したのはね、彼が日本大使館に勤めているからだよ。信用ができるだろう？　家族が南部に帰ったから、あいている部分を有効活用しようと思って、クク人の日本大使館に勤めている知り合いに声をかけていたのさ。誰か家を探している奴はいないかってね。そしたら彼らが家を探しているって言っていたんだ。なんでも前住んでいたところを出なければならなかったらしくてね」

ピエタが、ポリッジが入ったカップを持ってヌエル人一家の寝室に入っていく。寝室には怪我を負ったピエタの母がいる。その様子を見たアベルは言った。

「見てごらん。ピエタは婚約者と同じ部族の家族のご機嫌を取るのに必死だよ。彼女（チョルの母）はね、ハルツームで車に轢かれたんだよ。腿を骨折してね、病院に行ったけどなかなか治らないんだ。病院代も高いしね……」

「保険はないの？　そもそも轢いた人が払うべきじゃないの」と筆者が返すと、アベルは怒ったように言葉を続けた。

「ちょっとした保険はあるんだよ。国が出す保険なら。でも足りるわけがない。犯人は轢いたってそのままさ。特にアラブ人が南部人を轢いたときはそうだ。あいつらは南部人を人間だなんて思っていないんだよ」

このアベルの家でのひとときは、二〇一〇年というハルツームの移住者たちにとってちょうど過渡期にあたる時期のS地区の情景を端的に表わすとともに、彼らが多民族都市であるS地区でどのように「他者」との境界線をつくり、そして「あちら」と「こちら」を行き来してきたのか、その過程を見せてくれる。

ハルツームにおける移住者地区とは、自分の出身地の文化と「違う」文化や習慣に触れあいながら、そこに住む人びとが「ヌエル」、「バリ」、「クク」、そして「南部人」と「アラブ人」、キリスト教徒とムスリムとの境界線、そして様々な「私たち」を作りだし、その境界線の濃淡も生み出されていくていく場なのである。そして、「スーダン」が再び激動の時代を迎えたことでこの境界線もまた、変化して行く。

1　同じ民族、同じ南部人？

Ｓ地区の教会に隣接した小学校では、ウガンダで教育を受けたという新米の教師が、五年生を相手に「正しい服装」についての授業をしていた。この学校の教授言語は英語である。だが、アラビア語が主流言語となるハルツームでは子どもたちが英語を使用する機会が少ないため、彼らの英語能力は伸びない。そのため教師たちは英語とアラビア語の両方を交えながら授業をしなければならない。英語で教育を受けた教師はこのアラビア語に苦労することになる。

「これは英語でいうドレスだね。アラビア語では何と言ったっけ？　私はアラビア語がわからないから……そうだね、ジャラビーヤだ」

ウガンダから二〇〇七年にハルツームに来たという、このクク人の教師は、筆者に「ハルツームのアラビア語は難しい」と語った。

二〇〇五年の和平協定締結以降、ハルツームにあるジュバ大学への進学や、就業機会の拡大を求め南スーダンやウガンダからハルツームに来るようになった若者が一定数見られる。[20]　彼らはクク・コミュニティの長たちと交流を持ち、ハルツームにおける「クク文化」の継承を担うこともある。だがウガンダから来た教師が言うように、彼らはハルツームの言語や気候に戸惑う。

それとは対照的にハルツームでの生活を謳歌しているのは、もちろんハルツームで育った若者たちである。

「ユウコ、早く！」

ジョイに急かされ、苦い顔をするエステルを尻目にアムジェット[21]に飛び乗り、エステルの家を出た。

日の暮れかけたS地区を走り抜ける。アムジェットの中には中等学校生四人と筆者。彼女たちはガムを噛みながらおしゃべりとメイク直しに余念がない。運転手はS地区からハルツーム市内に入ったところで、「で、バハリのどこに行くんだよ？」と聞いた。確かに、ハルツームからバハリに行くためにはいくつかのルートがある。バハリのどこに行くかによって彼の取るルートは違ってくる。

「え？　バハリよ、バハリ。わからないの？」

「やだ、あんた新参者？」

……どうやら彼女たちは場所をうろ覚えのまま、アムジェットを呼んだらしい。さんざん遠回りをした後、携帯電話で友人と連絡を取り合い、やっと目的地に到着した。一階がレストランになっているビルの裏手にある階段を上ると三階がホールになっており、重い扉をあけるとそこはハルツームの普段の風景とは別世界であった。

明らかに南部人の若者だけの集まりであり、洋楽が流れる中、数人がディスコ・ダンスを踊っている。細身のジーンズ、肩を出したシャツ、ハルツームの一般的な女性の衣装であるタラハ、トーブは影もかたちもない。席に着くと主催者らしき男性がピザの皿ととりわけ用の皿、フォークとナイフを持ってきた。女の子たちはそれを当然のように受け取り、ピザを取り分けながらおしゃべりを楽しむ。曲が変わると何人かがフロアに出ていった。

エステルの娘、ジョイは二歳のときにハルツームに来ている。彼女にジュバでの生活の記憶はほとんどない。彼女はハルツームをわがもの顔で歩き、アラビア語を自在に扱い、すっかりハルツームの「古株」である。その一方、南部人が多く通う学校の友人を通したネットワークが彼女の交友範囲の多くを占めており、南部人以外との接触はあまりない。また、肌を見せるのをためらうムスリム女性の感覚を持たない。その意味で彼女はあきらかに南部人である。

このようにハルツームに住むクク人の若者の状況は多様である。そして事情は違えど彼らは「敵地」ハルツームでともに生きて行かなければならない。移住者地区では南部人と、北部人、そして民族の違いは重要視されるが、ハルツームで暮らすクク人たちは、避難民とそうではない者、もしくは移住者地区に住む者とそうではない者という区別にはこだわってはいない。ウガンダや南部から来た若者たちも移住者地区で育った若者たちと親しくし、クク人の長たちと交流を図っている。そこにクク人、南部人というカテゴリーへの認識が生まれる源泉の一つがある。だがそれでも転換期を迎え、人の出入りが激しくなりつつあった移住者地区で、彼らは「同じ」であるはずなのに「異なる」ことに気がついていく。それは彼らの帰還後にも影響を与えることとなった。だが差異を感じながらも、彼らは「クク」としてまとまろうとしていた。

2　南部スーダンのクク人――ハルツームにおけるクク学生協会の試み

二〇一〇年八月二〇日、ハルツームの中心部にある学校の講堂にクク人の学生がおよそ二〇〇人集まった[22]。男性が多いが、女性の姿もちらほら見える

カジョケジ学生組合（Kajo-keji Students Union: KASU）は、一九六〇年にウガンダで設立された。ハルツームで学ぶクク人の学生が増えるにつれ、ハルツームでも結成された。その後ジュバ、カジョケジでも結成された。このような設立過程を見ればわかるように、学生組合はもともと移住した学生の相互扶助を目的として作られた組織である。ウガンダにおいても、ハルツームにおいても新しくその地に着いた学生を先輩が迎え、勉学や学生生活についての助言と手助けを行う。ハルツームの学生組合の参加者は三〇〇〜四〇〇人ほどである。この設立経緯からして学生組合は地域ごとに独立して運営を行っていた。だが二〇一〇年一月、カジョケジの学生組合の再編を

きっかけに、ハルツーム、ウガンダのクク人が運営する学生組合とも統合を図ろうという話が持ち上がり、これらの組織を統一することが決定した。このような経緯を経て、八月にハルツームにおいて統一学生組合の設立集会が行われることとなったのである。この集会開催に際し、学生組合の議長は自分が住んでいたバハリからS地区を訪れ、A教会の礼拝に参加し、協力を求めていた。

講堂の前面の大きな黒板の前には議会進行を務める学生の席が用意され、すでに四人ほどが座って、マイクの調子を見ている。その脇には学生たちの先輩となるクク・コミュニティの指導者的存在である人びとが座る。来賓席というわけである。それと向かいあうように二〇〇個ほどの椅子が用意されていた。ここには集会に出席する学生たちが座る。

一〇時に開始する予定であった集会がはじまったのは一二時を過ぎてからである。A教会のレイ・リーダーによる祈りが行われたのち、議論がはじまった。議論に先立ち、主催者が挨拶を行った。挨拶は英語で行われた。たくさんの学生が集まったことを感謝するとともに、この集会の開催経緯について説明がなされた後、彼はこう言った。「できるだけ、私たちのことばを使って議論を行いたい」

この「私たちのことば」とはバリ語のことである。各地域の統一集会とはいえ、ハルツームで開かれたため、出席者のほとんどはハルツーム在住者であった。もちろん大学に来るために南部からハルツームに出てきた者もいれば、移住者の第二世代として大学、高校に進学している者もいる。彼らの間の第一の共通語はおそらくジュバ・アラビア語である。(23) また大学に通う学生、そして英語を教育言語とする高校に通う学生であれば英語も理解する。だが彼らの民族語であるバリ語の習得度に関しては、特に移住者第二世代は低いと言える。実際、司会者は流暢にバリ語を使ったが、議論が込み入ったものになると英語になった。また発言者は英語で発言することも多く、ごくまれにアラビア語による発言があった。その彼らが「私たちのことば」を使おうとすること——それは彼らの意識がククに向いているということに他ならない。

司会者はこの集会で話し合う事柄を大きく二つに分けた。一つは学生組合のメンバーシップについて、もう一つは名称についてである。だが議論はこの二つの間を行ったり来たりした。なぜならこれらの議題は実は同じ事柄を扱っていたのである。それは何か？　それは、「クク人とは誰か?」という問題である。

まずカジョケジ学生組合（Kajo-keji Student Union）、クク学生協会（Kuku Student Association）など四つの統一学生組合の新名称候補が挙げられた。四つのうち、クク学生協会だけがカジョケジではなく、ククという民族集団名を冠していた。

そこで議論はカジョケジという名称を使うとカジョケジに住んでいる者のみがメンバーとなるのではないかという成員権の問題になった。だがカジョケジという地名はククに結び付いているのだからそれでいいのではないか、という反論から、カジョケジに住んでいる者がすべてククではない、というさらなる反論に向かう。来賓席にいたクク・コミュニティの長はクク・コミュニティを例に取り上げ、実はクク・コミュニティというのは通称に過ぎず、法的には民族集団名を冠した名前が認められなかったため、銀行口座などはカジョケジ慈善協会（Kajo-keji Charitalable Association）となっているのだという例を持ち出しながら、その点に関しては法的なことを確認した方がよい、という助言を行った。それに対し、クク・コミュニティ、そして南部スーダンの中のクク学生協会の位置づけを根拠にしてカジョケジ、という地名を擁護する声もあった。

図１がそのとき黒板に書かれた図である。つまり、クク学生協会はクク・コミュニティの下部組織であると同時に南部スーダン学生協会の下部組織でもある。南部スーダンという地名を冠している組織の下にあるのであればカジョケジという名称を使ってもいいのではないか、という議論である。そしてそれに対しては「ディンカやカクワ（の学生協会）は民族集団名を使っているのに、ククが使わないのはなぜなのか」という反論がなされる。

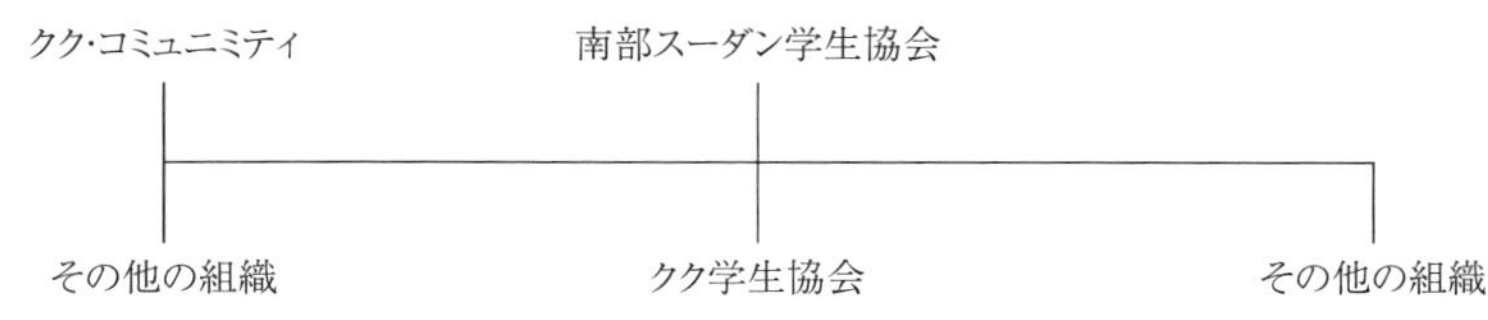

図1　統一集会において書かれた南部スーダンのコミュニティ組織図

そこで窓際の席に座っていた女子学生がすっくと立ち上がり、「カクワは統一しているけれど、私たちは分かたれてきたからだ」という。すぐに「そんなことはない！」という打ち消しの声が上がった。

議論はさらに白熱し、やむ気配を見せない。時刻は午後五時を回ろうとしている。疲れを見せた来賓席の一部には帰り支度をする者も現れはじめた。司会者もこれではらちが明かないと感じたのだろう。候補として挙がった四つの名前を改めて黒板に書きなおし、「参加者による投票によって組織の新名称を決める」と宣言した。来賓を除いた参加者に紙が配られ、参加者はそれぞれ自分が選んだ組織名を書き込んだ。投票用紙が集められたのち、一枚一枚が読み上げられ、黒板に書かれた名称の脇に数が書き入れられていく。

彼らが選んだのは、ククの名を冠した、クク学生協会という名前であった[24]。

この事例から読み取れるのは、彼らの自分たちを取り巻く様々なアイデンティティの統御の諸相である。若者たちはハルツームにおいて同じクク人であるはずの自分たちが、育った場所によって分断されていることに気がつくという経験をしている。だがこの亀裂は「南部スーダン人」、「クク人」であろうとする彼らにとって、乗り越えるべきもの、乗り越えうるものだった。

彼らはカジョケジ、という地名がクク人にとって特別なものである、という認識を示すとともに、カジョケジにいる人間だけがククではない、という主張を行った。と同時に、学生協会というある種の自治組織であるクク学生協会が南部スーダン学生協会の一部であるということを示すことによって、クク人が南部スーダンを構成する民族集団の一つであり、自分たちはいずれ南部スーダンの政治を担うようになる南部スーダン人であるという認識を持つことを示した。つまり彼らにとって「南部人」が表わす意味とは、南部スーダンの市民であるということなのである。そして「クク」としてまとまろうとする彼らの集会の成功が神に祈られていた。様々な差異を乗り越えようとする彼らにとって、神、そしてキリスト教はわかりやすいシンボルとしてあった。

この集会中、筆者は彼らが「スーダン共和国」の一員である、という意思表示を行う場面を一度も見ることはなかった。ハルツームに住んでいても、すでに彼らにはスーダン共和国の市民であるという意識はなかった[25]。それもまた、彼らのハルツームでの生活を反映しているということができる。またこの事例を通して、彼らが「南部人」を自称として使う理由も見えてくるだろう。

三　生者の帰還の論理

二〇一一年一一月下旬。約一か月半ぶりにA教会を訪れた筆者は、教会にいつもいた年配のクク人女性の言葉に驚いた。

「私はもう南部に行くよ」

二〇一〇年一〇月。移住者地区は突如として慌ただしくなった。二〇一一年一月に行われる予定の住民投票を控え、南部スーダン政府が国内避難民と難民に対し、帰還支援プロジェクトをはじめると発表したのである。このプロジェクト開始の知らせは、クク人の間においてはクク・コミュニティとカジョケジ教区のネットワークによって瞬く間に広まった。

二〇〇五年以降、南部人の帰還は徐々にではあるがはじまっていた。ＩＯＭやＵＮＨＣＲといった国際機関も支援を行ってはいた。だがハルツームの移住者の生活に影響を与えるほどのインパクトはなかった。だが国内避難民を全員南部に帰すことを目的とした今回のプロジェクトはこれまでのものとは違っていた。

それからというもの、移住者地区の住人の話題はほとんど帰還だった。これまで「南部に行きたい」とは言っていても、実際にその行動に移そうとはしなかった人びとまでが南部に帰る準備をはじめた。本章の冒頭で示した教会にいた女性の言葉に筆者が驚いたのは、つい一か月前までは「いつ南部に行くかはわからない」と言っていた彼女がきっぱりと「南部に行く」と言ったためである。

このことからもわかるようにこのプロジェクト、そして住民投票というスーダンにとっての歴史の一つの節目は、ハルツームに住む多くの南部人の人生を変えるきっかけとなった。だがそれは単に帰還に際する交通手段の提供やその後の生活への支援といった経済的支援が、彼らの帰還を促した、ということを意味しているだけではなかった。またこのプロジェクトは「避難民」、「クク」、「南部人」という範疇の境界線をもう一度引き直すものでもあった。

本節ではこの彼らの帰還について見ていくことにしたい。

1　避難民の帰還概要（二〇〇五年〜二〇一〇年）

二〇一〇年八月、アベルの家でのアベル、ピエタとの会話の中でピエタのジュバへの帰還についての話があった。

「もうチケットは来たのかい？」

「来たわよ、八月の末に南部に行くわ」

筆者はふと不思議になって聞いてみた。

「帰還するのに政府に報告しなくていいの？　何かサポートはないの？」

二人は爆笑しながら否定した。

「そんなものあるわけないよ！　来るときも帰るときもノーペーパー、ノーサポートにきまってるじゃないか」

そしてアベルはさらに言う。

「彼女（ピエタ）はまだいいんだよ、大学からチケット代が出るし、帰っても仕事がある。[26] でもほとんどは自力で帰るしかないのさ」


和平協定締結以後、国連機関と統一スーダン政府と南部スーダン政府はすぐに帰還支援プロジェクトをはじめた。だがＩＯＭの帰還に関する追跡調査の報告書は、二〇〇五年の包括的和平協定締結後から二〇〇九年までに帰還した約二〇〇万人のうち、国連、ＩＯＭ、統一スーダン政府、南部スーダン政府による直接の支援を受けて帰還した者は一一万六〇〇〇人であるとしている［IOM 2009: 3］。つまり、全帰還民のうち約六パーセントのみが支援、つまり船、バス、飛行機といった帰還のための交通手段、帰還中、および後の食料の保証などを受けて帰還していたということになる。残りの人びとは自分たちの力で帰還したのである。

また、ＣＰＡ締結後ハルツームから南部スーダンにすぐに帰還した人は少なかった。[27] 筆者は二〇〇七年にＩＯＭがＳ地区のテント事務所で、帰還希望者の登録を受け付けていた現場を見たことがある。だが実際に登録に行ったという話を聞くことは稀であった。二〇〇七年の時点では南部に帰還するということはまだ現実味を帯びていなかった、と言える。二〇一一年の住民投票がハルツーム在住者にもたらす影響も不透明であり、何よりも南部の情勢に人びとは不安を感じていた。また、帰還に際して必要になる家財道具運搬費用や交通費を調達するあても、帰っても親戚などの頼るあてもない人びとにとっては帰還後の生活が成り立つかどうかもわからなかった[28]。それでも帰還を決意した人は準備をし、徐々にハルツームから旅立っていった。早い時期に南部に「帰還」した人の特徴としては、南部に安定した職を持っていたことがあげられる。つまり、南部政府の省庁や、国連機関、各大学に勤める者は早めに帰還をすることの有利さを知っており、南部に帰っても暮らしていけるという保証があったために帰還に踏み切ることが出来たのである。

筆者が二〇〇七~二〇〇八年にかけての調査の後、二〇一〇年一月に再びS地区を訪れたとき、顔見知りになっていた人びとの多くが南部へ行ったことを聞いた。また教会や葬儀といった人びとが多く集まる場であったところに来る人も確実に減っていた。だが、帰還する人が増えたとはいえ移住者地区の生活に大きな変化はなかった。人びとはそこでこれまでと変わらない生活を送っていた。だが二〇一〇年一〇月にはじまった帰還支援プロジェクト[29]は、これまでのプロジェクトとは異なる様相を呈していた。以下、このプロジェクトの概要を述べる。

2　ククの登録——ハルツームにおける帰還支援プロジェクト

南部スーダン救済復興委員会（Southern Sudan Relief and Rehabilitation Commition: SSRRC）とＩＯＭ、ＵＮＨＣＲ、世界食糧計画（ＷＦＰ）との連携で新たな帰還支援プロジェクトがはじまったのは二〇一〇年一〇月である。北部スーダン、エジプト、ウガンダ、ケニアにいる難民、国内避難民一五〇万人の帰還を目指しているという。

基本的にプロジェクトの運営はＳＳＲＲＣが担い、国連機関は帰還用の交通費を支援し、帰還の実態調査や、帰還後の食糧支援を行う。

ＳＳＲＲＣは難民、避難民の帰還先となる南部スーダンの各州、郡に復興事務所（Rehabilitation Office）、および避難民、難民の多い地域に帰還事務所（Repatriation Office）を持っている。まず、帰還事務所が担当地域の帰還希望者を募り、登録する。そしてその登録者数、帰還地域に合わせて交通手段を用意する。交通手段が用意できた時点で、帰還希望者に帰還日時を伝えるという仕組みである。帰還者が南部スーダンの各州、もしくは郡に帰還した後、ＵＮＨＣＲおよびＷＦＰによって、三か月分の食料が配布される。生活再建支援金や、帰還後の住居提供などはしていない。もし何か問題がある場合は、州、もしくは郡の復興事務所に相談を持ちかけることが出来る。

筆者がＳＳＲＣのニョク委員長とインタビューを行った二〇一〇年一二月の時点で、ハルツームから約六万人、その他の北部スーダン地域から四万八〇〇〇人がＳＳＲＣに帰還登録をしていた。ただし、一つの交通手段で運べる人数は限られるため、帰還プロジェクトが一～二か月で終わるということはない。ニョク委員長は「これは長いプロジェクトになる」と断言していた。どんなに短くても三月まではかかるという。

また、登録対象者は国内避難民と難民であった。基本的に南部出身者を対象とする。ＳＳＲＣの支援対象となる避難民の出身州は、南部一〇州とアビエイであった。これは南部スーダン政府が引いた南北境界線であるということもできる。

ＳＳＲＣの中央エクアトリア州担当官、ミラス氏に国内避難民と難民の定義について聞いたところ、原則宣言の定義通りの答えが返ってきた。だが、これまで見てきたように、避難民とされる人は多様であり、人びとの避難民という自己認識も彼らの状況によって異なる。ではこの避難民に対する登録は移住者地区で実際どのように行われたのか。

帰還希望者の登録は避難民の出身州、そして郡ごとに行われた。つまりカジョケジ郡であれば首長が帰還希望者を募り、名簿に記録し、それを一週間に一回ＳＳＲＣの事務所に報告する(30)。

カジョケジ郡はニェポパヤムにニェポ人、郡境に隣接する民族集団に属する人がいることを除けば、ほとんどクク人で占められる。つまり前の疑問に対する答を先に述べてしまえば、クク人に限れば、この登録は「クク」の登録として行われたのである。

帰還希望者登録の中心的役割を担ったのはクク・コミュニティであった。首長たちはそれぞれの担当地区において積極的に帰還登録者を募った。ときには登録していない家庭、登録したものの帰還を先延ばしにする家庭を訪れて、様子をうかがっていた。S地区ではS地区を担当する首長が二〇一〇年五月に南部へ帰還したという事情から、A教会のレイ・リーダー、トマスが登録者名簿の管理を行っており、登録場所はA教会であった。トマスに登録対象者は誰なのかと聞いたところ、S地区に住むクク人であればだれでもトマスの名簿に登録が可能であるという。「就学のためにハルツームに来た者であってもいいのか？」と質問をしたところ、「構わない。クク人であれば誰でも登録が可能だ」と言っていた。つまり帰還希望者登録の現場では、国際機関による避難民の定義はまったく考慮されなかったということになる。だがクク人であれば誰でも登録することはできたものの、実際このプロジェクトを利用して帰還する者は限定された。提供される飛行機の席数が限られていたため、家族全員で飛行機に乗ることはできなかった。一回につき一家族から二人という割り当てがあり、どの家族の誰を飛行機に乗せるのかは、S地区ではトマスの裁量にゆだねられていた。筆者が知る限りでは、トマスは金銭的理由により自力で南部に向かうことが難しい人を優先的に飛行機に乗せていた。

このプロジェクトの進行状況からも想像できる通り、人びとはそれぞれの事情を抱えながら自分たちの帰還を創っていた。

3　創りだされる帰還

表3を見ていただきたい。

表3　帰還状況一覧

	属性	職業	帰還時期	登録	備考	「帰還」先
アベル家	父	聖公会カジョケジ教区開発担当	2010年8月	無	カジョケジ教区の出資による帰還	カジョケジ
	母	小売業	2010年1月	無	自費帰還	ジュバ
	長女	専業主婦	在ハルツーム	有	結婚した先の家族とともに帰還予定	
	次女	学生	2010年5月	無	自費帰還	ジュバ
	三女	学生	2010年5月	無	自費帰還	ジュバ
	長男	学生	2010年1月	無	自費帰還	カジョケジ
ヨハネ家	父	聖公会司祭	在ハルツーム	有	ハルツームでの仕事を引き継いだ後に帰還予定	
	母	専業主婦	2010年12月	有	プロジェクトによる帰還	ジュバ
	長女	不明	2010年12月	有	プロジェクトによる帰還	ジュバ
エステル家	母	小売業	在ハルツーム	不明	高校の年度末を待って帰還予定	
	長男	学生	在ハルツーム	不明	大学が修了するまでハルツームに滞在予定	
	長女	学生	在ハルツーム	不明	高校の年度末を待って帰還予定	
	次女	学生	在ハルツーム	不明	高校の年度末を待って帰還予定	
	二男	学生	在ハルツーム	不明	高校の年度末を待って帰還予定	

これは二〇一一年一月二〇日時点でのクク人三家族の「帰還」の状況である。

一見して、帰還時期、プロジェクト利用の有無などから彼らの帰還の多様さが見てとれるだろう。まず、帰還支援プロジェクトがはじまる二〇一〇年の八月までにほとんどの家族が帰還したアベル一家は、当然のことながらプロジェクトとは無関係である。彼らは自身の勤め先の支援や、自費で南部に向かっている。全員が航空機で帰還したため、家財道具は一月の時点ではハルツームに置いたままであった[31]。また、南部に到着後は父親と長男はカジョケジに、母親と娘たちは仕事、学校の都合からジュバに住んでいる。さらにアチョリ人と結婚した長女は自身の家族と帰還するために、まだハルツームに残っていた。

ヨハネ家は妻と娘、そしてその子どもはプロジェクトが提供した航空機に乗って、二〇一〇年一二月、ジュバに向かった。一月の時点ではジュバの母親の兄弟の家に間借りして住んでいる。だが聖公会司祭であり、S地区の教会、およびハルツームにあるクク人が運営する開発組織の責任者である父親は、仕事の引き継ぎのためにハルツームに残っている。一月に一旦ジュバに行き、家族の住む家を手配したいと言っていた。引き継ぎが終わった後に、船に家財道具を積んで南部に向かうという。帰還後はジュバで同じ開発組織の仕事に従事する予定である。

エステル家は母子家庭[32]である。名簿に登録をしたかどうかは定かではない。少なくとも二〇一一年一月の時点では南部に向かった者は誰もいないため、プロジェクトを利用してはいない。母親は帰還する意思はあるが、子どもの学年末試験が終わるまで帰還を待つつもりである。また、長男は大学が修了するまでハルツームに残ることが決定していた。家族Gの母親は現在ジュバに家を所持しており、これまでそれを貸し出していた。この賃貸契約を三月で打ち切り、そこに自分たちが住む予定であるという。

このように彼らの帰還の状況を見ていくと、彼らは必ずしもプロジェクトに頼り切って帰還したわけではないことが分かるだろう。また自身の南部に移った後の仕事や住む場所、子どもたちの教育についても考慮する必要があった。帰還支援プロジェクトは、帰還後の住居手配は行っていない。またハルツームから中央エクアトリア州へ帰還しようとする家族のほとんどがジュバで生活することを希望している一方、ジュバはすでに帰還民の受け入れ可能人数の限界を越えており、土地問題がおこっていたし、水、ごみ処理といったインフラ整備もままならない状況であった[33]。このような状況を背景にしながら、人びとは帰還準備をそれぞれで進めていた。家族の一部はプロジェクトによって帰還するものの、仕事や学校の都合、また家財道具の運搬の都合から誰かはハルツームに残り、家の後始末をしてから、家財道具とともに船に乗ってナイル川経由で南部に向かう。このような状況はこの時期どこの家庭でもあった。

つまり、帰還支援プロジェクトが南部に行くことをためらう人に対して絶大なる効果をもたらしたのは、経済的な理由からだけではないということができる。ではこれまでためらってきた人びとは、なぜ帰還をはじめたのか。エステルの事例をもとに考えてみたい。

一二月初旬。エステルの店でいつものように世間話をしているときだった。息子の学費が高い、とさんざん嘆いたエステルは突然声をひそめて聞いてきた。

「あんたは統一がいいと思うかい？　それとも分離？」

もちろん、一月に差し迫った住民投票に関してである。この質問は、この時期移住者地区ではかなりセンシティブなものになっていた。筆者も思わず声が小さくなる。

「うーん、統一もいいと思うけどねぇ……」

「うん、統一もいいんだよ。もし分離になったらそれもいいさ」

なるほど。ふとここで筆者はエステルにこの質問をする気になった。

「ハルツームの生活はどう？」

「ハルツームの生活はいいさ。だろ？」

どう答えたものかと言葉を濁した筆者にエステルはたたみかけるように言った。

「南部に行っても仕事もない。学校もどうなるかわからない。それでどうしろっていうのさ、まったく。帰れって言われてもね」

だがそれでもこのときエステルは翌年三月にはジュバに行くと言っていた。

この後、ハルツームからの南部人の帰還はさらに加速していった。

エステルの家では、娘が電話で知り合いの帰還状況を確かめ、エステルに報告していた。ククの帰還登録を担当していたA教会の情報担当トマスは、しばしばエステル家を訪れ、状況をうかがっていた。また近所に住む人が別れのあいさつに次々に来ていた。

一月に南部での調査を終え、S地区を訪れると明らかに人がいなくなっていた。教会はこれまでになく閑散としていて、知っていた家の多くが空き家になっていた。

久しぶりに会った筆者にエステルは言い放った。

「ユウコ、私は二月に南部に行くよ」

「はあ? あなた三月に行くって言ってなかった? ジョイのテストはどうするのさ?」

「キャンセルだよ、キャンセル。みんないなくなって、どうやって暮らしていくんだい」

近所に住む人と往来を繰り返し、おしゃべりを楽しむことは、ハルツームにおける重要な娯楽の一つであるとともに、様々な情報を手に入れ、生活をよりよくする手段でもある。それが出来なくなることは、エステルにとってどれだけの痛手になるのだろうか。これまでハルツームにおいて立場の弱いマイノリティとして暮らしているとはいっても、移住者地区にいる限り彼らはマイノリティではなかった。アラブ人に出会いはするが、移住者地区でともに暮らす人と今日出会ったアラブ人の文句を言えば、気晴らしも出来た。クク・コミュニティは彼女たちを守り、教会を訪れれば、そこにはキリスト者の仲間がいた。エステルの言葉を借りれば、「ハルツームはいいさ」という状況にあった。

だが人びとの帰還が進むにつれて、それが不可能になってきたのである。彼女が予定を早めて二月に帰ると言った背景はここにある。だがこのとき彼女の娘、ジョイが南部で中等学校の学年末試験を受けることが出来るのかどうかが明らかではなかった。試験を受けることができなければ、ジョイは南部でもう一度同じ学年の授業を受ける必要がある。子どもたちの教育に力を入れてきたエステルにとって、娘の教育の進展が遅れるという状況もつらいものであった。

金銭的事情にはそこまで大きな影響を与えなかった帰還支援プロジェクトが、移住者地区の住人に与えた大きな影響は、ここにあると言っていいだろう。このプロジェクトの進行と、住民投票後のハルツームの状況への不安が、人びとの帰還への決意を促し、次々と知人が帰る状況を目の当たりにした人がまた帰還を決意する、というドミノ倒し的な状況がこのときの移住者地区には出来上がっていた。

４　帰還が問うもの

二〇一〇年一〇月。Ａ教会で、久しぶりにアベルの長女、マリが礼拝に来ているのをみた。先述の通り彼女は二〇〇八年にＳ地区に住むアチョリ人と結婚してアベルの家を出ており、教会と疎遠になっていた。このときアベルと他の家族はすでに南部にいた。

礼拝が終わった後、彼女は「ユウコ、家に行きましょう」と言って当然のようにアベルの家に向かった。「マリ、家はどうしたの？　帰らなくていいの？」と筆者が聞くと、「旦那とけんかして三日前に娘たちと一緒に家を出たのよ。今はお父さんの家にいるの」という答えが返ってきた。

「……ほんと？」

本当だった。彼女はアベルの家に行き、間借りしているヌエル人の家族に挨拶をしながら台所に入った。やおらホドラと呼ばれる野菜を取り出し、お盆の上で刻みはじめた。ほどなくして、アシーダとホドラの煮物、というシンプルな食事が出来上がった。マリは筆者と娘を呼び、ヌエルの子どもたちも呼んでご飯を食べはじめた。

食事を終えた後、筆者はマリに今後どうするつもりなのか聞いてみた。

「婚家に帰るつもりはないよ。私、教会に行って（ククの）帰還者名簿に私と娘の名前を載せてもらったの。娘と一緒に南部に行くよ」

「いつ？」

「わからない。飛行機が出るって決まったらすぐ」

筆者は一〇月初旬に一時帰国をすることになっていた。帰国直前、アベルの家を訪ねた帰り、マリがバス停まで送ると言って財布を片手に立ちあがった。

「今度会うときはジュバだね」

マリがそう言ったのに筆者はうなずいた。

「マリはジュバから来たんでしょう？　ジュバをよく知ってるの？」

「ううん、ジュバからハルツームに来たとき私はまだ小さかったから、ジュバのことはよく知らない」

「でも帰るんだよね」

「うん、お母さんと妹たちのところに帰る」

そう言った彼女とバス停で別れた。

一一月、再びハルツームに舞い戻った筆者はマリの意外な消息を耳にする。カジョケジ教区集会で彼女の父の従姉妹サーラに会ったとき、サーラにマリの様子を聞いた。すると、

「彼女なら、まだＳ地区にいるわよ」

「まだお父さんの家にいるの？」

「いいえ、婚家に戻ったのよ。やっぱりあのままじゃ暮らせないでしょう？　彼女を保護する人がいないんだもの」

「じゃあ、ハルツームに残るの？」

「いいえ、多分彼女の家族[34]と一緒に帰るのよ。彼女にとって、どこから帰るのかはとても重要なことなの。アベルの家からクク人として帰れば、それはアチョリ人の夫との完全な別れを意味するのよ」

筆者はサーラにも南部に行くのかどうかを聞いた。彼女はパイロットだった夫を事故で亡くしており、ハルツームでカトリック系のＮＧＯで働いている。彼女は帰還登録はしたがまだ帰らないという。

「飛行機には乗らないわ。住民投票が終わって、ハルツームに南部人がいることができるのか、様子を見てから帰るかどうか決めようと思っているの。でも私は南部人がここにいるということを証明するために名簿に名前を載せたのよ」


Ｓ地区で夫の家にいるマリに会って確認したところ、やはり彼女は夫の家族とともに南部に向かうと言っていた。マリの帰還をめぐる話を知ることによって、筆者は彼らにとって帰還登録の意味とは単に帰還希望を示すためだけではなく、「何者」として南部スーダンに行くのかを示すという意味もあることだということを知った。

帰還のための交通機関は行き先によって異なる。ジュバ行きの飛行機に乗るのか、それともマラカルに行くためのバスに乗るのか。また、ジュバに着いた後にどこへ向かうのか。彼らは行先を決めねばならない。つまり、この帰還には彼らのその後の人生計画を、南部スーダン政府が問うという意味もあったのである。そうした南部スーダン政府の「圧力」もあり、二〇一〇年一一月から一月にかけて移住者地区から南部人が次々と旅立っていった。だが、その旅立ちを横目にしながらも、自分は南部には行かない、帰らないと言い切る人もいなかったわけではない。

エステルの家によく来るクク人の女性オーリがいた。一週間に二、三回訪れている筆者が三回に一回は必ず会うのだからかなりの頻度で行き来している。よく聞けば、彼女もクク人で、エステルの家の裏に住んでいるという。彼女は南部に行く気はない。

帰還の話をするエステルに向かって、早口のジュバ・アラビア語で「一旦、ジュバに行ったけど帰ってきた。モノは高いし、人は多いし、あんな所じゃ生きていけないよ」とまくし立てていた。

「ご飯を食べにおいでよ」というオーリの誘いにのって彼女の家に行ってみると、ちょうど来客中だったようでかなり高い人口密度になっていた。四畳ほどのスペースにそれぞれ乳飲み子と幼児を抱えた女性が三人、男性が二人。ベッドが二台入っているためかなり狭い。しかもそこで昼食を作っているのである。

男性が一人、筆者に話しかけてきた。彼はオーリの親戚である。

「おれは道路工事の仕事を中国人と一緒にやっている。奴らはアラビア語を全然しゃべらないし、アシーダは食べないけど、おまえは食べるのか？」

筆者は「食べるよ、中国人は中国人同士で暮らすからアラビア語を話す必要があまりないけど、私はアラビア語を話さなきゃならないから話せるようになったんだ」と返事をした。この家でも当然帰還が話題になる。彼は家族に向かって、「物価は高いし、南部に行っても家はないし、行くわけはない。ここなら仕事はあるし、一緒に働いている奴らはいい奴らだし。行ってどうするっていうんだよ」と言っていた。

復興される南部に夢を持ち、帰ろうとする人がいる一方で、ハルツームで自分たちが作り上げた生活に満足し、南部に行くことを拒否する人がいることもまた、紛れもない事実である。だが彼らも帰還に他人事ではいられないことからわかるとおり、南部人なのである。住民投票、そして帰還は、移住者地区に住む人びとを、南部人とその他の人びとに再び分けた。彼らは分離、統一を問う住民投票の結果を固唾を飲んで見守っていた。その結果次第で彼らは自身の人生を再び創りなおさねばならなくなる可能性があった。

5　帰還の背景としてのキリスト教教会

帰還の波が押し寄せ、激動の時代を迎えた移住者地区で、キリスト教教会はどのような役割を担ったのだろうか。もともと教会にはメンバーの身元を保証する義務がある。これはメンバーが別の土地に移動する際、当人が確かにその教会のメンバーであり、キリスト教徒であること、これまでどのような活動をしてきたかについて書かれた書状をメンバーに持たせなければならないということだ。教会司祭はそこに手間を惜しむことはなく、希望者に保証書を渡していた。基本的には教会はいつでも変わらず、メンバーを守る存在としてそこにあった。それは帰還する人に対してであっても、ハルツームに残る人に対してであっても変わらなかった。

帰還支援がはじまり、帰還が本格化した一一月の最終金曜にカジョケジ教区集会が開かれた。インフォメーションはすべて帰還と住民投票に関するものであった。二人の首長が出席しており、帰還登録と住民投票について説明していた。住民投票の登録を怖れる必要はないこと、そしてもし帰還を希望する者がいれば帰還登録をするようにという連絡とその場所の説明だった。つまり、教区集会で帰還が強制されていたわけではない。このような連絡はA教会の主日礼拝でも何度もされていた。そしてハルツームでは住民投票への態度も後述するカジョケジやジュバとは違っていた。教会は、あくまでも住民投票の「平和的な成功」を祈ったのであって分離を祈ったわけではなかった。ここに統一を推進する北部スーダン与党国民会議党（National Congress Party: NCP）のお膝元ハルツームにあるキリスト教教会自身と、教会が守るべきメンバーの立場の危うさを見て取ることができる(35)。

だが、S地区の例に限って見てみれば、首長が先に南部に帰った関係上、A教会の情報担当であるトマスが登録担当となり、教会がククの登録場所になったこと、そして彼が登録をしていない、もしくはしても帰る意思が見えない家を回り、帰還意思を確認していたことから、教会が南部政府の帰還支援の窓口となって、帰還を推進しているように見えたのもまた事実である。だが、教会は時代の動きにただ翻弄されながら必死にメンバーを守るために活動していただけだったともいえる。

写真 10　住民投票ポスター（ジュバ）

教区集会で読まれた聖書の章は、イザヤ書四〇章二節であった。神の怒りをその身に受けた後、イスラエルが神の恵みを受ける、まさにその節である。

エルサレムに優しく語りかけよ。
これに呼びかけよ。
その労苦は終わり、その咎は償われた。
そのすべての罪に引き替え、
二倍のものを主の手から受けたと。

そしてA教会の司祭、ヨハネによる説教ではカジョケジ教区がエルサレムに例えられ、もし、ここにクク人がいなくなっても教区はなくならない、南部で継続されていくのだと語られたのである。これがハルツームで「苦しい避難生活」を送り、南部へと帰りゆくクク人への餞（はなむけ）であり、消えゆくカジョケジ教区ハルツーム支部への挽歌でなくて何であろうか。キリスト教はハルツームを去るクク人たちに苦しみのあとの報いを、不安が残る帰還後の生活への希望を見せたのである。

６　アナの「帰郷」

カジョケジ郡にあるビナイア・ポッゴ・メモリアル・カレッジの寮でアベルはついさっきジュバから着いた娘アナに向かって文句を言った。

「その服は何だ？　もう少し考えなさい。ここはジュバじゃないんだぞ」

黒地にピンクの小花柄が散ったミニスカートを黒のＴシャツで着こなしたアナは一瞬止まり、数秒後、うなずくと着替えるためにもう一度部屋に戻った。

二〇一〇年一二月。筆者はハルツームからジュバに行き、そこでアベルの家族と再会した。アベルは聖公会カジョケジ教区での仕事のためカジョケジに住んでいるが、彼の妻と娘二人はジュバに住んでいた。長男のカインはカジョケジの父の実家に預けられ、そこから学校に通っている。

二〇一〇年のクリスマスに合わせて、筆者は彼の娘、アナとともにカジョケジにやってきた。彼女にとっては二〇〇六年にカジョケジを訪れて以来となる。アナと筆者はロモギにあるカレッジの寮に泊まることになっていたが、この寮には食事をする場所も、台所もない。そのためウドにあるアベルの実家に行き、食事をさせてもらうことになったのである。そのため出かける準備をしたアナにアベルが文句を言ったわけである。

ウドに辿りつくと、アベルのキョウダイの一家が迎えてくれた。大きなマンゴーの木の下で昼食をとった。高地にあるカジョケジでは、日陰にいるだけで十分気持ちいい風を感じることができる。

ここはアベルが五～六歳まで育った場所である。その後内戦が激化し、彼は家族とともにウガンダに逃れた。そしてウガンダで教育を受け、ジュバで仕事をし、ハルツームに逃れた。このように彼が激動の人生を送っていた間カジョケジもまた、内戦に巻き込まれ続けた。ウドも一時期ほとんど人がいなくなったという。人が戻りはじめたのは二〇〇一年ごろ。そして二〇〇五年のCPA締結とともに多くの人が戻ってくるようになったという。

ウドにはトゥクルがいくつも建ち、その周りにはモロコシ、サツマイモ、豆などが植えられている。すぐそばには市場があり、女性たちが茣蓙を広げて収穫物を売買している。この風景だけをみれば内戦の傷跡など全く見えない。だがこの時点でもジュバとカジョケジをつなぐ道路、そしてイエイとカジョケジをつなぐ道路のどちらにも未だに壊れた戦車が放置されたままで、人びとはこともなげにその傍らを通り過ぎていった[36]。

写真 11　2010 年クリスマス（カジョケジ）

カジョケジではバリ語が主要言語として使われる。学校の教授言語は英語であるため、子どもたちはアラビア語より英語の方がよくできる。だが喧嘩をするときも、親におねだりをするときも、基本的にはバリ語を使う。ジュバもまた、ハルツームと様相が異なったが、アラビア語が使え、交通機関の使い方はそんなに変わらないということもあって慣れるのにそんなに時間がかからなかった。だが、ここは全く違う。

あまりに勝手が違うことに筆者も戸惑ったが、アナもまた戸惑っていた。ハルツームに約一三年暮らした彼女はアラビア語ハルツーム方言も、ジュバ・アラビア語も理解する。またバリ語も聞き取りはできる。だが会話能力はあまり高くない。バリ語で話しかける従姉妹たちに戸惑い、カジョケジの学校に通い、バリ語をマスターした弟にアラビア語で助けを求める。差し出された椅子に座ったまま、動かない。ジュバやハルツームでなら彼女は自在に動いていたはずである。充電ができないために乏しくなった携帯電話の電池の残量を気にしながらジュバの友人に電話をかけ、アラビア語で会話をしていた。このような風景に覚えはないだろうか。筆者にはある。埼玉の自宅から福島の母の実家、岩手の父の実家に帰省した際、友達もおらず、親戚の同年代の子とは仲良くできなかったため、あっという間にそこでの生活に飽き、埼玉に戻る日を待ちわびた、あの風景である。

そう、彼女にとってカジョケジへの帰還は、筆者が福島に「帰る」というのと同じような、あくまでも父母の出身地、つまり自身の民族的故郷への帰省という意味での帰郷である。

しかし一日、二日と時間が経つにつれ、彼女もウドでの生活に慣れはじめた。従姉妹とクリスマスのために髪を整え、水を汲みに行き、弟たちとサッカーをする。バリ語での会話もスムーズに行くようになった。そうしてやっと慣れたころ、彼女はジュバに帰らなければならなかった。ジュバに向かうバスの中から名残惜しそうにカジョケジに残る従兄弟に手を振った彼女だったが、携帯電話がつながる場所まで来たときにはもうすでにカジョケジは「過去」だった。

ハルツームで育ち、南部に「帰った」、もしくは移った者にとって故郷、故地とはどのような存在となったのだろうか。かつてアナはカジョケジを「私の故郷」だと言った。それはおそらく南スーダンに帰還した今も変わらない。だがその故郷への思いはカジョケジの現実を知ることによって変化したであろうことが見て取れる。あなたの故郷（英：home、ハル：balad、ＪＡ：beled）はどこですか？　そう聞いたとき、ククの若者の多くはカジョケジだと答えるだろう。だがその故郷への思いは重い軽いも含め、千差万別なのであろう、と想像がつく。このような経験を持つ者を南スーダンは多く抱えることになる。このことは南スーダンに何をもたらすのだろうか。

続く第二部では、帰還を果たした者たちが自身の生きる場を、そして帰郷を創り上げる過程を見ていきたい。

註

（1）実際にはジュバ大学に医学部はある。当時の彼女の認識違いか、もしくはジュバ大よりも設備のいい大学で学ぶ必要がある、ということだろう。
（2）実際にはウガンダで二年間中等教育を受ければ大学受験資格を得ることが出来る。
（3）筆者が見せてもらった医学部の教科書は英語、アラビア語併記であったが、自然科学系の学部も基本的にアラビア語で授業を行うという。
（4）正則アラビア語を示している。基本的にフスハーというときにはクルアーンに使われているアラビア語を示すが、この場合は学校や公共の場で使う標準アラビア語について言及していると考えていいだろう。
（5）五章で示される帰還後のアナの様子からは、彼女にとっての「故郷カジョケジ」がハルツームのものとは変化していく様子がわかるだろう。
（6）英語で尋ねる場合はhome/homeland、アラビア語で尋ねる場合はbeledの意味を訪ねることになる。
（7）翻訳書では家と訳されているが、混乱を避けるためhomeとする。
（8）もちろん、ヌエル語の意味も時代とともに変化している。グラブスカはciengが故郷、もしくは共同体を意味するのと同時に、現代においてはそれが文化の意味を持つことも論じている［Grabska 2014: 11］。ただし、クク語のjurに文化の意味はない。それはkeriであらわされる。
（9）ハルツームではラマダーン明けの日や犠牲祭といった祝日に新しい服を着る習慣がある。
（10）筆者のハルツームでの滞在先は、アラブ・ムスリムの家であった。
（11）参考、Second Meeting of Chiefs, To Follow Up The Reburial of Late Chief Scopas Godi Abina Yengi（ハルツームにおけるクク・コミュニティのミーティング記録。二〇一〇年二月五日）
（12）プラスは「影」をクク語でウレテット（uletet）、もしくはクドゥボ（kududo）と言うとしているが、一九六〇年発行のバリ語の辞書にはこの単語は載っていない。また、ウレテットは創造神をも意味し、［Plas 1910］の中で何度か言及されているが、クク人司祭が書いた『カジョケジのキリスト教史』［Duku 2001］では創造神は「創造の主（monye goweja）」であるとされている。
（13）雨を制御する石。石は雨の首長の父の墓所にあるとされている［Plas 1910: 293］。

(14) [Yunis 1924] にも雨の首長の葬儀についての描写があるが、こちらには埋葬される場所に関する記述はない。

(15) スコパスがどこに葬られたのかは定かではないが、同時期に改葬が行われたビナイア・ポッゴが出身村ではなく、神学校の敷地内に葬られたことからもそれがわかる。

(16) ハルツームで普段着として用いられるワンピース状の衣服。男女共着用するが、男性用ジャラビーヤは、ハルツームでは基本的にムスリムの衣服と見なされている。

(17) 筆者はアラビア語をハルツームで学んできたため、この時点でのジュバ・アラビア語能力は高くなかったが、基本的な会話は可能であった。

(18) 上ナイルや青ナイルといった中部スーダンで話されるアラビア語に関して、詳しい記述的研究はほぼ皆無であるが、ジュバ・アラビア語とハルツーム方言との中間的な変種であると考えられる [cf. 仲尾 二〇一一a、二〇一一b]。実際、このヌエル人の家族が話すアラビア語は、形態的には明らかにハルツーム方言に近かった。

(19) ハルツーム方言であれば二人称女性単数形 inti となる。ジュバ・アラビア語には、基本的に二人称女性形は存在しない。

(20) ハルツーム・バハリにはハルツームにある大学に通う南部人学生用の寮がある。また筆者がインタビューをした若者一二人のうち、二〇〇五年以降に来た者が四人いる。

(21) ボックスカーを使ったタクシー。普通の乗用車より多くの物や人を乗せられるのでハルツームで広く利用されている。

(22) 学生組合の概要に関しては、二〇一〇年九月に行ったクク学生組合議長へのインタビュー、および二〇一〇年一〇月に学生組合の創設者の一人であり、インタビュー当時ジュバ大学教授であったサイモン・モノジャに対して行ったインタビューから情報を得ている。

(23) ハルツームの移住者が話すアラビア語、特に若年層に関してはハルツーム方言ともジュバ・アラビア語とも言い切れない部分がある。彼らはどちらのことばも理解し、相手によって使い分ける。また本人がジュバ・アラビア語を話していると考えている場合でもハルツーム方言の要素が混ざる場合、その逆の場合もある。だが大概ハルツーム方言もしくはジュバ・アラビア語を話せば話は通じる、というのが実情である。

(24) 有効投票一〇六票中、六六票がクク学生協会に入った。

(25) 二〇一〇年一月の時点では、ハルツーム在住南部人の多くは自身がスーダン共和国の国民であるという意識を持っていた。だがそれはハルツームからジュバに行くのにビザ、入国手続きが不要であるといったような便宜的な意味でしかなかった。だが彼らの「スーダン」という枠組みに対する態度は、政治社会的状況によって変化していると考えられる [cf. Abusharaf 2009]。彼らが「スーダン」という枠組みをどのように捉えていったのかについては、新国家の国名に「南スーダン」という名称が選ばれた理由も含め、さらなる調査が必要である。
(26) ピエタはジュバ大学の事務職員である。
(27) いまのところ二〇〇五〜二〇一〇年にハルツームから帰還した人の合計数を示した資料は見つかっていない。IOMによる二〇〇七年二月〜二〇〇九年一二月にかけてのハルツームからの帰還者数は三四五,五七四人である。[IOM 2009: 20]。またIDMCは二〇〇六年の時点では内戦終了後もハルツームに残ることを希望する人が二五％いたことを示している［IDMC 2010: 42］。ここから二〇〇七年当時、ハルツームにおいて帰還が比較的緩やかに進んだことは予想がつく。
(28) 筆者は移住者とのインタビューを行う中で、このような帰還後の不安を口にして、帰還する意思を固められない人に出会っている。
(29) 二〇一〇年一二月、SSRRC委員長、およびSSRRC中央エクアトリア州担当官に対するインタビューによる。
(30) 実際はこの登録者に関する報告は、各地方事務所に報告することになっていた。筆者は二〇一一年一月三日にジュバからハルツームに戻った後、一二日にインタビューを行うために、SSRRCハルツーム帰還事務所を訪れた。だが事務所は住民投票がはじまる前に閉鎖され、職員は南部スーダンに戻っているということであった。
(31) 二〇一一年三月の上旬、父がハルツームを訪れ、家財道具をすべて南部に運んでいる。
(32) 父が不在であることを示すのではなく、母と子のみで生計を立てていることを示す。
(33) 二〇一〇年一二月、SSRRC中央エクアトリア州担当官に対するインタビューによる。
(34) マリの夫の家族のことを示している。
(35) 実際、ハルツームにおける住民投票の投票率は低く、投票結果も分離が圧倒的であった南部のものとは異なり、分離、統一がほぼ半々であった。
(36) 二〇一〇年一二月時点。二〇一一年以降徐々に撤去されていた。

●第二部　創られる帰郷と場所

第四章　ジュバのクク人——差異と都市を生きる人びと

一　「都市」ジュバ到着と定着の過程

1　ジュバ到着

さて、ハルツームから慌ただしくジュバへと帰還していった人びとは、どのように生活を再建していったのだろうか。アベルの三女セツは帰還の日をこう語る。彼女たちがハルツームを後にしたのは二〇一〇年の五月だった。

「私たちは朝の飛行機に乗ったの。そうしたらジュバは雨で、まだジュバの空港は舗装されてなかったから、着陸する場所がぬかるんでいて、すぐに着陸できなかった。飛行機は空港の周りを何度か旋回して、そしてやっと着陸したのよ。これが私たちの帰郷よ」

ある程度の開発が進んだハルツームで育った者にとって、二〇〇七年まで舗装された道路が五〇メートル分しかなかったといわれるジュバは、完全な田舎であった。それは、筆者の体験からもうなずける。

筆者がはじめてハルツームからジュバに飛んだのは南スーダンが独立する前の二〇一〇年三月である。物価が高い、埃っぽい、マラリアや腸チフスが蔓延しているというジュバを訪問しようとするときに、筆者はアベルにジュバに誰か知り合いはいないかと聞いた。そこで彼が紹介してくれたのがノアである。ジュバのムヌキパヤムに妻と末娘とともに暮らしているという。

とるものとりあえず、早朝ハルツームの空港を発った筆者は、一時間半後、あっという間にジュバの空港に着いた。預け荷物はなく、国内便であったためスムーズに空港を出ることができた。空港を出た瞬間、まとわりついてきたのは湿気をともなった重い空気である。乾燥したハルツームとの違いを思い知らされた瞬間だった。

右も左もわからない筆者を迎えに来てくれたノアに従い、おそらく白タクであろう車に乗った。料金交渉のとき、彼が住所を言った瞬間、値段が上がった。ムヌキは道が悪いからタイヤが痛む、というのが運転手の言い分だった。彼は何度も筆者に「本当にホテルじゃなくてウチに泊まるのかい？　大丈夫？」と繰り返した。車は舗装された道を軽やかに走ったが、それは突然終わり、あとは土埃が舞い上る土を踏み固めただけの、さらにはあちこちに大きな穴がある道が続いた。その周囲には鮮やかな色の瓦を葺いた大きな家と、トタン屋根の中くらいの家、そして茅葺きで土壁の丸く小さな家が立ち並ぶ。そして足場がかかった建設中の家もあった。まさに帰還、そして復興ラッシュにあったジュバを、筆者はこのとき体感した。

空港を出て二〇分ほどかかって着いたのがムヌキ・パヤムにあるノアの自宅である。竹の囲いに覆われた広い土地の片隅に、土壁にトタン屋根の家が立つ。家の内部は三つに区切られ、一つは客間、一つは家族の寝室、そしてもう一つが来客、もしくはジュバを訪れた親族用の部屋である。電気もなければ水道もない。電気は特別な夜のみ発電機を使っておこす。水は水売りが来たときにまとめて買う。四〇リットルほどのジェリカン一つ分の水が五ＳＤＧ。ハルツームの約二倍である。しかもナイル川の水をくみ上げて持って来られる水は混ざりモノも多く、相当汚れている。

二〇〇七年にハルツームからジュバに移ったという彼らの家はまだ建設途中で、バスルームは竹で柵を作りその中に石を敷き詰めたものだった。

ここで一週間暮らすのか。筆者はひそかにため息をついた。ノアの懸念は当たっていたのかもしれない。さらには三月はジュバの一番暑い時期にあたり、気温は毎日四〇度を越えていた。そして風がなく、一日中暑い日が続く。ハルツームの三月でも十分暑いのに、ここはそれ以上だった。

そして聞きしに勝る物価の高さ(1)。ハルツームで一、もしくは一・五SDGで買えた五〇〇ミリリットルのペットボトルは三SDG。新聞を買えば二SDG。一面の値段を指して一・五SDGって書いてあるじゃない、と文句を言うと、「ジュバにハムスミアはないんだよ！」と言われ、サンドイッチ一つに五SDGと言われたときにはぼられているのかと疑った。ハルツームの一般的なサンドイッチスタンドであれば、どんなに高くても四SDGで買える。しかもたっぷりのパテと野菜、卵焼き入りの贅沢版をだ。実際には一SDGあれば豆のコロッケのタアミーヤと野菜入りの美味しいサンドイッチが買え、おなか一杯になる。五SDG払って渡されたサンドイッチはバンズも小さく、肉はほんのちょっぴりだった。ノアに案内してもらってジュバの街をめぐれば、たった一〇分足らずしか乗らないのに、乗合バスに一SDG取られる。一〇SDGあれば余裕で一日過ごせたハルツームとは大違いである。

写真 12　ムヌキ（ジュバ）

一九三〇年代から南部スーダンの中心的都市となっていたジュバであるが、CPA締結以降の急激な人口増加に対応しきれず、また、南スーダンの各地域を結ぶ道路も全く整備されていないため、食料や日用品は輸入に頼っていた。そのため物価は上がる一方であった。そして氷やアイスクリームといった、ハルツームで当たり前に手に入っていたものがジュバにはない[2]。アベルの次女アナはハルツームで氷を食べるのが好きだったが、ジュバに来た当初、それが出来ずに文句を言っていたという。

高くて不便。ジュバの印象を簡単にまとめてしまえばそういうことになる。だがここが彼らにとっての新天地である。彼らも、そして筆者もそれに慣れなければならなかった。そしてこの土地を「私たちの場所」にしなければならなかったのである。

２　再形成される日常

さて、ハルツームを発ってジュバに辿りついた人びとはどのようにしてジュバでの日常を手に入れていったのであろうか。ここではエルザ、エステル、そしてノア家の三家族の事例を見てみよう[3]。

◇エルザ家

エルザ家はハルツームのＳ地区ではＮＧＯや国際機関での短期の事務を繰り返していたエルザとその長男、長女、二男の三人で暮らしていた。エルザとその夫トマスはハルツームにいたときから別居状態にあった。エルザは子どもたちを先にジュバに送り、兄と母が住む家に滞在させた。その後ハルツームの家を片づけ、二〇一一年三月末に自分もジュバに帰還した。帰還後、ムヌキにあった兄の家のすぐそばに家を借りた。一か月三〇〇ポンドである。そして兄の援助を受けつつ、仕事を探しているがなかなか見つからないうえに、二〇一一年一〇月の時点ではジュバ大学の閉鎖によって子どもたちも就学先を失っている状態であった。エルザにとってこのジュバでの生活の苦しさは誤算であった。彼女はハルツームの便利さを事あるごとになつかしみ、付き合う友人もハルツーム時代の教会ネットワークを通じた人が多かった。

◇エステル家

エステル家はエステルと子どもたちと息子の妻と孫とで二〇一一年四月にハルツームから帰還した。ハルツームに来る前からジュバに住んでいたエステルはムヌキに土地と家を持っており、それを人に貸していたが、帰還に当たってそこの賃貸契約を終了し、自分が住むことにした。帰還後、カジョケジから手伝いができる親戚を呼び寄せ、自分の家の前に竹で囲った小さな食堂を出した。そして食堂経営とともにジュバ市内の廃鉄を買い取り、収集し、ウガンダの業者に月一回売っている。彼女いわく、ジュバの物価は高いが、それならば売る自分も高く売れば問題ないと言い、ジュバでの生活に不満はないようである。また、ハルツームでは違法のアルコールを売らねば生活して行けなかったがジュバではお茶を売れば生きていけるのでジュバの方が暮らしやすいとも言っていた。

◇ノア家

ノアは一九六七年生まれで南スーダン政府の省庁の一つに勤めている。その妻エミは看護婦としてジュバで一番大きな病院に勤めている。ノアとその妻はともに一九九〇年代にハルツームに移り住んでおり、ハルツームで結婚している。彼らの間には長男、次男、長女の三人の子どもがいる。

彼らは二〇〇七年にハルツームからジュバに帰還した。その理由はその頃エミは看護婦になるための学校を終え、資格を取るために実習をしなければならず、ノアは仕事が見つかっていなかった。ハルツームで実習ができるところが見つからなかったため、いっそ南部に帰った方がいいだろうと判断し、帰還を決意したという。帰還後ははじめ月二〇〇ポンドの部屋を借りて家族で暮らしたが、ノアに仕事が見つかり、エミも実習を終えて晴れて看護婦の資格を得ることができたため、土地を買って今の家を建てた。

帰還後のジュバにおける彼らの生活再建への道は三者三様である。うまくいった人もいれば、うまくいかなかった人もいる。これは彼らを取り巻く状況にも左右されることであり、努力だけでどうにかなるものでもないのかもしれない。だが物価が高く、暮らしていけるか危惧されていたジュバで彼らはそれなりに生きていくすべを見出していたと言える。

では、ジュバでの生活は人びとに何をもたらしたのだろうか。それを筆者のジュバの居候先、ノア家を事例に見ていきたい。

３　ノア家の住人構成変化の過程

筆者はノアの家をジュバでの滞在先とし、数か月に一度は訪れるようになる。この訪問のたびにノア家の住人構成は変わった。

二〇一〇年三月に最初に訪れたとき、家にいたのはノアとエミ、そして彼らの末娘ベスだけだった。長男、二男はカンパラで教育を受けていたため不在であった。ところが二〇一〇年一二月に訪れたとき、家は増築され、人が一気に増えていた。クリスマス時期であったため長男、二男が帰国しており、さらにノアの兄弟の娘であるケンニとマリアが滞在していた。ケンニはカンパラで教育を受けていて、クリスマスを過ごすために帰国しており、マリアはその年の一〇月にハルツームから帰還したという。そして南スーダンでの長期調査のためにジュバ

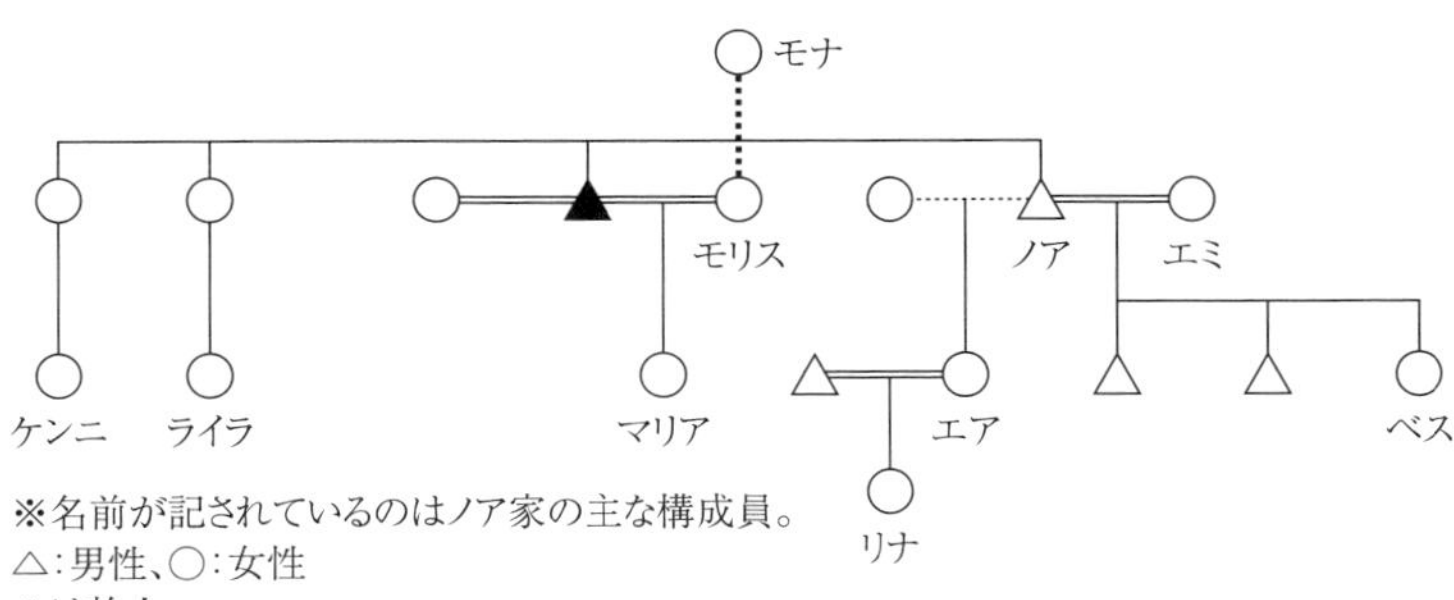

図2　ノア家 家系図（筆者作成）

入りした二〇一一年九月には、カンパラで教育を受けている子どもたちはおらず、ノアとエミとベス、そしてマリアとノアの姉の娘で、アジュマニから来たライラ、ノアの結婚前に生まれ、ウガンダとカジョケジで長く過ごし、結婚してジュバに移り住んだエアとその娘リナ、カンパラで大学教育を受けているノアの弟が住んでいた。さらに筆者が滞在中の一〇月にハルツームからマリアの母モリスが帰還し、ノアの家に住んでいた。

筆者は二〇一一年一〇月末にカジョケジに行き、二〇一二年一月にハルツームに旅立つためにジュバに一時滞在した。そのときノアの家にいたのはノア、エミ、ベス、ケンニ、マリア、モリス、エア、リナ、そしてモリスの親戚にあたり、ハルツームに一九五〇年代から住んでいたというモナであった。ハルツームとウガンダでの調査を終え、イースターに南スーダンに戻って来たときにはベスも教育のためにウガンダに旅立っており、ノア、エミ、マリア、ケンニ、モリス、エア、リナ、モナ、そしてその年に生まれたというエアの息子がいた。そして大学内の民族間紛争で閉鎖され、全く再開される気配がなかったジュバ大学への入学をあきらめたマリアも筆者がジュバからカジョケジに発ったあとすぐにウガンダに旅立つことになっていた。そしてその年の六月、調査のためにカジョケジからジュバに来たときにはノア、エミ、モリス、エア、リナ、モナ、エアの息子がいた。二〇一三年二月にＳＲＭのコンベンションに参加するための短期調査で訪れたときの住人構成

表４　時期別ノア家構成員
主なメンバーのみを抽出。この内モリスに関してはマディ人であるためハルツーム、ジュバ以外に滞在地があるはずだが、そのデータがないため未記入。

	在住経験のある土地	2010.3	2010.12	2011.9	2012.1	2012.4	2012.6	2013.2
ノア	カジョケジ、ハルツーム	○	○	○	○	○	○	○
エミ	カジョケジ、ハルツーム	○	○	○	○	○	○	○
ベス	ハルツーム	○	○	○	○			
エア	カジョケジ、ブゲレレ		○		○	○	○	○
リナ	ジュバ生まれ		○		○	○	○	○
モリス	ハルツーム			△（10月～）	○	○	○	○
マリア	ハルツーム		○	○	○	○		○
ケンニ	カジョケジ、カンパラ		○		○	○		
ライラ	アジュマニ			○				
モナ	ハルツーム				○	○	○	○

は筆者が二〇一二年八月に帰国したときと変わらなかったが、モリスはジュバの郊外のグレイに家を入手し、そこに移り住む準備をしているところだった。

多少の煩雑さを承知しながらも、ここで記述してきたのは比較的長期間ノアの家に住んでいた人物のみである。彼ら以外にもカジョケジ、そしてウガンダから彼らの親戚が頻繁に訪れ、一週間ほど滞在していくのは珍しくないことであった。

さらにこの家族の構成を見てみれば、一つの家に異なる移住、避難の経験を持つ者同士が住み、生活していることがわかるだろう。このようなノア家の事例はジュバにおいてはことさら珍しいものではない。ジュバの地価、家賃の高騰もあって、帰還してきた人びとはまず、親戚の家に身を寄せることが多い。そのため一つの家に数家族が同居することも珍しくないのである。また、早くに亡くなったノアの兄の妻と娘であるモリスとマリアがノア家で生活を送り、マリアやハルツームに残る彼女の兄の学費もノアが支援することからもわかるように、クク人は自分の兄弟の息子娘、つまり甥姪の養育にも責任を負う。このような事情からジュバの一軒の家に、様々な避難・移住経験を持つ者が集まるのはごく自然のことなのである。そして彼らはジュバでの生活を送る中で差異を見出す。そして自分たちが避難、移住の地で紡いできた歴史に意味を見出すことになる。それはハルツーム在住経験者も例外ではない。

◇モリスの帰還

二〇一一年一〇月半ばのことである。外出先からノア家に戻ってくると、マンゴーの幼木でできた小さな影の部分に莫蓙を敷いて、一人の女性が横になっていた。ジュバでの調査をはじめてから約一か月ノアの家に住んでいたが全く見覚えのない女性である。だが、これはノアの家では普通のことだった。カジョケジやジュバの各地から親族や知人の訪問が頻繁にあり、大抵の場合、訪問者は家族の一員さながらにくつろいでいる。このときも誰か親族がカジョケジから来たのだろうとしか思わなかった。しかし仕事や学校で出払っていて誰もいない家でこのくつろぎ方はないだろう……と思いながら女性の横を通り過ぎると、寝ていると思っていた女性がむくりと起き上がり、「ああ、あんたを知ってるよ、S地区にいただろう?」と声をかけられた。そして「私はモリス。マリアのお母さんだよ。今日ハルツームからジュバに着いたんだ」と続けた。

ノアの家に住む彼の兄の娘マリアの母だというモリスは、S地区に住んでいたという。しかもアベルの家からそう離れていない場所である。モリスはやがて帰宅したマリアやノア、エミたちと旧知の間柄のように話をしながら食事の準備を手伝っていた。マディ人だがクク人と結婚したためクク語も流ちょうに話す。夜は筆者やマリアが寝ている部屋でともに寝た。

翌日、モリスは六時過ぎにごそごそと起きだし、バケツを持って外に出ていった。シャワーを浴びに行ったのだろう。朝からシャワー? と寝ぼけなまこながら不思議に思っていたら戻ってきた。そしておもむろに着替えをはじめた。ケテンゲで作られたアイロンがかかった上下。明らかに外出用の支度である。ハルツームからジュバに移った翌日に外出? と不思議に思い、「どこに行くの?」と聞くと、「仕事に決まっているよ!」という答えが返ってきて面喰らった。繰り返すがジュバ到着二日目である。「どこで働くの？」とさらに問うと「外務省だよ、お茶を運ぶのさ」と言い、出された紅茶を半分ほど飲んで意気揚々と出かけていった。

日がとっぷり暮れ、そろそろ夕飯だというころにモリスは家に辿りついた。

「迷ったよ！　ジュバの街が変わっててわからなかった！」と門を開けながら嘆いていた。寝室で家用のジャラビーヤに着替えながらもブツブツと文句を言っている。初仕事で緊張したうえに、道に迷うというのは確かに災難かもしれない。しかしジュバの街が変わっていたということは、彼女はジュバに住んでいたということになる。

「いつハルツームに行ったの？　ジュバから行ったの？」と聞くと、「ああ、ムヌキに住んでいたんだよ。この近くさ。でも二〇〇二年に政府がムヌキを接収（gobd）したときに、飛行機に乗って行ったのさ。だから一〇年くらいしかハルツームに住んでいないよ、短い方だよ」という答えが返ってきた。

筆者はのちに彼女が一旦政府と国際機関による帰還支援プロジェクトによって帰還しようとし、家財道具とともに北スーダンにおける南スーダンへの玄関口となるコスティへと向かったものの、船が一向に来ず、あきらめてハルツームへと戻ったのちに飛行機でジュバに来たことを知った。家財道具はすべてコスティに置いたままである。彼女がジュバに持ってきたのは小さい鞄以外には二つの約八〇センチ四方の鞄のみであった。そこに入っていたのはほとんど洋服である。

モリスがジュバに着いて最初の休日となる日曜、彼女は早起きしてシャワーを浴び、とっておきの洋服を着て教会へと出かけて行った。クク人の多くはスーダン聖公会の信徒であるが、マディ人である彼女はカトリック教徒である。[4]そのため彼女は家から歩いて三〇分ほどのところにある聖キジト教会に行っていた。それに対し、他のメンバーはジュバにおけるクク人の教会として有名なゴシェニ教会をはじめとした聖公会の教会で礼拝を受ける。礼拝終了後、家に戻ったノア家の面々がお茶と飲みながらくつろいでいた。

筆者もそこに加わろうとすると、マリアがおもむろに言った。「ユウコ、モリスに英語を教えてあげてよ。英語が出来なきゃ、ジュバではダメなんだって」と言いだした。

この家には主ノア、その妻エミ、そしてウガンダで長く教育を受けてきたケンニという英語を自在に操る人びとがいる。何も貧弱な英語力の筆者にそんなことを言う必要はないだろう……と胡散臭げに見ると、どうやらそれは単に筆者を会話に巻き込む方便であったようである。

「モリス、英語がいるの?」と聞くと彼女は大きくうなずいた。「そうだよ、今、時代は国際化（international）だよ、職場でもみんな英語を話すんだよ！　アラビア語は使えないよ」そして「ハルツームじゃアラビア語でよかったけど、ジュバじゃね……」と続けた。

彼女には娘マリアとハルツームで学業を続けている息子の二人の子どもがいる。二人ともアラビア語で教育を受けており、これはモリスにとってあまり喜ばしくないことのようだった。モリスはケニアで早世したノアの兄の二人の妻のうちの一人である。もう一人の妻はケニアで長く暮らし、同じジュバのリビア市場の近くに息子と娘とともに住んでいる。この二人はケニアで育ったことからもわかるように英語ができる。

前述したようにモリスはハルツームに住んでいるとき、アベルの家から目と鼻の先のところに住んでいた。S地区に住むクク同士なら交流があってもおかしくない。しかし筆者はアベルたち大人同士の付き合いの上でも、子どもたちのネットワークの上でもモリスやマリアと出会っていない。S地区での生活について聞いているときに、そのことに疑問を呈してみると、次のような答えが返ってきた。「ああ、もちろんアベルたちは知ってるよ、エステルの家も知ってる。でもあそこの子どもたちはみんな英語の学校に行ってただろう？　うちはアラビア語の学校だったから。本当は英語の学校にやりたかったけど、お金がなかったんだよ」おそらく、ハルツームのクク・コミュニティにモリス一家があまり関わらなかった理由はそれだけではないだろう。モリスがマディ人でカトリック教徒であることも大きい理由の一つであったに違いない。しかしモリスが真っ先にあげた理由は上述のものであった。ハルツームにいたことのハンデとしての英語能力の低さは、彼女の中で意外に大きい存在のようだった。そしてジュバとハルツームとの違いを痛感させるものでもあったようである。

とはいえモリスはあっという間にジュバに、そしてノア家に馴染んだ。というよりはじめから馴染んでいたというべきか。ジュバ教育病院で看護婦として働くノアの妻エミを手伝い夕食の支度をし、ときに二人で一家の主であるはずのノアをやりこめる。娘マリアの英語の出来なさを嘆き、進路で悩むケンニに声をかけて慰め、筆者のクク語の間違いを直す。はてはノア家の庭を耕し、アラビア語でジルジルと呼ばれるクレソンを栽培しピーナッツペーストのサラダを作って家族に供していた。彼女の父と兄弟は同じムヌキに住んでいる。そのため姻族との付き合いだけではなく、自分の実家との付き合いも密に行っていた。英語は出来なくともハルツーム方言もジュバ・アラビア語もクク語も、当然マディ語も解す彼女にとって、ジュバでコミュニケーションを図ることは容易なことだった。

モリスの帰還とジュバへの定着の過程は、かつて住んでいたジュバへ帰還し、そしてジュバの変化に驚き、ハルツームで過ごした年月の意味を再確認し、かつてともに暮らした、もしくははじめて暮らす親族との生活を築くというハルツーム在住経験者のジュバへの帰還のある種の典型例ともいえる。

だがそれはハルツームでの交友関係をモリスが捨て去ったということにはならない。彼女がジュバに到着して一週間ほどたったころ、筆者はモリスとマリアとともにカスタム市場近くの家を訪ねた。

「久しぶり！　よく来たね！」と迎えてくれたのは背が高い細身の女性である。トタン屋根と土壁の天井が高い家の前にプラスチックのテーブルと椅子が置かれており、筆者たちはそこにいざなわれた。子どもたちが大人に指示されて店に走り、出てくるのはソーダとビスケットである。

モリスと家人であろう大人たちはしきりにハルツームに残っている知り合いの状況に関する情報を交換し合っている。そこに出迎えてくれた女性がビスケットの缶を持って現れた。ふたを開けると中にはぎっしりと写真が入っていた。だいぶ色あせていて年月を経ているのが分かるものもある。そのうちの一枚は幼いころのマリアだった。基礎学校に通っているころだろう、制服を着てポーズをとり、誇らしげに立っている。その写真を囲み、マリアたちは「ハルツームのときのでしょう？　まだハッジ・ユースフにいたころね？」と懐かしげに話をしている。この家族はモリスやマリアがハルツームに住んでいたころから家族ぐるみで付き合ってきた人びとである。マリアは一九九〇年代半ばからハルツームへと移り、彼らの家に滞在していたという。そしてジュバで彼らは再会を喜び、ともに過ごしたハルツームでの暮らしを垣間見せる写真を懐かしそうに眺めていた。

この訪問ののち、この家族のうちの数人がほぼ毎週末モリスのもとを訪れ、ともに過ごすようになった。それだけではない。モリスのもとには毎日誰かしらハルツームに住んでいたころの知り合いが訪れ、おしゃべりを楽しんでいた。彼女たちはアラビア語で会話し、ハルツームでの生活をときになつかしみ、そしてときにハルツームに残る人びとの近況を確かめ合っていた。

二　差異の発見と交差

二〇一二年六月に、ある有名なＳＲＭのメンバーの葬儀がジュバ・タウンに近いマラキアという地区にある聖公会教会で行われた。この教会はバリ語を礼拝言語とし、ＳＲＭのメンバーが多く参加している。実は弔われる死者はハルツームで一九九〇年代に亡くなっており、埋葬はすでに終わっていた。人びと彼女を偲ぶために集まったのである。ジュバでこのような礼拝集会的な「葬儀」が行われることは珍しくない。ＳＲＭハルツーム支部建設の立役者であった彼女の葬儀であったがゆえに集まった人も多くがハルツーム帰り、そしてＳＲＭのメンバーであり、さらに参加者の多くがポジュルとクク人であった。彼らはウガンダ帰りの人との生活習慣やことばの違いを話題にしながら葬儀で供する食事を準備し、再会を喜び、ジュバ・アラビア語とバリ語の聖歌で夜通し踊り明かし、翌日天幕が張られた会場に集った。葬儀における説教は口語アラビア語でなされ、「南スーダン」が強調され、ハルツーム帰りの人びととジュバに住む人びととの統合が謳われた。

ハルツーム在住経験を持つ人びとと、ジュバ、もしくはウガンダやケニアに住んでいた人との違いは大きいとも言えるし、大した違いはないともいえる。実際、人びとは時と場合によってこの違いを強調することもあれば、違いはないと言いきることもある。だが上述のようなハルツーム在住経験を持つ人びとが集まるイベントや、家庭での日常生活の中でそうした差異が浮き上がることがある。そして人びとはハルツームとウガンダ、そしてポジュルとククといった差異に敏感である。人生の決して短くはない期間を過ごした避難、移住の地での生活の記憶を簡単に捨てることは出来ない。また、だからこそ「統合」が強調されるとも言える。

本節では、ハルツームからジュバへと帰還した人びとが出会う差異との出会いの過程、そして彼らがその差異とどのように向き合って来たのかを描く。

二〇一一年九月からジュバで長期調査を開始した筆者は、ノア家に滞在しながらエステルやアベルの家を訪問し、ゴシェニ教会での活動に参加していた。ノア家はジュバの郊外のムヌキにある。調査でジュバの中心部に出かけて行ったとき、筆者は必ずバスの乗り換え地点となるカスタム市場で二種類の新聞を買っていた。一つは英字新聞、もう一つはアラビア語の新聞である。

二種類の新聞を持って帰宅すると筆者の習慣を知るマリアとライラが待っていて、二人で手を差し出してくる。「これは私の！」とライラが英字新聞を抱き締めれば、「これは私のよ」とアラビア語の新聞をしっかり握ったマリアがにやりと笑う。

モリスの娘マリアは、一九九〇年にジュバで生まれ、一九九〇年代後半にハルツームへと移り住み、二〇一〇年の一〇月までハルツームのS地区に母と兄とともに住んでいた。先述のとおり彼女が住んでいた場所はアベルの家とそう離れていなかった。彼女はハルツームにいるときから筆者を知っていたというが、筆者はハルツームにいるときマリアに会った記憶がない。マリアは英語をほとんど解さない。バリ語に関しても簡単な会話ができる程度である。だが、ハルツーム方言とジュバ・アラビア語はともに堪能である。それに対し従姉妹になるケニヤライラはウガンダで英語による教育を受けている。

マリアは住民投票以降のハルツームの状況悪化を恐れた母の勧めによって、母より早くジュバへと移り住んだ。住んだのは叔父であるノア家である。彼女は女性陣の寝室で筆者、そして母モリスも含めた四人、ときには五人で寝泊まりした。ジュバに来るとき彼女が持ってきたのはビニール製の大きな袋とトランク一つである。その荷物の大半は洋服であった。そしてハルツームから持参した袋とトランクはそのままジュバでの彼女の収納器具となった。つまり彼女はハルツームからジュバに移るにあたって、家具を持参も購入もしていない。ある意味ノアの家は彼女にとって「仮住まい」に近いものであった。

彼女はジュバに移ったのち、アラビア語を教授言語とする学校に転入して通っていた。将来はエンジニアになりたいと言い、理数系のコースに在籍していたが、どうも成績は芳しいものではなかったらしく、しばしばノアが彼女を「お前が勉強しなかったら私はどうすればいい」と叱咤激励していた。ノアの家で彼女は叔母となるエミやウガンダからやってきた従姉妹ケンニやライラたちともうまくやっていた。

しかしマリアを家族の中で孤立させる要因が一つあった。それは言語である。もちろんノア家のメンバーはほぼ全員ジュバ・アラビア語を話すことができるためコミュニケーションの点でマリアが困ることはない。しかし子どもたちを除けばマリアのみがバリ語と英語を話すことができない。いつもはジュバ・アラビア語とバリ語を取り交ぜて話しているノア家であるが、ジュバ・アラビア語よりバリ語が得意なケンニやライラとノアやエミが学業の話をしようとすると、それはどうしても英語とバリ語での会話になる。そういったとき、彼女は女性用寝室の自分のベッドにもぐりこんでいた。エミはそれに気がつくとケンニ達との話が終わった後、マリアを庭に呼び、自分の娘であるベスを膝に抱きながらジュバ・アラビア語で昔話などを披露していた。

いとこ同士になるマリアとケンニは仲がいい。しっかり者のケンニとちゃっかり者のマリアはウマが合うらしい。二人はうまく家の中の仕事を分担し、ときには筆者に街を案内してくれた。お互いの意思疎通はジュバ・アラビア語で行う。小学校からウガンダで教育を受けているケンニは英語が出来るが、標準アラビア語が出来ず、一方ハルツームで教育を受けてきたマリアは標準アラビア語ができるが英語、バリ語はほとんどできないためである。だがときにお互いの言語知識のなさがからかいの的になる。また、バリ語と英語、そしてガンダ語はできてもジュバに来たばかりでジュバ・アラビア語にまだ慣れていないマリアのちょっとした間違いがやり玉に挙げられることもある。他にも彼らの間にはちょっとした差異がある。

「それじゃ味がないよ！」とキャベツの炒め物を作っていたケンニにマリアが文句を言い、塩が入っている容器を取った。ケンニが止める間もなくかなりの量を鍋の中に投入する。混ぜて味見をし、「うん、おいしくなった」

と得意げに味見のためのキャベツが載ったお玉をケンニに差し出す。それを胡散臭げに眺めたケンニはほんの少し食べ、「しょっぱい……」とつぶやく。

また、朝紅茶を飲むときにもひと悶着ある。家族それぞれ好みの濃さが違う。濃い目が好きなモリスとマリアの「ハルツーム組」に対し、薄めが好みの「ウガンダ、南スーダン組」である。「もう上げていい？」とケンニが紅茶の茶葉が入った茶こしにお湯を注ぎながらマリアに問う。「まだ！　まだだよ！」というマリアに「これじゃ苦いでしょ！」とケンニが意見する。砂糖たっぷり、黒々とした紅茶をおいしそうに飲むマリアに、ほんのちょっぴり茶葉の味を出した上でお湯を注ぐ方法でお茶を入れたカップを手に取り、あり得ないよ……という視線をマリアに送るケンニとの対比はユーモラスですらある。「濃いめがいい？それとも薄め？」とお茶の好みを聞く筆者に対し「濃いめ！」と答えたモリスに、ケンニは「ハルツーム方式（sikata Kartoum）だ」とからかうように声をかけた。

もちろん人の好みが出身地や生活を送った土地に絶対的に左右されるわけではない。ただ、その差が多くの人の目についてしまい、「ハルツームから来たから」、「ウガンダから来たから」と理由づけされてしまうことはよくあることである。そして「ハルツーム方式」、「ウガンダ方式」と名付けられた差異は人びとの間で確固たるものとして定着する。

だが、この差異を彼らは当然のものとして受け入れる。家庭内では北部で暮らしたことが負い目になっているようには見えなかった。北部ハルツームで長く暮らし、その生活が多少なりとも「アラブ化」していたとしても、それは当然のことであり、否定しがたい経験なのである。これはハルツームからの帰還民が多く集まるジュバだからこその人びとの態度であるとも言えるが、各地からの帰還民を迎え入れるとともに、南スーダン各地からの主要出稼ぎ先の一つでもあるジュバの状況が南スーダンの他の土地に生きる人に影響を与えるであろうことは容易に想像がつくだろう。

そしてジュバでハルツーム在住経験者が出会うもっともわかりやすい差異は、おそらく言語である。マリアがノアの家で「孤立」した原因もそこにあった。そしてこの言語という差異は、単なるコミュニケーションの齟齬以上のものを生む。

「スーダン」の公用語はアラビア語と英語であった。その一方、南スーダンの公用語は英語のみである。そしてハルツームで一定期間を過ごした南部人はほぼ全員何らかの種類の口語アラビア語を話し、アラビア文字を読む一方、ケニアやウガンダ、そしてアメリカなどで避難生活を送った人びとは英語を教育言語としている場合が多い。そして内戦時の北部政府によるアラビア語・イスラームの強引な導入は南スーダンの人びとにアラビア語への反発心を植え付けた。その一方、ジュバに住む人の多くは共通語として口語アラビア語を話す。このアラビア語という存在に対する南スーダンの人びとの感情は相当に複雑である。

筆者はウガンダと南スーダンとの国境でジュバ行きのシェアタクシーに乗っているとき、一緒に待っていたある若い女性がタクシーのドライバーに「お前は本当に南スーダン人か？」と確認されたのを見たことがある。はじめ、彼女は流ちょうな英語でジュバまでの運賃を聞き、料金を支払っていた。さらに着ている洋服も生地がしっかりしたものだった。おそらくビザ代を払わずにジュバへ出稼ぎに行くウガンダ人であることを疑われたのだろう。そのドライバーの質問に彼女はアラビア語で「私はジュバのバリだ。首長（sultan）をしている父のもとを訪れるためにジュバに行く」と答えていた。それを横で聞いていたスタッフの一人が「ああ、アラビア語じゃないか、あんたはスーダン人だ」と言い、あっさり疑いは解かれたようだった。つまり、アラビア語を話すことがスーダン人——この場合は当然南スーダン人となる——であることの根拠となっていた。

だが、ときにアラビア語は南スーダン人にとって敵のことばとなる。筆者が二〇一〇年一二月にジュバを訪れたとき、筆者は居候先の家長であるノアからあまりアラビア語を話さないように注意を受けた。なぜなら二〇一一年一月に行われるはずの南北の分離統一を決定する住民投票を控え、人びとが政治に敏感になっていたこと、そしてハルツームでの長期調査経験を持ちジュバでの長期調査前であった当時の筆者のアラビア語はだいぶハルツームのものに近かったためである。ノアは自宅だというのに声をひそめてこう筆者に告げた。「ハルツームから帰ってきた家にハルツームのアラビア語を話す外国人がいると、ハルツーム側のスパイだと思われるかもしれない」。筆者のアラビア語は「ハルツーム」の、つまり敵側のものとみなされたのだった。

だがマリアの事例からもわかるようにハルツームで長く過ごした人、特に幼少期からハルツームに住んでいた人びとはハルツーム方言も理解し、話すことができる。そしてアラビア語で教育を受けた人はアラビア文字の読み書きも出来る。アラビア語が思考の言語となっているのである。このことはことばの問題を単なるコミュニケーションの齟齬というもの以上のことにする。そのことに筆者が気づいたのもノア家でのひとときである。

ある日「人間は、すべてネイションを持つのよ」と、ケンニが言った。彼女はウガンダで教育を受けており、標準アラビア語の知識は持たないが、ジュバ・アラビア語を話すことはできる。このセリフはジュバ・アラビア語で言われたものだがネイションだけは英語の単語使用していた。それに対し、英語を知らないマリアが「ネイションって何?」と筆者に尋ねてきたため、筆者は「ワタンのことよ」と答えた。しかし筆者は後で思い至った。英語のネイションには国家や国民という意味以外に民族という意味もある。一方アラビア語で民族を示すのは多くの場合カウム（qaum）もしくはシャアブ（sha'ab）である。さらには「スーダン」においてククやディンカ、ヌエルといった民族はガビーラ（gabīla）と言われる。ワタンだけではネイションの意味を捉えきることができない。

だがこうした混乱はおそらく筆者だけのものではない。ノアの家の居間でノアとその弟がテレビを見ていたとき、ワタンとしての南スーダンをたたえるジュバ・アラビア語の歌が流れていた。ノアはカジョケジで生まれ、ジュバからハルツームへと移り住んでいる。それに対し弟は長くウガンダに住み、カジョケジに帰還したのちもウガンダの大学のディプロマコースを取っていた。そしてやはり彼もワタンを知らなかった。流れる歌を聴きながら兄にワタンの意味を聞いていた。それに対するノアの答えはやはりネイションだった。だがこのときは南スーダンをワタンとしていたのでおそらくネイションだけでも問題はないだろう。

これらのノア家でのやり取りを通して、筆者はネイションとして理解することとワタンとして理解することによって南スーダンの意味に違いが生じる可能性があることに気がついた。それはすでにコミュニケーションの齟齬の問題を超えている。思考の回路がすでに異なるのである。この違いを南スーダンの人がどう乗り切るのか。それとも差異は差異として留め置かれるのか。筆者が見た限りでは彼らは互いの共通語をうまく使って意志の疎通を図っていたようである。

マリアはジュバでアラビア語を教授言語とする学校に通っていた。学校が休みの日、彼女はあちこちに出かけて行く。彼女の交友範囲は広く、南部で新たに得た友人たちとも楽しげに会話をするが、ハルツームでの友人たちのところにもよく遊びに行った。

ある日マリアがおしゃれをして筆者を連れて出かけたのはジュバの中心部にある、ニョクロン文化センターだった。そこは二〇〇〇年にカクマ難民キャンプで設立され、二〇一〇年にジュバに事務所を設立したオゥイェ・フィルムアンドシアター(5)（Woyee Film & Theater Industry）の事務所が入っていた。中に入ると大きなデスクトップパソコンが並んでおり、さらには小型の持ち運び用のパソコンを抱えて忙しそうに作業をする若者がいる。二〇平米程の狭い部屋にいたのは七～八人。全員中等学校、もしくは大学に通う学生のようである。マリアはそのうちの一人とアラビア語で話しはじめた。だが別の場所では数人が英語で打ち合わせをしている。どうやらマリアはジュバに来てからこのオゥイェ・フィルムアンドシアターのメンバーとなって活動しており、今日はその会合の日だったようである。だが人数がまだ集まっていなかったらしく、そこで筆者はパソコンでオゥイェ・フィルムアンドシアターが作った最初の作品、『ジャミーラ』を観てしばらく時間をつぶすことになった。

数時間後、事務所にいた若者たちが椅子を抱えて外に出て行った。事務所が入っているニョクロン文化センターには広い庭があり、そこにテントが張られ、日を遮っている。学生たちはそこに円を描くように椅子を並べ、座っていった。三〇人ほどの学生が揃ったところでリーダーらしき男性が立ち上がり、今日の議題を流ちょうな英語で述べた。議題はウガンダの映画製作会社との連携について、アフリカ映画祭への参加の可否、そして次の作品を撮るための資金集めについてであった。オゥイェ・フィルムアンドシアターが作る作品は、南スーダンの地方で撮影をするものが多い。必然的に映画作製費用は高くなる。資金集めは彼らにとって重要なことであった。集まった学生たちは一つ一つの議題について盛んに意見を述べていった。議論は基本的に英語で進められたが、マリアも含め、参加した学生の中には明らかに英語がわからない者もいた。そうした者には英語とアラビア語両方わかる者が通訳をしている。意見を述べる者は英語で発言する場合が多かったが、途中でためらいながらアラビア語で話す者も現れはじめた。議長となったリーダーは、ジュバ・アラビア語を話すことはできるものの、あまり得意ではなさそうである。それでも途中でアラビア語を使おうとし、旗という単語がわからず、周りに聞いていた。確かに旗を日常生活で使うことはあまりない。そこにすかさずアラビア語を得意とするものが助け舟を出す。そうした形の議論が四時間近く続けられた。途中で水とソーダ、そしてビスケットが配られ、それを口にしながら若者たちは議論を続けていた。

そうして議論が終了したのちに、彼らは立ち上がり、互いに手をつないで神に会合が無事終わったことに感謝し、シアターの成功を祈った。

「どうか私たちに力をお与えください。私たちは異なる場所からきて、ここに集っています。私たちが無事映画を作ることができますように、そして南スーダンが平和になりますように」

会合の様子、そしてこの祈りの言葉からはハルツームやウガンダ、ケニアといった様々な場所から様々な経験を持ってジュバへと集った若者たちが、その差異と付き合い、一つの作品を創り出そうとする意志を見てとることができる。

そしてまた別の差異も見出される。それは、都市と田舎という土地の「性質」の違いからくる差異である。ある日の夕方、ノア家の庭でエミがゴドラと呼ばれる葉物野菜を取り出し、夕飯の下ごしらえをしようとしていた。筆者はその手元を見ながらエミに何を作るのかと聞いた。エミは「ルパラテよ」と答えた。ククやカクワが作る豆を粉状にして煮るシチューである。豆が収穫される雨期の終わりから乾期によく作られる。家ごとに異なるルパラテがあるといわれ、美味しいルパラテは女性たちのプライドのもととなる。女性たちは客人に「私のルパラテ」を食べさせたがるのである。ちなみに筆者の好物でもあり、カジョケジにいるときに様々なルパラテを食べていた。

買ってきたゴドラを食べるには茎から葉を取らねばならない。筆者もゴドラを取り上げ、葉をちぎりはじめた。「私、ルパラテ好きなんだよね。カジョケジでよく食べたよ。美味しいよね」と話しかけると、エミは葉をちぎる手を休めずに、こう言った。

「でもジュバのルパラテはカジョケジのとは違うのよ。見て、ゴドラはカジョケジでは入れないの。これは都会のルパラテよ」

本章の冒頭でも書いたように、ジュバは一国の首都とは言ってもその発展の度合いはカンパラやハルツームと比べれば微々たるものであった。それでもやはり南スーダンに住む者にとってジュバは都会なのである。そしてジュバのククはカジョケジは田舎であり、ジュバは都会であるという認識を持つ。そして都会はやはり「発展」の象徴である。

ある日、マリアに連れられて出かけたハイ・タラウ[6]にある一軒の家に入ると、若い男性が二人、庭先に出した椅子に座って話をしていた。マリアもよく知っているらしく、二人と親しげに挨拶を交わしながら、提供された椅子に腰を下ろす。ソーダと水がテーブルに乗せられて出された。マリアたちはお互いの近況について話をしていた。よく聞くと全員クク人でハルツームからの帰還民なのだった。一人は二〇〇四年、一人は二〇一〇年の三月に「帰って」来た。それぞれ、二一年、一九年住んでいた。そして一人はハルツーム生まれで、ジュバに戻ったときがはじめての南部体験であったという。

ハルツームでアラビア語による教育を受け、中等学校を終了したという男性は、帰ってきてジュバの市場で小売に従事している。一定程度の教育を受けているにもかかわらず、小売をせざるを得ない状況に不満を覚えている様子だった。筆者に対し、かなり標準アラビア語に近いハルツーム方言を使って話しかけてきた。彼はカジョケジに行ったことがあるという。

「カジョケジはどう?」と筆者はお決まりの質問をしてみた。

「カジョケジの人は真面目だよ。いつも畑で働いてて、ジュバとは違うよ。俺には無理だね」

そこにマリアが口を挟む。

「でもカジョケジではネズミを食べるんでしょう?」

その男性がうなずいた。

「あなたも食べたの?」と聞いてみると、彼は顔をしかめて答えた。

「食べるわけないよ!」

そして彼らは互いが持つハルツームでの知人の消息についての情報を交換し合っていた。誰がハルツームに残っており、誰が「帰って」きたのかを確認していたのである。ここで注目すべきは、彼らが自身の知人、友人がハルツームから南スーダンへ来ることを「帰る（raj'a）」と表現したことである。マリアより長い期間をハルツームで過ごした、そして一人はハルツームで生まれた若者たちが南スーダンへ行くことを「帰る」と語ることは何を示すのか。ハルツームでその人生の大部分を過ごし、これから南スーダンへ来ようとする若者にとって、南スーダンは簡単に「帰る」とは言い難い場所である。そして友人たちの消息を確認し合っていた彼らもそれはよく知っている。これから南スーダンに向かう当人にとってのこの移住の意味は当然わからない。だが彼らは当たり前のように友人たちの南スーダンへの移住を「帰る」と表現した。これは何を意味するのか。それはハルツームから南スーダンへと移り住み、そこでの生活を経ることで、彼らにとって南スーダンは「帰る」場所となっていたということである。だがそれは「帰った」先がジュバだったからこそ、彼らがすんなり「帰った」と言えたという可能性が高いこともわかる。

筆者が南スーダンでの調査をはじめた当初、ハルツームからジュバに「帰ってきた」人びとはジュバでの生活にそれなりになじんでいるように見えた。今となってはそれは帰ってきた先がジュバだったから、という理由もあったように思える。

クク人がハルツームからジュバに移り住むと、カジョケジと接する機会が以前より格段に増える。家にはカジョケジからの親族が頻繁に訪れるし、カジョケジにも行きやすい。だが、そこで彼らは仮にも自分の「故郷」であるはずのカジョケジとの乖離を見出す。農作業を勤勉に行うことに価値を見いだせず、野暮ったいカジョケジの住人にいらだちを隠せない。ジュバはいい。南スーダンの首都であり、ハルツームと違って酒も堂々と飲めるし、暑くない。でもカジョケジには住めない。特に若年層からそう言った意見を聞くことがよくあった。もちろんカジョケジも一枚岩ではなく、都市的要素も少なからずある。(7)だが、長期間のハルツーム滞在を経てから南スーダンに帰還した者にとって、数回訪れただけの、もしくはまだ行ったことがないカジョケジの印象は「単なる田舎」である。もちろん「帰る」先にはなりえない。こうして彼らは、ジュバとカジョケジとの間に差異を見出す。ジュバに馴染んでも、カジョケジとは距離を置き、ジュバでの生活でウガンダや南スーダン在住者との差異を見出した彼らは、帰還後、自分たちのハルツーム在住経験をどのように御していくのだろうか。

三　なつかしきハルツーム？——見出される「ハルツーム」の二重の意味

ハイ・タラウでマリアたちハルツーム帰りの若者たちと話をし、昼食をとったのちに筆者とマリアはその近所にある別の家を訪れた。この家もクク人の家であり、かつハルツームで長く暮らし、マリアやモリスたちとの付き合いがあった家だという。マリアは迎えに出てきた一二、三歳くらいに見える少年に親しげにあいさつし、中庭に張り出されたベランダへと向かった。そこには少年の母親とみられる女性がいた。マリアは彼女にも挨拶をし、近況を尋ねていた。

この女性はハルツームのバハリで長く暮らし、南スーダンに移ったのだという。夫はハルツームに残って仕事を続けている。はじめはカジョケジに住んでいたが、ジュバに人が戻ってきたのを知って、ジュバに移った。だが彼女はジュバでの厳しい暮らしにいささか疲れているようだった。マリアが筆者をハルツームに住んでいたことがあると紹介したこともあってか、彼女はハルツームでの生活を懐かしげに語った。バハリのシャンバートにある家で家政婦をしていたという。

「ハルツームはよかった。仕事があってお金が稼げたし、モノは安いし。ジュバは働くところはないし、モノがみんな高い」

ハルツームで人びとが懐かしげに故郷を語ったのとは真逆である。だが筆者はジュバで、カジョケジで、そしてウガンダでこうした言説を繰り返し聞かされた。これがハルツームを離れて人びとが直面した現実であるともいえる。では、ジュバでハルツームの意味は変わったのだろうか。それとも変わらなかったのだろうか。変わったとしたらそれはどのように変わったのだろうか。

南スーダンでの長期調査を開始してすぐにエステルの家を訪問したとき、孫の誕生日を祝うからいらっしゃいと招待を受けた。教えられた日に行ってみると、広い庭の片隅に天幕が張られ、三〇以上のプラスチックの椅子が並べられていた。早めに到着したため、ベランダでファティーラ[8]を揚げる女性たちのところに案内された。一〇代とみられる女の子が二人、生地をこねてはかたどりをしている。話を聞いてみると二人ともハルツームからの帰還民で、ハルツームではフィッティハーブ[9]に住んでいたという。そこにエステルの娘ジョイとその友人が来た。だがジョイは手伝うそぶりを全く見せず、友人と筆者の手を引いて家の外のレストランに行ってしまった。レストランを切り盛りしているカジョケジから来た親族の女性にジャンジャロをねだり、そのくせアシーダはいやだと近所の男の子を使い走りにしてチャパティを買いに行かせる。チャパティにジャンジャロを乗せてそれを器用に片手ですくいながら、携帯電話を操る。数回のコールで相手は出たようだ。明らかにハルツーム方言に近い話し方から相手がハルツーム在住経験者であることがわかった。近況を報告しあい、彼女は突然「ユウコが来ているのよ」と言いだした。聞いてみれば、電話の相手はハルツームでのジョイの近い友人だった。彼女はまだS地区に残っていた。その電話を終えた後もジョイはひたすらハルツームの友人たちに電話をかけていた。

ポツリ、ポツリとお客が来はじめた。久しぶりに会う人達が来ていた。一人は信仰覚醒者でA教会の設立者の一人であり、レイ・リーダーを長く務めていたトマスである。トマスはエルザの夫でもあるがジュバでもエルザとは別の場所に住んでいる。彼は片手に聖書と祈祷書を持ち、その隣にはカラーを着けたシャツを着た司祭がいた。そしてさらにS地区でアベルの家に住んでいた彼の甥に当たるオケロがいた。大学を無事卒業し、専門を生かして病院で働いているという。

日が落ちて多少涼しくなりはじめたころ、人も続々と集まりはじめた。ジョイは友人とどこかに出かけてしまっている。筆者が知らない顔も多かったが、A教会のかつてのメンバーも五、六人来ていた。そして名前は知らないまでも顔は見たことがある人もいた。そのほとんどがバリ語話者、そしてクク人である。

「元気？」

「今どこに住んでるの？」

「彼女はまだハルツームにいるの？」

会話から、招待客のほとんどがハルツーム在住経験者、特にエステルが住んでいたS地区の住人であった人であることがわかった。

日が落ち切り、人も揃った頃、エステルは三つ揃いのスーツを着た今日の主役である孫を天幕の下に置かれた布張りの椅子に座らせ、客が座った椅子の向かいにテーブルを置き、そこに司祭とトマスが座る。誕生日会がはじまった。司会はトマスである。「ハルツームから帰って来て、みんなそれぞれバラバラに住んでいるけど、今日はみんなで集まることが出来てとてもうれしい」というトマスによる開会の挨拶によって誕生日会は開始された。そして聖歌と祈り、司祭による説教が行われた。司祭による説教は、強い信仰（iiman）を持っていれば、いつでもその人の心の中には喜びがあるものだ、子どもを育てる母親は、子どもにちゃんと神の言葉を教えなければならないというもので、誕生日の説教にふさわしいものだった。この説教の後、トマスによる祈りがあった。そこでも集まることが出来たことに感謝がささげられ、そして「この子どもがハルツームからジュバに来て、無事育ったことに感謝する」という言葉があった。そして主催者であるエステルによる挨拶があった。祈祷書の朗読と、聖歌を除いてほぼジュバ・アラビア語で行われたこの誕生日会の中で彼女の挨拶だけがバリ語だった。彼女は孫が無事誕生日を迎えられたこと、誕生日会を催すことによって神をもてなすことが出来たこと、多くの人がこの場に集まってくれたことを神の恵みとし、神への感謝を述べた。そして全員で聖歌を歌い、用意されたお菓子とお茶、そして食事が出された。人びとは久しぶりに会う人との会話を楽しみ、それぞれの家に帰っていった。

この誕生日会の情景から見えるのは、第一にある程度生活が安定し、ジュバでの生活になじんだ人びとにとって人生の一定期間を過ごしたハルツームでの経験がどのようなものとして存在しているのか、という疑問に対する回答であろう。

エステルはもともとジュバに自分の土地と家を持っていた。地価が高騰するジュバでこれは大変なアドバンテージである。そしてハルツームでも小売をし、うまく稼ぐすべを常に追求していたエステルの生活はジュバに来ても変わることなく、ジュバという環境で暮らせるだけの金をきちんと稼ぎ出していた[10]。さらにはカジョケジから親族を呼び寄せることでハルツームにいたときよりも親族とのつながりを強化していると言える。また、エステルの娘ジョイもジュバでの生活になじみ、不満を持つ様子はない。

その一方、彼らはハルツームでの生活の経験を忘れ去ることはない。ハルツームの友人に電話をかけ、近況を確かめるジョイの様子からはハルツームに少なからぬ名残があることがわかるし、誕生日会を催し、孫の成長を祝ってくれる人として、かつてともにハルツームで暮らした人を招待したエステルにしても、ハルツームでの生活を共有した人たちが再び集まることが出来たことを喜ぶトマスの言葉からもハルツームでの経験を自分たちの未来への糧として肯定的に捉えていることがわかる。彼はクク人としての連帯よりハルツーム帰りとしてのそれを強調していた。そしてそれは今につながるための過去だからこそであろう。

かつてハルツームに住む南部出身者にとって、ハルツームこそは地獄であり、ジュバはいつか帰る夢の天国だった。そして夢の国に無事辿りつき、苦しいながらも「幸せ」だと自分が肯定出来る生活を送る中で、地獄であったはずのハルツームでの経験が姿を変えていったのである。そしてそれは、神によって肯定されているからこそでもあった。

ジュバに帰った人びとの間で「ハルツーム」の意味が少しずつ変容していくことは、簡単に予想されうるものである。唾棄すべきものから肯定的に捉えられるようになる一面もあれば、ハルツームでの経験を心に刻みながらも、それを匂わせず、溶かしてしまう場合もある。

ジュバにおけるクク人の拠点教会、ゴシェニ教会はハルツームから帰還した人にとっても「目標」となる場所である。Ａ教会のかつてのメンバーの中にも帰還後はゴシェニに通う人も少なからず存在する。ある教会のイベントの話し合いの帰り、数人の女性たちと歩いているときに昨年の状況はどうだったのかを聞くと、「私たちは去年ハルツームから戻ってきたからわからない」という返事が返ってきたこともあった。

そして運営に携わる人の中にもハルツーム在住経験を持つ人はいる。会計の一人もハルツーム在住経験者である。カジョケジ教区に勤めるアベルもジュバに来たときには必ずゴシェニに立ち寄り、司祭やＰＣＣのメンバーと会話をしていく。

そしてゴシェニの運営を担うＰＣＣの代表は一九九四年に大学進学のためにハルツームに行き、二〇〇七年にジュバに帰還した人である[11]。彼はハルツームに行く前まではそこまで熱心なキリスト教徒ではなかったという。ハルツームでＳＲＭに出会い、「生まれ変わった」人である。現在ジュバで自動車整備工場を営んでいる。

彼は二〇〇七年に帰還した後すぐにＰＣＣの代表となり、茅葺き屋根の古びた教会を立て直すべく活動をはじめた。礼拝時に集められる通常の寄付は三〇％しか教会に残らない。これでは教会運営で精いっぱいで立て直しなどとてもできない。そこで彼は積極的に寄付を募るとともに、通常の寄付とは別のバスケットを用意し、それを「開発用」バスケットと呼んで、通常の寄付に使われるバスケットと「開発用」バスケットの両方に寄付を入れるよう呼びかけた。彼の作戦は功を奏し、二〇一〇年には赤いトタン屋根の新しい教会が姿を現した。その後も開発用バスケットへの寄付は続き、とうとう二〇一一年に教会は完成した。これまでの狭く、暗い教会に比べ、新しい教会のきれいさ、明るさに人びとは感動し、そしてそれが自分たちの手で成し遂げられてことを誇りに感じていた。それ以外にも教会の敷地の所有権の主張、イベントやカジョケジ教区との連携に際して彼の存在感は圧倒的であった。

二章で論じたとおり、もともとハルツームにいたクク人はほとんどがジュバ在住経験者でもあった。都市はそこに住む人間に近代化するツールをより多く与える。または都市に出て行く人のほとんどが現金収入、もしくは高学歴といった「近代化」を求める人である。単純化のそしりを恐れずに言えば、彼らは近代社会でより「良く」生きるすべをうまく身につけてきた人びとである。彼らが「故国」南スーダンに帰り、自分たちの教会を発展させようと考え、それが結果的にゴシェニの発展につながったことは不思議ではない。そしてハルツームで信仰覚醒したという事実を考えれば、「ハルツームの経験」抜きに今ある彼を語れないことも事実である。

だが筆者が彼にインタビューした際、彼はハルツームでの経験はあまり多く語ろうとせず、単にハルツームで信仰覚醒したというのみだった。それに対し、自分が描くゴシェニの未来像は雄弁に語った。

「ゴシェニをもっと大きくし、トイレを作り、そして教会で働く人にきちんと報酬を支払えるようにすること、病院や学校などの付属施設も作りたい」

だが、こうした「ハルツームの経験」を持つ人が多いにもかかわらず、彼らは過去をあまり語らない。逆に未来を語る。ウガンダで難民経験を持つ人の中にもあまり過去を語りたがらない人はいた。だが、逆に「苦しかった」過去を声高に語り、平和な今の幸せをかみしめる人もいた。だが、「ハルツームの経験」を持つ人のなかで苦しかった過去を自ら語ろうとする人はあまりいない。それは「ハルツーム」という単語が持つ負の意味がウガンダより大きいためであろうと考えられる。それでも人生の少なくない期間を過ごしたハルツームでの過去を、「なかったもの」にするにはその存在はあまりにも大きすぎる。だからこそ、彼らはそれを今の生活に「溶かし」、踏み台にして未来へと目を向けようとしている。それを実現するための媒体の一つがゴシェニというキリスト教教会であった。

四　ジュバのククの誕生

二〇一二年七月。ゴシェニ教会の英語礼拝においてカジョケジ学生組合の結成に関する会合についてのアナウンスがなされた。ハルツームでその結成イベントを見てきていた筆者はなぜジュバでもう一度それをやるのか疑問に思い、教会併設の小学校で行われるというその会合に行ってみることにした。

ウガンダやケニアで教育を受けてきた若者も多く参加する会合とはいえ、基本的に「アフリカン・タイム」で運営されるだろうとタカをくくって告げられた開始時間より一時間遅く行ったのがいけなかったのかどうか。会場となっていた小学校の一教室にのこのこ紛れ込もうとした筆者は教室を埋め尽くし、熱心に議長の話を聞いていた若者たちの視線を一身に浴び、挙句「ここは今ククだけで話し合っている最中なので、参加者からの賛同を得たのちに次回あなたを招待します。なので今回はご遠慮ください」と丁重に追い出された。

その翌週、ゴシェニ教会の設立者であり、ジュバのククの長老でもあるポール司祭の「彼女はクク語を話す。ククの会合に出ることが出来るだろう」という保証を得て正式に招待を受けた筆者は開始時間きっかりに会場に入った。会場はすでに半分ほど埋まり、アイロンが掛かったシャツにパンタロン姿の男子学生や、ワンピース姿の女子学生たちがおしゃべりに興じていた。

ほどなく議長によって開始が宣言された。教室内は五〇人ほどの若者たちがひしめき合う。だが、二〇〇人以上の参加者があったハルツームでの会合よりは規模が小さい。

議長は話し合うべき議題を述べたのちに、まずグループごとにその議題についての意見を出してほしいと言い、グループに分かれるよう指示した。ククにこだわった割には司会の言語は英語である。

「カナポ一、手を挙げて！」という議長のことばにバラバラと手が挙がった。このことばからもわかるように、グループ分けはカジョケジのボマを基準になされた。そしてグループごとの話し合いののち、そこでまとめられた意見をグループのリーダーが全体に伝えた。いくつかあった議題の一つが、学生組合の名称についてである。組合の名称にククを入れるべきかどうかで議論が紛糾した。

「ククの会合なんだから、ククと入れるべきだろう」という意見に、ひとりの男子学生が立ちあがり、ひどく流ちょうな英語、そして時折筆者にはクク語に聞こえることばを交えながら話をはじめた。

「私はククじゃない。ニェポだ。ククはカジョケジに住んでいる人はみんなククだと考えているけど、それは違う。ニェポは自分たちをククだとは思っていない。クリス（議長）、私たちはウガンダの大学でカジョケジ出身のユースがまとまる必要性について話し合っていた。カジョケジ出身者（nutu ti Kajo-keji）の会合だから今日私は来たんだ。ククだから来たわけではない」

後述するが、カジョケジ在住者、もしくはククが一枚岩であるわけではない。特に出身ボマによってカジョケジ内での位置付けは異なる。筆者はそのことをカジョケジでの生活で実感しており、特にカナポ、リレとニェポ、リウォロとの間に溝があることには気が付いていたが、ニェポ出身者が自身をククではないと自称する場面にはこのときはじめて出会った。そしてカジョケジの意味をもう一度考えさせられることになった。

この意見は他の参加者にとっても見逃しがたいものであったようである。最終的に組合の名称にはククではなく、カジョケジが入れられる方向で話が進んでいった。

この会合の様子からは、ククと彼らの故地カジョケジとのつながりの強さが見える。その多くがウガンダ、ケニアでの学生生活の経験を持ち、英語で議事進行を行う若者であり、そしてカジョケジではなくジュバで会合を行っているのにもかかわらず、グループ分けはカジョケジのボマごとになされた。ククであること、そしていずれかのボマの出身者であることが、ジュバにおいてもなお若者たちにとっても重要であることがここからわかる。その意味でカジョケジはまぎれもなくククの故地である。それはジュバがカジョケジに次ぐクク人人口を抱え、その多くが「都市民」となった現在でも変わらない。

だが同時にカジョケジという場所がククと完全にイコールで結ばれるわけではないということがニェポ出身者のことばからわかる。さらにこうした会合の開催の提案がウガンダでなされ、そしてそれがカジョケジではなく、ジュバで行われるということは、カジョケジから移動したクク人、もしくはニェポ人たちが故地としてのカジョケジを移動を経て再確認しているということを示している。

では、ジュバで再び自分たちの生活を築き、カジョケジやハルツームへの視線を新たにしてきたクク人にとって、ジュバとはどのような存在となったのだろうか。それをゴシェニ教会の落成式の様子からみていきたい。

二〇一一年七月六日、南スーダン独立を目前にした日曜、ゴシェニ教会はあふれんばかりのクク人で満席となった。そればかりか教会の外に天幕を張り、その下にも椅子をおく大盛況ぶりである。無理もない、この日は南スーダン独立に先立って行われたゴシェニ教会の落成式であった。落成式は英語、バリ語礼拝合同で行われ、ジュバ教区主教を兼ねるスーダン管区首座主教が祝福の儀式を執り行った。この主教はディンカ人である。そしてジュバ教区の要職についている人、近隣の教会のマザーズ・ユニオンやユースも来賓として招かれていた。さらに他の教会で司牧を行うクク人司祭も出席していた。以下はその内容である(12)。

教会の外には天幕が張られ、教会内も天幕の下の椅子もすべて埋まり、満席状態であった。まず、歌う女性たちを案内役にして主教入場。そのとき歌われる歌はバリ語のものである。出迎えた司祭がジュバ・アラビア語であいさつを行う。その後主教は服を着替えて司祭たちの先導で再入場。そして水と油、そして落成式典に使われる道具すべてに祝福が与えられた。その際、祝福の言葉は英語で述べられた。その後テープカットを行って、教会内部に入り、先ほど祝福された水をまきながら入場。教会内では来賓が席についていた。聖歌隊もこのとき所定の位置についた。そして主教と司祭たちが教会内にあるすべてのものを祝福[13]していった。このときも祝福の言葉はすべて英語である。祝福する場所を移るたびに歌がジュバ・アラビア語で歌われた。そして主教の「奉納する前に全員で歌を主に捧げよ」という言葉があり、電子ピアノのリズムに合わせてバリ語の聖歌が歌われた。

その後クク人来賓からの言葉があった。彼はカジョケジ選出の中央エクアトリア州議員である。普段からゴシェニの礼拝によく参加している人物で、信徒代表といえるだろう。

彼ははじめに主教を筆頭としたスーダン管区から来た来賓に挨拶をし、「私は、今大きな喜びを感じている」と話をはじめた。

「私は今大きな喜びを感じている。なぜなら私はこの教会の完成という神の偉大なる御業を目にしているからだ。それはアディス・アベバ協定が結ばれる前、私がまだ高校生のときに聞いた先代主教の、『今はまだ暗い夜だが、この後に来る世界はいま私たちが見ているものより素晴らしいものになるだろう』という言葉を想起させる。もしこの言葉を信じるならば、ゴシェニの美はこれまでの私たちの国の歴史で最も偉大なるものとなるはずだ。ゴシェニは祝福されている。なぜなら私たちは南部スーダンの人びとが自由の身となるわずか七日前にゴシェニの完成を祝っているのだから。この事実を私たち自身に知らせることができるほど大きな喜びはない。そしてゴシェニが祝福される二つ目の理由は、ゴシェニが建つこの場所だ。ゴシェニはこの新しい国家の権力を発揮する場のちょうど目の前にある。[14]——中略——私たちは困難に立ち向かうときにいつでも『私たちは神の家を完成させたのだ』ということを思い浮かべようではないか」

さらに彼は南スーダンの大統領に言及し、彼を旧約聖書のヨシュアにたとえながら神が南スーダンを祝福していると告げた。聴衆は話の要所要所で拍手をし、賛同の意を評した。

そして次にジュバ教区主教、そして「スーダン」管区大主教であるダニエル・デンからの言葉があった。彼はゴシェニに対し、教会完成への祝いの言葉をはじめに述べた。

「はじめに私はこの小教区にお祝いを述べたい。新カテドラル……いや小教区という意味だが、の成功を心よりお祝いする。――中略――、私たちは協力し合おうではないか。これこそ私たちがより多くの教会を建設する唯一の道なのだ。私たちはこの新しい国を作り上げていくために協力し合おうではないか。南スーダン共和国という国を。世界にはこの国が独立することを喜ばない人びとがいる。彼らに私たちにはできるということを見せようではないか。――中略――私たちは南スーダン人と見なされるようになる。私たちは国民（nation）になるのだ。神よ私たちを祝福して下さい。祈りましょう」

これらの言葉はほぼ英語であった。ところどころでジュバ・アラビア語の通訳が入ったが、バリ語の通訳はなかった。そして主教は教会の外壁にはめ込まれた定礎板の覆いを外した。

この落成式の様子からわかることは、まず「ククの教会」としてはじまったゴシェニ教会がもうすでにジュバの、南スーダンの教会にもなっているということである。落成式にディンカ人のスーダン管区首座主教を呼ぶということは、クク人のことば、バリ語で落成式を行えなくなることを意味する。かつてはバリ語内の差異をも問題にし、クク語で礼拝を行うことを重視してきた人びとが、落成式を英語、ジュバ・アラビア語で進行することに同意した。英語、バリ語礼拝はそれぞれ聖歌隊を持つが、この日は電子ピアノのリズムに合わせて英語礼拝の聖歌隊がリーダーシップを取っていた。バリ語の聖歌も歌われたが、それも太鼓の代わりにピアノの伴奏がついていた。そしてクク人の来賓によってゴシェニという一教会の落成式が、南部スーダンの苦しみと南スーダンの独立と重ねあわされて語られ、主教は南スーダンを作り上げていくための協力をゴシェニのメンバーに求めた。これまで民族の一員として生きてきた南部スーダンの人びとが、南スーダン人という国民になるとクク人の教会としてみなされてきたゴシェニ教会で語るということは、聴衆にククであるよりも南スーダン人であれ、と語りかけていることに等しい。そしてこの話を教会に集まった様々な差異を抱えた人びと――様々な場所から帰り、様々な礼拝のスタイルを保つ人びとは熱狂的に支持したのである。そしてこれはジュバがまぎれもない南スーダンの「首都」として、他の街とは異なる意味を持っていることをも示している。ジュバに住むククの人びとは、ジュバの、そして南スーダンのククであることを自ら認めたのである。

だが一方、人びとはククの故郷がカジョケジであることを忘れたわけではない。落成式後、人びとは教会の外でダンスと歌に興じた。そこではククの踊りが披露され、バリ語とジュバ・アラビア語で進行が行われていた。そして何よりもゴシェニの落成式を執り行うことは、ゴシェニに集う多様な人びとに、ククとして神に感謝するという一体感を感じさせた。そしてククであることと故郷がカジョケジであることとは大きく重なっている。しかし完全に重なっているわけではなく、それはカジョケジに対する人びとの新たな意味付けがなされる可能性をも示していた。

註

(1) 物価はいずれも二〇一〇年当時のものである。
(2) 外国人向けの高級スーパーに行けば手に入ったであろうが、ハルツームのように市場で日常的に売られるということはなかった。
(3) エルザ、エステルのライフヒストリーに関しては二、三章ですでに述べているのでここでは省略する。
(4) 一章で述べたとおり、マディ人の多くはカトリック教徒である。
(5) オゥイエ・フィルムアンドシアターの詳細については以下のホームページを参照のこと。(http://woyeeproduction.webs.com/最終閲覧日：二〇一八年一〇月九日)
(6) ムヌキ・パヤムにある地区の一つ。
(7) これについては次章で詳しく述べる。
(8) 小麦粉で作る揚げ菓子。祝いの席によく出される。
(9) オムドルマンにある地区の名前。避難民キャンプや移住者地区ではないが、南部出身者が多く住む場所であった。
(10) 筆者はエステルの収入が合わせていくらになるのかを聞いていないが、一か月に一回の廃鉄の転売だけで三〇〇ＳＳＰの利益が出ることを聞いている。廃鉄はあくまで副業であり、レストランが主な収入源であることを考えれば、少なくとも一か月六〇〇ＳＳＰ以上の収入があることになる。
(11) 二〇一二年八月、ＰＣＣ代表アレックス・リキ（Alex Liki）とのインタビュー。
(12) 筆者はこの落成式には参加していない。そのためこの部分は落成式の記録ビデオを基に記述している。このビデオは筆者がカジョケジ滞在中、ビナイア・ポッゴ・メモリアル・カレッジで上映されていたのを見て、データの持ち主に頼んで入手したものである。編集者を特定することはできなかった。ビデオは八つのファイルに分けて記録されており、一ファイル約三〇分である。落成式は朝一一時過ぎからはじまり、夕方まで続いたと聞いているので、おそらく三分の一ほどはカットされていると考えられる。
(13) 主教はこれを洗礼（baptism）と言い、また祝福の最中には聖別（consecrate）と言っていた。
(14) ゴシェニ教会は官公庁が集まる地区の向かいにある。

第五章　カジョケジのクク人——故郷とは何か

一　辺境とはどこか

1　ウガンダとジュバの間で

カジョケジの経済的活動の中心地、ウドには郡内で一番大きい市場があり、それを取り囲んで小売店が立ち並ぶ。もちろん、首都ジュバにある市場の規模には遠く及ばず、ウガンダを良く知るクク人たちにとってみれば、「モノが高いカジョケジ」の代名詞的存在であるが、それでも並べられた商品を見てみると、ジュバの市場では見なかったものを見ることもある。

ウドを歩くと、ウガンダのナンバー・プレートを付けたバイクや車をよく見かける。このことについて筆者は一度アベルに尋ねたことがある。

「ウガンダのナンバー・プレートを付けたバイクや車が走っていても問題ないの?」

これについての彼の返答はこうだった。

「問題ない。国境で少しお金を払って許可を得ればいいだけだ」

また、ある司祭は筆者をウドからロモギまでバイクで送ってくれる道すがら、自分の家族がモヨにいることを話してくれた。

「私の家族はまだモヨにいるんだよ。子どもたちはクク語を話すことができない。モヨに行ったら私はマディ語を話すんだ。マディ語は簡単な言葉だよ！　国境を越えるときも私はお金を払う必要がない。一度なんかね、ウガンダとの国境手前でバイクが壊れたから押して国境を越えようとしたら、係員に呼びとめられて、彼のバイクで家まで送ってもらったんだ」

アベルの妻であるサラは夫が住むビナイア・ポッゴ・メモリアル・カレッジの寮でジュバでは見かけない水筒を見つけ、しげしげと手にとって見た。サラは普段ジュバに住んでおり、このときはクリスマスを過ごすためにカジョケジに来ていた。

「いいわね、これ。ジュバにはないのよ」

それに対し、アベルはこう答えた。

「ああ、これはウガンダから来てるからね」

そして彼女はジュバに帰る日、ウドで同じ水筒を買って帰っていった。

アルア・タウンは、交易、移住、そして家族その他の社会的連帯によって田舎との近い関係を築いてきた。そのため、アルアを研究する上で都市と田舎、もしくは伝統と近代とを峻別する見方に賛同することはできない[Leopold 2005: 34]。

カジョケジに近いウガンダ、ウエストナイル地方の歴史的民族誌『ウエストナイルの内で』の著者、マーク・レオポルドはウエストナイルの中心都市アルアをこう説明する。この見方はカジョケジにもそっくり当てはまる。地理的条件、そして南スーダンで二度の、しかも長く続いた内戦を背景とし、カジョケジの人びとがウガンダと深い関係を築いてきたのはこれまで述べてきたとおりである。そのためカジョケジの人びとは自分が属する国である南スーダンの首都ジュバよりカンパラやグルといったウガンダの都市に親近感を持つ場合が多い。ウドからジュバまでは片道八〇SSP（約二四〇〇円）。それに対し、ウドからカンパラまではおよそ四万UGX（約二〇〇〇円）。ビザ代を考えなければカンパラに行く方が安いのである。また筆者がカジョケジに滞在していた二〇一一～一二年の時点において、カジョケジではウガンダの通貨ウガンダ・シリングが当たり前のように流通していた[1]。独立後南スーダン政府の指導によって公的機関における予算編成等には南スーダン・ポンドが使われるようになったが、市場ではまだまだウガンダ・シリングが強かった。そして両替レートもカジョケジではウガンダ・シリングの方が有利であった。それはつまり、カジョケジの住人が南スーダン・ポンドよりウガンダ・シリングを信用しているということになる。

サラが感嘆した水筒のように、売られている商品の多くはウガンダからの輸入品である。二〇〇五年に長く続いた内戦を終え、二〇一一年にやっと首都となったジュバとカンパラ、もしくは北部ウガンダの主要都市の一つグルを比べればその発展の度合いの差は一目瞭然であった。つまり、ウガンダとのつながりが深いカジョケジは、ある意味ジュバより近代化が進んでいたとも言いうる。だがその一方「都市」として、南スーダン内のあらゆる民族集団が住まうジュバにはない「伝統」的料理や在来信仰がある。

２　カジョケジ内の分断

カジョケジ対ジュバ、ウガンダという「都市」と「田舎」を模したような図式がある一方で、カジョケジ内でも差異がみられる。

ハルツームやジュバ、ウガンダにおけるクク人と話していると、カジョケジ＝ククという図式が自明のもののように見える。カジョケジという一単位があるように見えるのである。これはジュバやハルツーム、そしてアジュマニのクク人から見れば間違った見方ではない。だが、カジョケジで生活をしていると、カジョケジ内で人びとが差異の認識を持っていることがわかる。一章で述べたように、二〇一二年の時点でカジョケジにはカナポ一、二、リレ、リウォロ、ニェポという五つのパヤムがあった。カナポ一、二はもともと一つであったが、人口の増加に従って分けられた。このうち、カナポは経済的中心地ウドを持ち、リレには植民地統治時代からのカジョケジ郡における政治の中心地メレがあり、キリスト教教会も多い。つまりカジョケジにおける「都市」である。それに対し、カナポ、リレ出身者にはリウォロ、ニェポパヤムは「辺境」のように見える。実際、道路状況の悪さもあり、カナポ二のウドボマからリウォロの端に行こうと思えば四時間近くかかる場合もある。ウド出身者でリウォロに行ったことがない人も少なくない。また、ニェポパヤムの出身者の中には自分はクク人ではなく、ニェポ人だと主張する人もいることは前章でも確認したとおりである。

ウドにあるC教会で、カナポ出身の司祭は、ウドをはじめとしたカジョケジの都市部と田舎の人を比べ、「彼らはキリスト教を信じずに邪術を信じる」と言っていた。また、リレ出身の女性は、ニェポやリウォロ出身者と自分たちは「違う」と断言した。彼女いわく、カナポ、リレ出身者は似ているけど、ニェポやリウォロの人はどちらかと言えば言動が牧畜民に似ているという。つまり、「文明化」されたカナポ、リレ出身者とそうではないニェポ、リウォロ出身者という認識がカジョケジ、特にカナポ、リレ地域には暗に存在する。これは政治的中心地であるメレと経済的中心地であるウドを持つカナポとリレに住む者が、教育や経済面でニェポとリウォロに先んじる手段をより多く持ちえたことから生じた現象であろうと考えられる。それはキリスト教が導入される過程においても当てはまり、CMSがはじめて入ったキリラも、後に本拠地となったロモギもリレに位置していた。そしてこの差異は、本章の目的であるカジョケジにおける帰還後の人びとの生活を見ていくにあたって重要な背景になる。だが、度重なる移住と避難と帰還、そして婚姻によって、この状況が流動的であるのもまた事実である。例えば、ウドの市場の土地は本来なら一クランの所有地であったが、市場の拡大によって複数クランの共同所有地となり、売買、もしくは貸借が可能になった。そのためウドの市場で働く者の中にはカジョケジの各パヤムから移り住んだ者がいる。リウォロやニェポ出身であってもウガンダでの避難生活の中で信仰覚醒者となり、SRMのリーダーとして活躍する者もいる。大きな枠組みの中で生じた差異をまたぐ者が確かに存在する。

近代化にともなう都市化は、人びとの移動を促し、それは辺境と中心の概念を作りだし、そして変容させてきた。カジョケジの現況はそれを端的に言い表しているとも言える。そしてそれはキリスト教各教派同士、もしくは在来信仰との関係においても例外ではない。というより「宗教」は彼らの差異と統一のありようの表象における一種の道具であった。ウガンダの各地で、そしてハルツームやアメリカやカナダといった避難先での生活を経験し、故郷カジョケジに帰ってきた人びとが紡ぎ出す生活は如何なるものなのだろうか。本章ではそれを見ていきたい。

二　死者の帰郷

二〇一二年六月、アベルの兄の葬儀に出た筆者は、集まった参列者が家の外で寝ようとするのに気がついた。寝るスペースが足りないわけではない。なぜなら結婚式のときも同程度の人数が集まっていたが、そのときには全員屋内に寝るスペースを確保できていた。今回はみな当たり前のように家の外に茣蓙を敷き、寝る準備をしていた。

それを不思議に思った筆者は翌日、友人になぜなのかと尋ねた。信仰覚醒者であり、アジュマニで神学教育を受けた司祭でもある彼女は当たり前のように筆者にこう告げた。

「ああ、それは葬式だからだ。すでに遺体が家の外に出ていったから、死者がさみしくならないようにみんな外で寝る。昔は死んだ人の霊が帰ってきやすいようにと家の入口近くに墓を作った。今では三日間ぐらいしか外で寝ないが、昔は一週間外で寝てたんだよ」

彼らは聖公会司祭のアベルの親族であり、全員がキリスト教徒である。アベルの兄は教会の墓地に埋葬されることが決定しており、寝る前の女性たちの中にはキリスト教信仰覚醒運動の礼拝集会について話す者もいた。だが、彼らは当たり前のように家の外で寝た。若年層の中には屋内で寝る者もいたが、死者が故郷に、家（mede）に帰ってくることに異を唱える者はいなかった。これは死後死者の魂は天国に行くといわれるキリスト教の教義とは異なる解釈である。

二章で雨の首長の改葬について述べたように、クク人には死後身体、魂がともにカジョケジに帰るというキリスト教以前にあった考えに根ざした望みがある。それがキリスト教徒がマジョリティを占めるようになった現代においてかたちを変えつつも存続していることがこの事例からわかる。だがカジョケジでの度重なる戦闘はそれをククに許さなかった。彼らはやむなく死者を避難・移住の地に葬った。そして内戦終結後、人びとはこぞって改葬を行いはじめた。

筆者が知る有名な改葬は、三章で先述した雨の首長のもの、そして現聖公会カジョケジ教区の主教の父であり、ビショップ・ギョウィニ・カレッジの校長を務め、内戦中にジュバで死去したカノン・ビナイア・ポッゴの改葬である。そして二〇一三年一二月、ジュバでは癌によって死去したカジョケジ教区ジュバ支部に長く務めた司祭をカジョケジへと送ったのちに追悼集会が催された。改葬とそうではない葬儀はバリ語、ジュバ・アラビア語双方において区別はされない。バリ語ではピリト・ナ・トワン（pirit na twan）、つまり死の場所、ジュバ・アラビア語ではベガ（bega）という。後述するが、帰還後のクク人にとって葬儀への出席は社会的に重要な義務である。三章で論じたとおり、こうした「葬儀」がカジョケジをククの故郷にしていた。また、改葬ということは、死者を送り出す側と受け入れる側の双方に影響を与えることになる。ここにも改葬を見ていく必要性を見出すことができる。本節では、二〇一二年一月にロモギにある聖公会カジョケジ教区の拠点教会で行われたカジョケジ最初の大執事の追悼集会の様子を事例に改葬が故郷としてのカジョケジの意味を強化している過程について見てみたい。

二〇一一年一二月、エマニュエル教会のバリ語で行われる主日礼拝に参加した筆者は、礼拝の様子がいつもと違うことに気がついた。明らかに参加者が多い。さらにいつもの倍以上のカラーを付けた聖職者がいる。主教はいないようだったが、主教代理の姿は見えた。教会の外を見れば数台の車が止まっている。つまり、車を使うことが出来る人が何人か来ているということになる。

まずはいつもと同じように主日礼拝が行われた。その後、ビナイア・ポッゴ・メモリアル・カレッジの前校長であるカノンが壇上に立った。彼は今日が特別な日、カジョケジ初の大執事となった人の追悼集会であることを告げ、彼の思い出とともに祈ることを聴衆に呼び掛け、追悼される死者であるカノンの教区における業績を紹介し、彼が今神が与えた休息の中にあり、死者が正しい場所にあれば人びとに喜びをもたらすと言った。そして彼が子どもたちのよき保護者であったことを紹介することを通し、家族が一つになる必要性を説き、彼は信仰ゆえに死を迎えたが、いまだにその声は聞こえており、さらに子どもたちはこの地に残り、彼らの行動は死者の遺志を継ぐ者として私たちに語りかけるのだと告げた。

その後、死者をよく知る人びとが次々と壇上に立ち、追悼の言葉を述べていった。そのうちの一人は、この司祭とその妻との思い出を語り、第一次内戦中ゲリラ組織であるアニャアニャの襲撃が来たときも彼がカジョケジに留まってこの場所を守ろうとしたこと、彼の妻は避難先のウガンダで亡くなったが、彼女は亡くなる前に、もし自分が死んだらカジョケジに埋葬してほしいと頼んでいて、その約束が果たされたことは喜ばしいことだと語っていた。

こうしたことばに人びとは同意し、歌と祈りでもって死者を送りだしたのであった。

カレッジの前校長は、死が神の与えた休息であり、その意味で死者がキリスト教信仰の中にあることを示しながらも、死者が「正しい場所」にあることの重要性を説いていた。「正しい場所」がどこかは明示されず、死者の声が今も聞こえると告げられた。死者があるべき「正しい場所」とはどこだろうか。死者の声はどこから聞こえるのだろうか。おそらく彼にとって、そして聴衆にとってもそれは天国ではなかった。それは彼らの魂の帰る場所、カジョケジである。

それを裏付けるのは、死者を回顧することばである。キリスト教司祭であった死者の妻がウガンダで亡くなる前に、自分が死んだらカジョケジに埋葬してほしいと頼んでいたこと、その約束が果たされたことを話者が喜ばしいこととして話すということが意味するのは、カジョケジが、クク人にとって死後「帰る」べき場所、「正しい場所」として見なされていることを示す。

このメモリアル礼拝、ハルツームにおいて雨の首長の改葬への支援が教会を通じて行われたこと、カノン・ビナイア・ポッゴもまた改葬されたことが示すのは、死者の帰るべき場所、ククの故郷がカジョケジであるという見方が強化される過程と背景である。植民地化以降、度重なる移動が繰り返された結果、カジョケジを知らないククも少なくない。カジョケジに親近感を抱けない若者もいることは前章で述べたとおりである。カジョケジがククにとっての帰るべき場所としての意味を失う可能性もあった。また、自分が帰る場所としてカジョケジを眼差すクク人の割合は確かに減少したともいえる。

だが現代カジョケジにおいてキリスト教教会、特に聖公会はある種の権威である。彼らが改葬を認め、カジョケジがククの死者が帰るべき場所として示すことによって、ククの間での「故郷カジョケジ」への認識は強化されていた。では、ハルツームから帰還した生者にとってカジョケジはどのように映ったのだろうか。

三　アベル一家の帰郷

二〇一二年一月、カジョケジの高等教育、そして神学教育の拠点、ビナイア・ポッゴ・メモリアル・カレッジは開発の担い手、リーダーとして教会指導者を育成するプロジェクト、教会と共同体運営プロジェクト（Church & Community Mobilization Project: CCMP）の指導者講習修了を祝う人びとでにぎわっていた。ＥＣＳの司祭たちのみならず、バプテスト派やペンテコステ派、そしてウガンダやジュバからも参加者があった修了式は華やかに執り行われ、会場は人びとの自身の生きる土地を開発する気概にあふれていた。

筆者はジュバへ戻るこの修了式の参加者とともにバスに乗り、ジュバに向かうはずだった。一～三月にかけて南スーダンを一旦出て、ウガンダとハルツームでの調査行う予定だったため、ジュバに向かう必要があったのである。だがバスの始発地点であるウドを出てカレッジが建つロモギにやってきたバスには筆者の席がなかった。予約がうまくいっていなかったようである。仕方なくウドからジュバに向かう別のバスを捕まえることにし、ジュバへ向かう道路でバスを待っていた。筆者が無事バスを捕まえることが出来るのか心配だったらしいアベルは筆者のトランクを持って一緒に道端でバスを待っていてくれた。修了式の様子のことなどを話しながらバスを待っていると、自転車に二人乗りをした五〇～六〇代くらいに見える男女がわきを通りぬけていった。おそらく修了式に出た夫婦だろう。夫は司祭であることを示すカラーを付けており、妻は夫の鞄を抱えて荷台に横座りしていた。二人とも何やら楽しげであった。走り去る自転車を見たアベルは、「修了式に出た夫婦だろう。いいねぇ、老後はあんなふうに過ごせるのがいい」とうらやましげに言った。そのときアベルの妻サラと娘はまだジュバにいた。

「サラはカジョケジに来ないの？」と筆者は聞いた。

「うーん、サラはジュバに住みたいそうだ。家と土地（ジュバの）の問題もあるしね……」といつも論理明快なアベルらしくなく、歯切れが悪い。実は筆者も前年の一二月、サラがジュバに住むことを希望していることを本人から聞いていた。では、アベルがジュバに行くという選択肢はないのか。筆者がそう聞いてみると、アベルはゆっくり首を振った。

「ユウコ、私は都会はもう十分見たんだよ。ウガンダで教育を受け、ジュバで働き、ハルツームに行った。これからはカジョケジで過ごしたいんだ」

カジョケジに生活の基盤を置くことは、様々な場所で生きてきたアベルの「選択」であった。アベルにとってそれは十分に可能なことであった。だが、この彼の選択には否応なしに彼の家族も巻き込まれる。彼の家族にとってこの選択はもろ手を挙げて喜べるものでもなかった。本節では、アベル一家のカジョケジへの帰還が家族の成員それぞれに何をもたらしたのか、そしてそれぞれにとってのカジョケジの、そして故郷の意味を見ていきたい。

1　カジョケジへの帰還概要

ＳＰＬＡの「雷光作戦（Operation Thunderbolt）」によってカジョケジが「解放」されたのは一九九七年である。この「解放」以降人が徐々に戻ってきていた。現在のウドにある聖公会の教会が建つ土地の提供者でもある長老は、教会の歴史を語る中で第二次内戦中一時教会を放棄せざるを得なかったが、一九九七年以降戻ってきた人を中心に再建設を図ったことを述べている。だが、本格的な帰還はＣＰＡ締結以降であった。

ＳＳＲＣのカジョケジ事務所はその前身となった救済復興委員会（Relief Rehabilitation Committee: RRC）の支部として一九九四年に設置され、人びとの帰還と帰還後の生活の支援を行ってきた。

事務所のスタッフによれば、カジョケジへの帰還の波は二回あった。[2] 一回目はＣＰＡ締結以降の二〇〇六年から二〇〇八年である。このときはウガンダ、そしてジュバからの帰還が多かった。特にウガンダ国境に近いリウォロへの帰還は自主的帰還が多く、カナポやリレにはウガンダの難民村から集団帰還した人が戻って来ていたという。そしてニェポにはジュバからの帰還民が多かった。初期の帰還民は水や必要物資の確保などに苦労し、荒れた農地を整備し、最初の収穫物を得るまでに一年かかる上に、食料支援の制度も整っていないために相当苦しんだ。そこから二〇一〇年までは総選挙や住民投票による治安悪化を恐れて帰還者数が減った。そして住民投票が平和裏に終わり、独立が決定した後に二回目の波がきた。このときはハルツームからの帰還民もいたという。だがハルツームからの帰還民はカジョケジの全帰還民のうちの一〇％にも満たない(3)。

ＳＳＲＲＣはクランの首長となる村長にレポート提出を求め、帰還民数を把握している。二〇〇九年からＵＮＨＣＲの支援によって帰還後三か月分の食料が帰還民に配られていたが、帰還民の数に支援が追い付かず、インタビュー時点で一カ月分しか配られていなかった。また住居や農耕のために必要な道具に関しての支援が必要だが、そういった支援は資金難から出来ていない。

２　ホームの多様化――Ｊ村での生活をめぐって

アベルがハルツームからカジョケジへと帰還したのは二〇一〇年八月である。だが、それ以前から彼の家族の帰還は進められていた。まず、二〇〇九年一二月に彼の妻と息子がハルツームを発ち、そして二〇一〇年五月には娘二人がジュバに向かった。アチョリ人と結婚していた長女をハルツームに残し、彼は南部へと帰還したのである。

二〇一〇年三月に筆者がはじめてジュバを訪れたときには彼の息子カインはすでにカジョケジにおり、彼の妻はジュバにいた。そして娘二人はジュバから学校に通うことになっていた。つまり、二〇一〇年にアベルがカジョケジに帰った時点では、ジュバに妻と娘二人、そしてカジョケジに息子がいるという家族が分断されていた状態にあった。筆者にはこれが特殊な状況なのか、それとも普通のことなのかは判断がつきがたい。なぜならジュバにおいても住宅の不足、賃貸料の高騰から家族が親族の家に分かれて住むことは珍しくなく、実際アベルの妻と娘も三人とも異なる場所に住んでいた。だが一方、ジュバとカジョケジに一家族が分かれて住む状況は珍しいといえる。実際、筆者はハルツームから南部に帰った人のなかでカジョケジに戻ったという人を数人しか知らない。それは、カジョケジ郡内の帰還民の避難先を見てもうなずける。「ハルツームの奴は戻ってこない」。あるカジョケジ郡政府の要人がため息をついて言った言葉がそれを物語っていると言っていい。

だが、ハルツームからの帰還民を一方的に責めることはできない。アベルは幸運であったのだ。ハルツームにいるときから聖公会でエンジニアや広報の仕事を請け負っていたアベルはカジョケジ教区のスタッフとして南部に帰還出来たのである。ハルツーム生活経験者がカジョケジに帰ることをためらう理由の一つは、就業先のなさにあった。多くがジュバ生活の経験者で、相当の学歴を持ち、ホワイトカラーであったハルツーム生活経験者たちにとって、現金収入を得ることができるあてがなく、帰っても慣れ親しんできたデスクワークではなく農作業に従事する必要があり、そこから十分な収入が得られる算段も成されなかったカジョケジに帰ることはリスクが高かったのに比べ、彼はカジョケジにあっても、いやむしろカジョケジにいたからこそ家族が暮らせる分の収入を得ることができた。さらに勤勉な彼はビナイア・ポッゴ・メモリアル・カレッジの講師として講義も行い、大学から与えられた農地を耕し、家族を養うために落花生やサツマイモを育てた。

そしてウガンダで教育を受けた彼はウガンダの教育制度を信頼し、自分の出身クランを誇りに思い、カジョケジでの生活を受け入れて、それを息子にも経験させたいと考えていた。またカジョケジの学校の中には南スーダンの教育制度で運営される学校とともに、ウガンダの教育制度によって運営されるいくつかの学校がある。そのため彼は息子をカジョケジに呼び寄せ、自分の実家に住まわせてそこから学校に通わせることにしたのである。

アベルの実家はウドの市場近くの村にある。彼はキニュバクランの一員である。市場の裏手にある教会を通り越し、人の足で踏み固められた細い道を入ると、そこはすでにアベルのクランが持つ土地の一部である。モロコシ、キャッサバ、サツマイモなどが植えられた畑の中にトゥクルが点在し、時折牛やヤギが草を食んでいる姿が見える。目端が利く者なら建設途中の家が目立つことに気がつくだろう。

　多くのカジョケジの村の例にもれず、アベルのクランもまた一つの村を構成している。村の人口は二〇一〇年の時点で約九〇〇人。だが近年の帰還の波の到来によってさらに増えていることが予想される。クランは一つの共同体として葬儀や結婚式を行うが、彼らの関係性には当然のことながら濃淡があり、また彼らが持つネットワークはクラン内だけに留まらない。このＪ村でカインは新たな生活をはじめることになった。

　カインの新生活の舞台は、アベルの末の弟の家であった。アベルの父は二人の妻を持ち、アベルの父と母に当たる女性はすでに他界している。アベルの兄の一人はＳＰＬＡの元兵士であり、長くウドボマの長を務めた人であった。彼の一家はウドの市場のすぐそばに家を持っていた。つまり、アベルの一族はカジョケジにおいてある程度の政治的権力を持っていた。それは彼らの土地がウドの市場というカジョケジの経済的中心地に隣接していることからもわかる。筆者がＪ村に住むようになったときにはアブラハムは病を得て職を退いており、妻や子どもたちが畑を耕して生計を立てていたため、彼らの生活は決して楽なものではなかったが、アベルの親族、兄弟には高い学歴を持ち、ジュバをはじめとした南スーダンの各地、そしてウガンダで、ホワイトカラーの職に就いている者も多い。

　もう一人の妻の息子に当たるのがカインが寄宿することになった家の主人ライである。彼は妻と娘一人、息子を二人持っている。そして彼の家にはカイン以外にアベルとライにとって長兄にあたり、現在ラジャフで暮らすロウの娘も寄宿し、同じ学校に通っていた。

　以下、アベルの一族の簡単な系図を示す。だが、これは完全なものではない。筆者はアベルが何人兄弟を持っているのかを確認することができなかった。だがこの系図を見るだけで、一家族の持つ地域的ネットワークの広

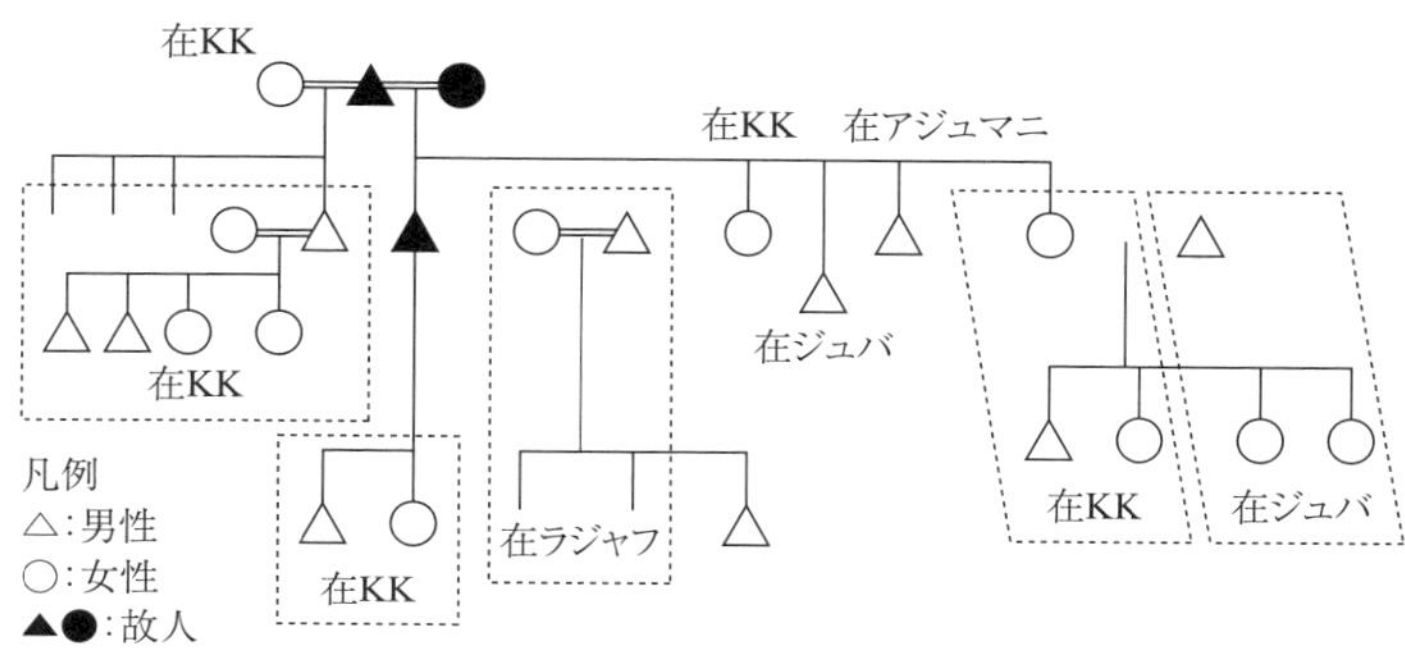

図3　アベル関連系図（2012年6月時点、筆者作成）

さがわかるだろう。これはクク人にとって珍しい事例ではない。誰もがみなこのようなネットワークを持っている。そしてこのネットワークはカジョケジで生きる者にある種の格差を見せつけてしまうことがある。

ライはある日、筆者に自分の人生経験を語った。彼は一九六〇年代後半にカジョケジで生まれている。九歳のときにカトリックの洗礼を受け、初等教育を終え、一九八〇年代半ばに中等学校に進んだ。だが中等学校修了試験を受けようとした一九八七年にカジョケジが戦場になったため、彼はウガンダに逃れた。彼によればウガンダでの生活は苦しかったという。土地を耕しても手に入るのはわずかばかりのお金。生活に追われて学業を続けるのは難しかった。奨学金を得ようと手を尽くしたが、ついに得ることは叶わず、中等学校修了資格を得ることをあきらめ、結婚した。子どもが生まれればさらに生活は厳しくなる。カジョケジに戻った後、彼は家族とともに農作業に従事することになった。だがやはり、子どもたちの修学資金等で現金がいる。それを農作物から得る収入から獲得することは難しい。ウガンダで教育を受けた妻が幼稚園の教師をしているが、そこから得られる収入も微々たるものである。そこにアベルが教区のスタッフとしてカジョケジへと帰還した。アベルはカインをライの家に預ける代わりにライの子どもたちの修学資金の援助を申し出た。それはライにとって願ってもみなかったことだろう。ライは筆者に「アベルが帰ってこなかったら俺はジュバがウガンダに出稼ぎに出ざるを得なかっただろう」と言っていた。そして雨期になれば毎日朝から晩までクワを片手に農作業に励み、新年には新しい茅葺き屋根を葺き、村の取りまとめ役[4]として村長の補佐をし、親族たちが帰ってくるとなればもてなしのために奔走する。

だがそれでも思うように学歴を作ることができなかったこと、そして現金収入のなさはライの人生に影を落としていた。特に結婚式や新年に一族がカジョケジに集まったとき、その「格差」がライの眼前につきつけられる。新しい車でジュバやモヨから来る親族たち。カジョケジの外に住む親族はここぞとばかりに結婚式に援助をする。酒が入ると彼は「あの戦争がなければ、中等学校を終えることができれば人生は変わったかもしれない」と嘆いていた。このライの酒乱癖は次第にひどくなり、特に農作業のない乾期には毎晩飲んでは夜中に千鳥足で大声を出しながら帰ることになった。当然有り金はすべて酒代に費やされる。ライの妻はときには黙って彼の介抱をし、ときには大声をあげて彼を非難していた。

ある日の朝、彼女が少し足を引きずりながら筆者のトゥクルの前に現れた。筆者はライの家で食事の世話を受ける代わりに二週間に一回、約二〇キロのトウモロコシを買う約束をしていた[5]。その日がトウモロコシを買いに行く日であったため彼女が頭陀袋をもって筆者のところに来たわけである。足を引きずる彼女に筆者は何があったのかと聞いた。すると昨晩ライと喧嘩したときに蹴られたためであるという。それでも彼女は村の長老の一人の家に行き、備蓄のトウモロコシを買いたい旨を告げた。家人の一人がトウモロコシを持ってきて頭陀袋へと移している間、彼女は長老に昨日何があったのかを話していた。

カジョケジでの生活は、親族同士を基本とした交流がその基底に置かれている。カレッジの寮があるロモギに生活拠点を置いていたアベルも親族への金銭的支援を怠ることはなく、ときには自身の土地の耕作要員として親族の女性たちをロモギへいざなうこともあった。こうした親族同士のつきあいはときには帰還したての人びとの大きな助けとなる。だが一方、そうした近隣に住む親族同士でのつきあいは、それが濃くなればなるほど互いの生活、自分の手の内を隠すことができない。ライが自分のふがいなさへのうっ憤を酒で紛らわしていることも村の親族の間では有名な話である。彼らは密度の濃いつきあいをしながら互いをよく見ており、村内の自分の位置を確固たるものにしようとしている。

女性たちの視線が他者にどのように向けられているのかを見ることによってそれがよくわかる。クク人は外婚制をとる。つまり、同じクラン出身者同士の婚姻は禁忌である。ということは妻はすべて外部からの他者であり、女性たちの間である種の「嫁評価」が盛んに行われる。誰が畑でよく働き、現金収入を家にもたらし、美味しい食事を作り、子どもたちをよく管理し、一族のために働くのか。カジョケジに住む一家の妻は一族の女性たちからの厳しい目にさらされているのである。これは実はカジョケジに住む人に限ったことではない。ジュバに住んでいても同じような評価は行われる。[6] しかしジュバでは親族同士の交流はカジョケジほど濃くはないため、それほど圧迫感は感じない。しかしカジョケジでのそれは筆者ですら面倒だと思うほどであった。アベルの妻サラは筆者に、「彼女は手間を惜しんで子どもたちに安全な水を飲ませようとしない。料理も手を抜いているから美味しくない。村の行事にも参加しない」とライの妻の文句を盛んに言っていた。確かにライの妻はアベルが購入した井戸水をろ過するための装置を使わず、井戸水をそのまま飲料水としていたし、作った食事は時々塩が濃すぎたり、入れるべき調味料が入っていないこともあった。しかし家事についてともに暮らしているわけではない者からそこまで指摘されるのはライの妻にとって面白いことではなかった。

筆者はJ村のアベルが所有するトゥクルで暮らし、ライの家で食事をとっていたが、気がむけば、もしくは招待されれば村の別の家でお茶を飲んだり、食事を取ることもよくあった。そして村内の噂話に耳を傾けていたのだが、ある日ライの妻は筆者に他の家で食事をとらないでほしいと言った。それは他の家で筆者が自分の評価を聞くのが嫌だったためか、それとも他の家の様子と自分の家の様子とを比べられるのが嫌だったためか、よくわからなかった。

こうした濃密な親族近隣関係が展開されるJ村がカインの新しい生活の場であった。

◇「僕は自分のことばがわからない」――カインの静かなる戦い

カインはアベルの子どもの中で唯一ハルツームで生まれている。育ったのはS地区である。アラビア語を話す姉たちに育てられ、彼はアラビア語を第一言語として育った。筆者は二〇〇七年、彼が男性形と女性形があるバリ語の接頭辞 **na** と **lo** の違いがわからず、父親に聞いていた場面を目にしている。

だが二〇一〇年一二月に彼と再会したとき、筆者の目には彼は完全に「カジョケジッ子」になったように見えた。従兄弟たちとクク語でやり取りをし、喧嘩をする。ガスボンベが容易に手に入ったハルツームとは異なり、たき火で火をおこして料理をする村の料理法に難なくなじみ、手伝いをする。二〇一一年に筆者がカジョケジで暮らしはじめたときも彼はカジョケジ生活の良き教師であった。クク語を教えてくれ、クワの使い方を伝授し、ネズミや白アリを獲って料理をしてみせた。

心配された学業も彼の父アベルが、「はじめはウガンダの教育制度に慣れるのがやっぱりつらそうだった。でもカインは頑張った、今では学年で三番だ」と自慢するまでになっている。

だが、ハルツームからの「孤独」な帰還とウガンダ在住経験者に囲まれた生活はやはり、彼の自己形成に大きな影響を与えていた。筆者がそれを知るのはライの家でのひとときからである。

カジョケジで生活を送る中で、母はいつでも忙しい。彼女たちは農作業に夫とともにいそしむだけではなく、家族のために料理をし、仕事に出かけ、そして親族の間での結婚式や葬式といったイベントがあれば手伝いのために出かけていく。特に多いのが改葬を含む葬儀である。二〇一二年五月、筆者が知り得ただけでライの妻は六回以上葬儀の手伝いに出かけている。それは近くに留まらず、ときには隣のパヤムにまで出掛ける。公共交通機関がないカジョケジでは遠出するにも徒歩である。カジョケジの道を歩けば、盥に料理道具や着替えを入れ、頭に乗せて運ぶ女性たちの一群によく出会う。そして遠出をし、三日続く葬儀に出れば当然四、五日は家を留守にすることになる。実はカジョケジの家庭で母が不在であることはそう珍しいことではない。そういうときは年長の者が料理を作り、弟や妹たちに食べさせ、寝かせ、学校に送りだすのである。

その晩もそんな夜だった。ライの長女が豆のシチューを煮る横で、カインとカナが口喧嘩をはじめた。どうやらバリ語の言い回しについて争っているらしい。ジュバに近いバリ人の土地、ラジャフに父が住むカナはバリ語もジュバ・アラビア語も達者である。

「違うよ！　そんな言い方しないよ」とカナがカインのセリフに文句を言う。それに対しカインは「いや、その言い方はバリの言い方じゃないか、ククは違う」と言い返す。

そしてあるカインのセリフに他の子どもたちが爆笑した。どうやら彼はクク語では使わない言い方を使ったらしい。英語が達者で、成績がよく、頭もよく回るカインは周りに愛されているが、彼の背伸びをした物言いは折に触れて子どもたちのからかいの対象になる。彼が間違えばここぞとばかりに笑われるのである。この一件以降、彼がクク語の言い回しに困っている場面が目につくようになった。ライの長女に確認し、意図が通じなければ他の言い方を試していた。

ある夜、たき火の前で彼はアラビア語でぼやいた。

「僕は自分の言葉がまだわからないんだ」

弱冠一一歳の子どもが言うにはあまりにも大人びた物言いである。彼はカジョケジの父の村で自分の一族と暮らしている。彼の母の出身村もここからそう遠くない場所にある。彼の父は教区スタッフで、将来に不安を覚える要素はそんなにないはずだった。だが、彼のこのセリフは「異世界」に放り込まれ、自分と「他者」との距離を知り、それを縮めようと努力してきたが故のセリフである。そしてそれはカジョケジに帰還後の彼の生活を垣間見せるものでもあった。

◇ジュバからの来訪者

アベルは息子を実家に預け、妻と娘をジュバに置き、自分は勤めるカレッジのスタッフ用の寮に住んで教区の仕事にまい進していた。寮に住んでいればカレッジで食事を取ることもできる。彼は十分ではあったが、決して多いとは言えない給料をこうして節約し、子どもたちの教育資金を捻出していた。

だが、周りに同僚がいるとはいえ家族と離れて暮らすことが彼にとって最善の道であったとは言えなかった。彼はジュバに土地と家を持っており、その土地をめぐって親族と争っていたこともあって、当時彼の妻サラは娘たちの監督のためだけではなくその土地を守るためにもジュバに残っていた。彼の娘たちはジュバに帰還後、それぞれ親族の家に住んでそこから学校に通っていた。カジョケジにはクリスマスや学校の休暇のときに来ることがほとんどだった。

カジョケジには学校がないから、帰還後はジュバに住む。ハルツームでクク人に聞いたジュバに行く理由の多くがこれだった。他の郡であったらそうだったかもしれない。だが、カジョケジ郡に関しては実はそれは理由にならない。各パヤムに最低一つ以上は中等学校があり、さらにはウガンダの教育制度によって運営される北東アフリカにおけるカトリック系名門校コンボニ学校まであるカジョケジでは、収入さえあれば大学教育以外は、教育の心配は無用である。アベルもそれに気がついたのだろう、次第に子どもたちをカジョケジに呼び寄せる方針に変わっていった。

だが、突然の彼の方針転換に彼の娘は迷惑を被った。三女、セツはジュバの学校の休暇を利用してカジョケジを訪れていたところ、突然父からコンボニに転校手続きをしたからこのままカジョケジに残り、学業を続けるようにと言われ、慌てふためいたという。ハルツームで基礎学校六年まで教育を受け、ジュバに移った彼女はそこでも優秀な成績を修めていた。だが、コンボニに来てからは勝手が違う。まず、教育制度自体が違うのである。「スーダン」の教育制度は八・三・四制であるのに対し、ウガンダは七・六・四制である。[7] 大学教育を受けるまでに二年の差がある。また、セツによれば理数科系の教育カリキュラムもだいぶ違うという。そして地理や政経、歴史といった社会科学系の科目は、当然ウガンダと東アフリカについて学んでいる。そしてコンボニである。北東アフリカにいくつも系列校を持つこの学校は、授業料もレベルも高いことで有名だった。アジュマニに住んでいたあるクク人の少女は、「コンボニはいい学校よ。でもお金を持っていなかったら、コンボニのことは忘れることが一番だ」と言っていた。このコンボニに途中から放り込まれたセツは学業に苦労した。それはこれまで優等生であった彼女にとっては屈辱だった。

さらに彼女には災難が待っていた。学校の授業期間中はまだいい。コンボニは全寮制なので彼女は広大な敷地の中で潤沢な資金を背景とした「優雅な」学生生活を送れた。学校にはコンピュータールーム、大きなスクリーンがあり、週末には衛星放送でサッカーの試合を見ることができた。南スーダン、北部ウガンダの各地から集まった学生たちの共通語はジュバ・アラビア語と英語であり、彼女が学校内で会話に困ることはあまりなかった。だが、授業期間が終わり、長期休暇に入ると彼女は父の待つカレッジの寮か、父の実家に行かねばならない。父の待つ寮に行けば、交通機関がないカジョケジでの買い出し、慣れないたき火での料理、水くみ、掃除、洗濯を一手に引き受けねばならなかった。そればかりか、彼女の父は農作業、そして乾期には保存食づくりにまでひたすら彼女を使った。

アジュマニやカジョケジでの生活に慣れた者にとってそれは当り前のことであり、日常である。だが、ハルツーム、ジュバで育ったセツにとってそれは耐えがたい苦痛だった。そしてウドに出て、父の実家に行けば弟とは会話ができてもクク語が流ちょうではないため、他の親族との意思疎通は難しい。それでもまじめな彼女は父の要望に応えるべく頑張ったが、彼女にとってジュバは夢の地となった。

そこに、ジュバで中等学校修了試験を終えた彼女の姉、つまりアベルの次女アナがカジョケジに彼女の友人とともにやってきたのである。中等学校の試験は三月に行われ、結果は六月に出ると言われていた(8)。その間カレッジに設置されたコンピューター・コースを受けるためにカジョケジに来たのである。

アナとその友人のカジョケジでの生活は、最初は自由気ままなものであった。朝食には起きるものの、その後はおしゃべりとトランプ、気がついたら寝ている。食事はほとんどがカレッジの給食を利用し、たまにトマトを切る程度。携帯電話は機会を見つけては充電し、ジュバとの連絡は欠かさない。すぐにはじまるはずだったコンピューター・コースが講師の都合によって延期されたため、手持無沙汰になってしまった彼女たち自身もやることがなくて困っているようだった。父には農作業をするように言われているが、見るからに都会育ちの彼女たちは三回クワをふるえば地面にへたり込む始末である。カジョケジでは、勤勉であることは何よりも美徳とされる。カレッジの寮に住んでいることもあってその様子は周りの目にも余るものだったらしく、カレッジの食堂で働く女性たちが筆者に「彼女たちは何しに来たのか」と聞くほどだった。

だが、姉のカジョケジへの来訪はセツに救いをもたらした。父の言いつけを一から一〇まで守ろうとして追い詰められていたセツにとって、それをことごとく破り、反抗し、自分のやりたいことをやってのける姉の存在は追い詰められたセツに逃げ道を見せるありがたいものとなったのである。さらにアナがいることによって家の中の会話にアラビア語が占める率が格段に高くなる。こうしてアナの来訪によってセツにとってロモギの寮は「家」となりはじめていた。父アベルも彼女たちの戸惑いと不満は承知していたと見える。娘たちに厳しい姿勢を見せながらも、ときにウドの市場でインスタント・コーヒーを買い、パソコンにインターネットから映画をダウンロードして彼女たちを楽しませようともしていた。それはクク語が主流言語を占め、携帯電話の充電をするのにも市場内まで出かけねばならなかった村の生活とは確実に異なるものであった。教区、カレッジのスタッフに囲まれていても、姉妹で自由に過ごすことが出来る寮の部屋は彼女たちにとっての一種のオアシスとなった。

カレッジがあるロモギから彼女たちの父の実家、ウドまではバイクで二〇分ほどかかる。歩いていく者もいるが、アナにとってはとんでもない距離である。自然と彼女たちはカジョケジにいながら村での生活にはほとんど無関係に暮らすことになっていった。だが、一週間に一度だけ彼女たちが父の実家に行く機会があった。それは日曜日、父が司牧を司る教会に日曜礼拝に出かけるときである。その教会はウドにあり、コンボニの生徒もよく通う教会であった。英語礼拝を行っており、若者が多く通う教会でもある。ロモギにももちろん教会はあったが、彼女たちはウドの教会で礼拝を受けることを好んだ。そしてこの要望には彼女たちの父も否やは唱えず、ウドに向かうバイクの手配をしていた。

この教会での礼拝の後、彼女たちはさすがに父の実家を素通りするわけにはいかず、挨拶に訪れていたのである。

そのころカレッジの寮を出てJ村に滞在していた筆者から見て、一週間に一度の彼女たちの来訪は、「異邦人」

の来訪だった。ジュバで買った華やかな服をおしゃれに着こなしてやってきた彼女たちは、弟と従兄弟たちの歓迎を当然のようにうけ、出されたマンゴーを食べ、ジュバ・アラビア語で声高に会話をする。会話の中身はカジョケジの住人にはわからないジュバでの友人の動向である。当然、村に住む従兄弟たちは会話に入ることができない。遠巻きにしてこの華やかな一群を眺めるのみである。本来ならアナはアベルの娘、つまり一族の一員としてライの妻を手伝うべき存在である。だが、このときアナはそういった扱いを受けていなかった。この頃の彼女たちの村における立場をよく示していたのは彼女たちに供される食事であった。教会の礼拝が終わって村に来るころちょうどお昼の時間になる。ライの家ではアナ達にトマトと玉ねぎ、そして卵の炒め物を米とともにふるまった。トマト、卵、玉ねぎ、米、そして油。市場で買わなければいけないものばかりである。この料理は「外」からの来客用の食事である。筆者も村に来た最初の頃はこの料理をよく出された。つまり、アナは村人にとってアベルの娘ではあっても他者であるとみなされていたのである。アナの住むロモギもまた村人にとって他者の場所である。

こうして教会での仕事を終えた父が来るのを待ち、市場で買い物をしてロモギに戻る。これが当初のアナと村との関わりだった。アナにとっておそらくわからなかったのは弟カインの態度である。彼は学校が休みになり、二人の姉がロモギにいても村を離れようとしなかった。そこで従兄弟たちと放牧に出かけ、農作業をすることを選んだ。

ある日曜、自分の質問にぶっきらぼうに返すのみの弟の態度にいら立ったアナは、帰りがけ、弟にこう言い放った。

「ほらっ、シャワーを浴びて、出かける用意をしなよ、ロモギに帰るよ（birija Römögi）！」

それに対し、カインはあっさりと断った。

「行かないよ（ma biruwa）。僕は明日も畑を耕さなきゃいけないし、牛を放牧に追わなきゃならないんだから」

カインが感じていたのは筆者と同じ、アナの村における「異邦人」性である。アナにとってはカジョケジにおける家はロモギのカレッジの寮である。たとえ父の出身村であろうと村は彼女にとって帰る場所ではない。しかしこのときカインにとっては姉に従って「ロモギに帰る」ことは、村とは別な場所に行くことであった。実はカインはアナがいないとき、しばしばカレッジの寮に滞在しており、寮での生活にもある程度慣れていた。おそらく彼がロモギへと帰ることが出来たときもあった。だがこのとき、彼にとっての家はロモギではなく間違いなくJ村だった。つきあいの密度の濃い村での生活を必死に創り上げてきた彼は、村の家族にロモギという異世界側に自分がいることを見せたくはなかった。村人の前で決して「ロモギに帰る」と言うわけにはいかなかった。カインは苦労して築きあげてきた自分の居場所を失うことがいやだったのである。

南スーダンへの帰還の過程、そして帰還後の生活によって帰るべき場所は変わる。彼らはそれぞれの場所で自身の生き場を得るために戦い、それを手に入れていたのである。

◇礼拝という大義名分

だが、カインは別に姉と仲たがいをしたかったわけではない。彼は彼なりに村の一員であるとともに良き家族の一員でありたかった。それが見えたのは日曜礼拝時である。

J村の周りには三つの聖公会教会がある(9)。三つとも小教区教会である。アベルは教区の開発担当であるとともにこのうちの一つ、C教会で執事も務めていた。彼の次女、三女がカジョケジにいるときにはこの教会に通っていたのは先述したとおりである。だが、この教会はＪ村から少し遠い。他の二つの教会――Ｄ教会とＥ教会のほうが近いのである。カインが預けられていたライの一家はこのＤ教会かＥ教会のどちらかに通っていた。ただし、ライはカトリックであるため、少し離れたコンボニ学校内にあるカトリック教会に通っていた。ライの妻は聖公会信徒だが、たまに夫とともにカトリック教会に礼拝に行く。家族の中で通う教会が異なることは珍しくない。

カインはライの息子たちとともにＤ教会に通っていた。畑仕事が忙しくない限りは日曜一〇時過ぎにバリ語礼拝に出かけていく。

だが、筆者が村に滞在して一か月ほどたった土曜日、彼が筆者のトゥクルを訪れ「明日はどこの教会に行くの？」と尋ねてきた。この頃筆者は村内の三つの教会を順番に訪れていた。「Ｃ教会だよ」と答えると、「じゃあ僕も明日はＣ教会に行く」という。だが、筆者は英語礼拝とバリ語礼拝に出るため、朝七時半には家を出る。それを告げると、彼は「わかった」と答えた。だが筆者は彼がどれほど本気か測りかねていた。

翌日、彼はきちんとアイロンが掛かった白いシャツとズボンを身につけて七時半過ぎに筆者のトゥクルに現れた。そして意気揚々とＣ教会への道を辿りだす。が、途中で分からなくなったらしく、筆者を振り返った。

「カインはＣ教会に行ったことはないの？」と聞いてみると、「一回、お父さんに連れられて行ったけど、それっきり」という答えが返ってきた。

そしてＣ教会に辿りつき、すでに聖歌斉唱がはじまっていた英語礼拝にもぐりこんだ。Ｃ教会は大執事が司祭を務めていることもあって、他の教会より格段に設備が整っている。スピーカーから流れる電子ピアノのリズムに合わせて歌われるジュバ・アラビア語や英語の聖歌に彼は目を見張っている。前回はバリ語礼拝に来たため、英語礼拝に出席するのははじめてだという。

「どう?」と聞いてみると「いいね!」とアラビア語で返ってきた。

礼拝終了後、彼は姉の姿を見つけて飛びついた。

「カイン!　よく来たね!」とアナもご満悦である。そして姉の友達や知り合いとアラビア語で話しだす。それはハルツームでよく見た光景でもあった。

J村においてカインがC教会に行くことは、ちょっとした「別世界」への旅行であった。おそらくC教会は村とロモギの中間にある存在である。だが、礼拝に行くということにおいては村の子どもたちの行動となんら変わるものではない。このC教会での礼拝の意味をカインはうまく利用し、姉とのコンタクトを取ったのである。ここからカインの自分の立ち位置をめぐる作戦と共に、カジョケジにおける教会と礼拝の社会的な意味が見える。教会に行くこと、礼拝に出ることは一種の免罪符なのである。日曜に礼拝に行くことはカジョケジにおいて「よいこと」として推奨される。逆に行かないことは非難されないまでも眉をひそめられる。実際、教会に出かける筆者に「今日は畑が忙しくて教会に行けないのよ」と声をかける村人も多かった。そして村に帰ったカインはC教会の礼拝について従兄弟たちに話して聞かせたのだった。

このようにアベルを取り巻く人びとのカジョケジでの生活を見ていくと、自分の故郷に帰ったはずの彼らが、そこで生きる中で、避難先や帰還の経緯を背景として生じた差異にぶつかりながら、個々人でそれをやり過ごすすべを模索し、故郷での生活を作っていこうとしていることが見えるだろう。カジョケジにハルツーム生活の経験者は少ない。アベルの家族の事例はその意味では例外的なのかもしれない。だが、カジョケジのどのクランにもジュバやハルツーム生活経験者はいる。彼らはカジョケジに住まないまでもイベントの際は帰れる。そのときに生じる出来事は、おそらくアベルの事例とそう違うものではない。そしてバリエーションを違えながらも繰り返される差異の認識とそれを乗り越えようとする経験は、翻って社会に変化をもたらすことになる。次節では、その変化の帰結を見ていきたい。

四　名付けの儀式——再会の場

カジョケジやジュバでクク人の知識人層と話しているとき、決まって出てくるのが、「カジョケジの文化[10]（culture）が消えていく」という言葉である。彼らいわく、カジョケジはキリスト教が強くなりすぎて、カジョケジ伝統の文化が消えていっているという。「私たちの文化は大切なものだから、残さねばならない」彼らは決まってそう結論付ける。

カジョケジの「伝統文化」とは何か。聞いてみれば、それはコレやケレと呼ばれるダンスであったり、ヨーグルトを作る方法や、名付けの方法であったりする。それはキリスト教ではないものである。

だが、消えゆく「伝統」に憂いを抱きながらも彼らがキリスト教を否定することはない。むしろそれを主張する人が熱心な信仰覚醒者であることもある。

また、各地で数人のクク人から「キリスト教はすでに宗教ではなく、生活の一部、もしくは現実なのだ」という意見を聞いたこともある。このような彼らのセリフから、一つの疑問が浮かび上がる。現代カジョケジの生活においてキリスト教は実際いかなる位置を占めているのか？　という疑問である。外来のモノであったキリスト教は人びとのたび重なる移動を経て、カジョケジの生活にすっかりなじんだように見える。クリスマスには鶏をつぶし、新しい洋服を着て教会に出かけていく。大晦日には夜通し踊って、一二時を回り、新年を迎えると無事新年を迎えることが出来たことを神に感謝する。クク人はキリスト教徒であるということは、他の神や祖先を信仰しないことであることを知っている。昔は村に一つは必ずあったという祖先を祀る祠も数は減ったという。

これだけ見ていれば、確かに知識人たちが言うように、文化や伝統が消えていっているように見える。だが、これから取り上げる名付けの儀式の事例は必ずしも文化が消えたとは言えないことを示唆する。と同時にここからクク人の移動の顚末を見出すこともできるのではないだろうか。

1 名付けの意味——家の名前とキリスト教の名前

南スーダンに住む各民族はそれぞれ名付けの方法を持っていると聞く。クク人もその例にもれず、名付けの方法を持っている。

ククの子どもは祖先の名前を受け継ぐのである。

アベル一家の子どもたちの名付けを事例にその方法を説明しよう。

アベルによると、父方母方両方のリネージを受け継がねばならないため、本来なら子どもは八人いるべきであると考えられている。

アベルとサラの間にはマリ、アナ、セツ、カインという四人の子どもがいる。上三人は女性、末っ子のカインのみ男性である。まず、長女マリの名前はアベルの父方祖母のものである。そして次女アナはサラの父方祖母の名前を継いでいる。三女セツはアベルの母方祖母の名前を継ぎ、女子の後に男子が生まれた場合には先に生まれた女子につけられた名前の持ち主の配偶者の名前を付ける必要があるため、長男カインの名前はアベルの母方祖父からとられた。もしこの後に男子が生まれれば、アベルの父方祖父の名前がついたであろうが、アベルの子どもは四人のみであった。

このようにクク人にとって名前は自分がどの家族（mede）に属するのかを判別するためのものである。クク人は基本的に父方居住婚を行うが、この名付けの法則からわかるように、父系寄りではあるが双系民族であると言える。また、長女や長男が父の父方祖父母の名前を継ぐため、兄弟が多ければ多いほど一族の中に同じ名前が増えていくことになる。

だが、彼らが持つのはこの家族に由来する名前だけではない。キリスト教徒である彼らは洗礼名も持つ。洗礼名は洗礼を受け、キリスト教徒となった証として授けられるものであるが、現代カジョケジにおいては子どもが生まれて数か月〜数年以内に親が教会に洗礼を申し込み、洗礼式において正式に名が認められる幼児洗礼が主流である(11)。そのためクク人の子どものほとんどが幼いときから洗礼名を持っている。この洗礼名は一族内で同じ名前が一〇人以上いることも少なくないクク人にとって、個体識別をするための便利な指標ともなり、学校や役所に提出する書類にも家族名と洗礼名の両方を書く。より正確には、洗礼名、家族名、そして父の家族名の三つを並べると正式名となる(12)。クク人は洗礼名を「キリスト教の名前（karin ti Christ）」、家族名を「家の名前（karin ti mede）」と言う。

もちろん、教会では洗礼名が優先して使われる。では実際の生活の中でこの名前はどのように使われているのだろうか。彼らは、洗礼名と家族名を使い分けているのだろうか。それとも使い分けは特に意識されていないのだろうか。ノア家の事例を元に考えてみたい

ジュバでの筆者の寄宿先、ノア家には筆者滞在時に筆者を含めて最大で五人の「ヤンギ」がいた。なぜなら一家の主人であるノアの父方祖母の名前がヤンギであり、当時ノア家にはノアの兄弟の子どもたちが多く寄宿していたため、兄弟それぞれの長女が集まれば自然「ヤンギ」が増えたためである。

当然、彼女たちを呼び分けることが必要になる。そこで必要になるのは洗礼名だが、ノアは必ず最初は家族名を呼んだ。そして、家族に「どのヤンギ？」と聞かれるか、応答がないと、筆者の場合には「ヤンギ・ユウコ！」のように家族名＋洗礼名というように呼んだ[13]。洗礼名だけを呼ぶ、ということはあまりなかった。それは他の家族メンバーの場合でも同じであった。そしてこの呼び方はノア家にたまに来るノアの兄弟の未婚男性、女性に対しても同じである。だが、未婚男女であっても友人同士で呼び合うときには洗礼名を使っていることが多かった。

それがノアの妻や、ノアの兄弟の妻というような、他の場所から嫁いできた女性を呼ぶ場合には変わってくる。彼女たちは嫁ぎ先で家族名で呼ばれることは少ない。ほとんど洗礼名で呼ばれる。

一家の主人の場合、家庭で名前を呼ばれること自体が少ない。多くが「お父さん（baba）」と呼ばれてしまうためである。だが、会話の中で個人名を特定するために名前を呼ぶ際には、洗礼名、家族名の両方が使われ、どちらかに偏ることはあまりなかった。だが、一族のメンバー以外、特にクク人以外と彼の話をするときには洗礼名が用いられることが多かった。

このノア家の事例からは、基本的には家庭、および及びクラン内では家族名が個人の呼び名として使われるが、クランの外の人とは洗礼名を使っていることがわかる。これは筆者の観察の限りでは家族名はクク語、もしくはバリ語使用者の間ではなじんだ名前であるが、バリ・スピーカー以外にとっては発音、もしくは意味が取りづらい名前であるため、外部の人とは共通する呼び名である洗礼名を持ちいた方が意思疎通がしやすい、という理由があるためであると考えられる。家族名はあくまでもクラン、もしくはククの中だけで使う名前なのである。ここから、クク人たちは洗礼名がより広い世界で共通して使われるものであることを認識していることがわかる。

だが近年、祖先の名前にこだわらないことも珍しくなくなった。生まれたときの状況に合わせて名付けをする場合もあると聞く。これはマディ人の名付けの方法と同じであるという。

だが、この使い分け方にクク人自身が意識的であるわけではない。[14] 彼らにとっては単にクランの一員である、もしくはリネージを継いでいることを示す指標としての「家の名前」とキリスト教徒であることを示す「キリスト教の名前」である。そしてこの二つを合わせてはじめて自分の名前になるのである。

そしてキリスト教の名前が洗礼によって正式に認められるように、「家の名前」も名付けの儀式を経る必要がある。この儀式は必要不可欠とは言われないまでも、クク人にとって重要な儀式である。だが、この儀式がジュバやハルツームで行われることは稀である。ノアによれば、親族による協力が必要な儀式であるため、ジュバやハルツームでやるのは難しいのだという。そして多くの人が避難、移住を繰り返したことでこの儀式を経ないまま大きくなった子どもも多い。これも一つの「伝統」の衰退であると言えるだろう。だが、多くの人びとが南スーダンへと戻り、カジョケジで儀式を行うことが可能となったことによって、名付けの儀式も再び行われるようになった。二〇一二年一月に行われたノアの一族による名付けの儀式もこの流れの中で「復活」したものである。

2　誰の祝福を受けるのか――名付けの儀式

ノアはカジョケジ郡のカナポ一パヤムにあるR村の出身である。この村は郡の経済的中心地ウドから車で二〇分ほど離れたところにある。ここで行われた名付けの儀式の一部始終を簡単に説明しよう。

このとき筆者はロモギのビナイア・ポッゴ・メモリアル・カレッジに滞在しており、筆者がノアの親族の車に乗せられ、R村に着いたときにはすでに大きな広場にテントが張られ、その下には木製の長椅子が置かれていた。テントの上座には長机が置かれ、プラスチックの椅子が置かれていた。長机の横には、電子ピアノと音響機材が置かれ、若い男性が機材を操り、スピーカーからはジュバ・アラビア語の聖歌、そしてカジョケジではおなじみとなったウガンダやケニアの聖歌がかわるがわる流れている。音響機材を動かしていたのは筆者もよく知るC教会の若手メンバーの一人だった。そのテントの横では大きな鍋が火にかかり、女性たちが料理をしていた。

ほどなくノア一家が現れた。ノア一家は他家に嫁いだ長女とその子ども、そしてノアの兄弟の妻にあたるモリスの親族以外は全員カジョケジに来ていた。そしてウガンダに住むノアの姉、そして村の外に住むケンニの母、ジュバに住むノアの兄弟一家も来ていた。アジュマニで育ち、ジュバで一時をすごしたのちに、奨学金を得て再びウガンダに戻っていたノアの姪ライラも母と一緒に来ていた。今回ノア一家のなかで名付けの儀式を受けるのはノアの三人の娘と息子、そしてノアの兄弟の娘であるマリアとケンニである。そのうち最年少はノアの末娘ベスの七歳であり、最年長はケンニの一九歳である。

大音響で聖歌が流れる中、ダンスが行われたが、それは教会で行われるのと同じダンス、もしくはジュバの若者が踊るディスコ・ダンスだった。マリアとケンニはダンスに少しだけ参加した後は、会場から少し離れた建物の中でおしゃべりをしていた。そして村内のトゥクルの中の一画に筆者の寝床を確保し、そこに筆者を押し込み、自分たちはこんな狭いところに泊まるのは嫌だと、ウドの別の宿泊施設に泊まると言って村を後にした。

テントからほど近いトゥクルで一晩を過ごし、明け方目を覚ました。なぜなら儀式は早朝に行われると聞いたためである。だが、筆者が目を覚ましたとき動いているのは湯を沸かしている数人の女性のみで、多くの人が寝ていた。実際、日が高く上り、明るくなってから朝食が配られた。この朝食の場で、ノアをはじめとした祝福を受ける子どもたちの保護者が集まり、子どもの正式名を確認していた。

朝食が配られはじめたころにはウドで泊まっていたマリアたちも再び村に姿を現していた。午後一時過ぎ、テントの下は人で満杯となり、儀式ははじまった。筆者を含め七人の子どもたちとその家族が前列に座る。その向かいにはキリスト教礼拝時と同じ衣装を着た司祭が三人いる。彼らの前に置かれた机には聖書と祈祷書がある。

マイクを取った司会は、集まった人びとに挨拶をし、当然のように全員起立をさせ、聖歌斉唱を指示した。

称えよ！　称えよ！
神は私たちを愛される。
称えよ！　称えよ！
なぜなら神が私たちを愛されるからだ。
彼は彼のひとり子であられるイエスを下された。
彼への信仰のために
彼ゆえによくないことは忘れた。
称えよ！　愛すべき父である神を
称えよ、イエスを。称えよ！⑮

そして読まれた聖書の一節は新約聖書のヤコボの手紙一章一～八節であった。


神と主イエス・キリストのしもべヤコブが、国外に散っている一二の部族へあいさつを送ります。

私の兄弟たち。様々な試練に会うときは、それをこの上もない喜びと思いなさい。

信仰がためされると忍耐が生じるということを、あなたがたは知っているからです。

その忍耐を完全に働かせなさい。そうすれば、あなたがたは、何一つ欠けたところのない、成長を遂げた完全な者となります。

あなたがたのなかに知恵の欠けた人がいるなら、その人はだれにでも惜しげなく、とがめることなくお与えになる神に願いなさい。そうすれば与えられます。ただし、少しも疑わずに、信じて願いなさい。疑う人は、風に吹かれて揺れ動く、海の大波のようです。そういうのは、二心のある人で、その歩む道のすべてに安定を欠いた人です。

この聖書朗読の後、司祭が前に進み出た。子どもたちも促されて立ち上がる。順番に司祭のもとに行き、司祭は子どもの頭に手をかざし、子どもの正式名、つまり洗礼名、家族名、父の名前が読み上げられ、「神の名（karin ti Dun）の下に」という言葉とともに祝福を与えた。そして司祭による説教が行われた。そしてその説教の後、ノア家の女性たちが一旦天幕の外に出た。しばらくすると彼女たちは列をなして天幕の外から天幕へと入場してきた。歌と踊りとともに天幕に入ってきた彼女たちは天幕の上座に二人の女性を座らせた。そして彼女たちの前に盥（たらい）を置いていく。上座に座った二人の女性のうち、一人はノアの妻である。もう一人はノアの兄弟の妻であるという。つまり、祝福を受けた子どもたちの母である。その隣にはノアとノアの兄弟が座った。盥には豆の身と殻を分けるためのざる、そして小さなほうきが入っていた。

写真 13　名づけの儀式（カジョケジ）

この歌と踊りによる入場は村の中の家族(16)ごとに七回繰り返された。この行列の入場とともに上座に座る人の人数は増えて行った。これは名を与えられた子どもたちの両親、そしてそのオジオバへのお祝いなのである。

昼食をとった後、再び天幕の下に集まり、来賓の挨拶を聞いた。最初に挨拶をしたのはノアであった。彼はまず、居並ぶ親族たちに名付けの儀式を行ってくれたことへのお礼を述べた。そしてハルツームに暮らし、二〇一〇年、一一年に南部に移り、ジュバの彼の家で暮らす、彼の兄の妻モリスと娘マリアの紹介をした。ジュバで生まれたマリアはこのとき生まれて初めてカジョケジに来たのである。ノアの兄は早くにケニアで病をえて死亡していた。

この儀式の様子からは、しっかりとキリスト教的要素が見えることに気がつく。儀式の要は司祭であり、聖歌も聖書も必需品であった。そして歌われた聖歌六九番は歌詞が示すように神がひとり子イエスを地上に遣わしたことを神の人間への愛のあかしだと解釈し、神をたたえる歌である。彼らは神がひとり子イエスをこの地上に送りだしたことと、自分たちの子どもたちがこの世に生まれたことを重ね合わせ、そして神の名の下に子どもの名前に祝福を与えていた。

だが今回祝福を受けたノアの子どもたちはすべてキリスト教の洗礼式を受けている。つまり、彼らは洗礼式と名付けの儀式を違うものとして考えている。儀式の様子を見る限り、洗礼式であっても名付けの儀式であっても神からの祝福を受けることには変わりがない。だが、クク人にとって名付けの儀式はキリスト教の洗礼式とは別にやらねばならぬものなのである。この意味では名付けの儀式は確かに「ククの文化」である[17]。しかし今回一〇代後半のマリアやケンニが祝福を受けたことからわかるように内戦や避難によって、長年クランでこの儀式を行うことができず、祝福を受けられていない、もしくはこの儀式があることを知らない者もいる。そしてこのククの「文化」は、二〇一二年という時点ではすでにキリスト教なしには成り立たなくなっている。キリスト教徒として祝福されようとするとき、神（ŋun）以外の誰に祝福され得るだろう？　この儀式の内容に不満を言う人はいなかった。さらには音響機材を用い、ジュバ・アラビア語やウガンダ、ケニアの聖歌が流されていたことからも変化は見て取ることができる。

そして同時に親族の協力なしには出来ないこの儀式は、内戦や避難を経て平和を得たカジョケジで、親族、もしくは友人が再会することが可能になったことを彼らに実感させた。ノアはハルツームに長年暮らし、カジョケジに初めて来たマリアをわざわざ親族の前で紹介した。キリスト教徒として「ククの文化」を保つこの儀式は、親族の再会のきっかけとなり、ハルツームで長く過ごしたククの娘を民族の故郷へと招き寄せ、自身がその村の、そしてカジョケジの出身であることを実感させるものである。そして神への賞賛とさらなる信頼を醸成した。この儀式のあり方は「ククの文化」のその後を垣間見せている。

だが、マリアやベスが初めて訪れた民族的故郷で疎外感を味わったことも事実である。彼女たちはジュバで見知った親族としかほとんど話をせず、村のトゥクルよりウドの宿泊施設に泊まることを好んだ。

儀式終了後、ノアは同じ年くらいの男性と話をしていた。手招きされて、ノアのもとに行くと、話をしていた人を紹介してくれた。同じ村の出身でノアと同じ学校に通っていたという。ノアは基礎学校と中等学校をカジョケジで終え、ジュバ大学に行くために二〇歳のときにジュバに出たのである。そして彼の同級生もジュバに出た。だが、その後内戦が激化する中ノアはハルツームに、そして同級生はウガンダへと移った。

「私たちは二〇年ぶりに会うんだよ。私が彼を置いてジュバを去って以来の再会なんだ」

しみじみと筆者に告げたノアの同級生の言葉は、筆者の記憶に深く刻みつけられるものとなった。失われた儀式の復活は、人びとの故郷と帰郷を創り出していた。それはかつてあった故郷に帰ることではなかった。しかし内戦によって断ち切られたはずのつながりをもう一度つなぎ直すものであったことには間違いはない。

註

（1）その後行政指導が入ったため、二〇一三年一二月の時点では南スーダン・ポンドが主要通貨となっていたが、カジョケジ内の物資のほとんどがウガンダからの輸入品であることもあって、南スーダン・ポンドとウガンダ・シリングとの両替は日常的に行われていた。

（2）二〇一二年五月、ＳＳＲＲＣカジョケジ事務所での職員に対するインタビュー。

（3）ＳＳＲＲＣカジョケジ事務所では独立後からインタビュー時までのカナポにおけるハルツームからの帰還民を五二一人としている。この時点でのカナポ一、二パヤムの総人口は一〇万人を越えていた。

（4）彼はこの役割をコミュニティ・リーダーだと言い、二〇〇七年までは政府の正式な役職として給料を得ることが出来ていたが、二〇〇七年以降はその役職は廃止され、無給になったと言っていた。

（5）現金授受の方が効率的だと思われるが、筆者とライの家との仲介役となったアベルが外部からの現金での支援が村に入るのを好ましくないと思ったため、相談の上こうした措置をとることになった。

（6）ジュバでもノア家の妻エミは筆者に「アイロンかけして夫の衣服をきちんと管理し、美味しい食事を作り、家を整理整頓し、子どもたちの教育に力を入れていなければよい妻とは言われない」と言っていた。

（7）アナやセツはジュバで北スーダンの教育制度に従った教育を継続していた。南スーダンの教育制度がまだ整備されていなかった二〇一二年の時点では南スーダンに移った者であってもテストを受けることにより、中等教育修了資格となる Sudan School Certificate を得ることが出来た。

（8）だが北スーダンのカリキュラムで教育を受けていた彼女たちの試験結果の到着は、当時の南北間関係の悪化によってだいぶ遅れることとなった。

（9）二〇一二年五月にはもう一つ増えて四つになっていた。

（10）バリ語には文化に相当する単語がない。バリ語で文化を示す場合、ケリ（*keri*）という単語を使うがそれは宗教と同義である。そのためクク人の多くはバリ語での会話のなかで文化を言い表したい場合、英語、もしくはアラビア語の単語を借用する。つまり、彼らが「文化」という概念を持つこと自体がすでに変化なのだとも言える。

（11）事故によって亡くなった子どもが洗礼名を持っていなかったことが教会で問題となり、「教会がないがしろにされている」という議論を呼び起こした事例があることからも、洗礼名を持たないことが例外的なことなのだということがわかるだろう。

（12）家族名と洗礼名の順番は人によって入れ替わることもあるが、大体洗礼名、家族名の順になっている。この名前の表示の仕方は南スーダンのキリスト教徒の間で共通している。

(13) 筆者の場合、洗礼名ではない。
(14) 筆者がこれについてなぜか？　と聞いたとき、ノアは「理由はわからない」と言っていた。
(15) バリ語聖歌 六九番
(16) この家族が何を基準に「家族（mede）」として成立していたのかは筆者にはわからなかった。
(17) この名付けの儀式については『ククたち』には載っていない。また、筆者もキリスト教が普及する前の名付けの儀式に関しての詳細を話せる人に出会えなかったため、キリスト教が来る以前に彼らが何から祝福を受けていたのかについては聞くことができなかった。

第六章　ハルツームを生きる人びと

南スーダンの独立から半年が経過した二〇一二年一月末の日曜日。筆者は約一年ぶりにS地区にあるA教会を訪れた。S地区は前年と全く様相を変えていた。まず、明らかに閑散としている。カンガ姿の女性を見ない。アフリカン・ドレス姿も同様である。そしてトーブ姿とジャラビーヤ姿が目立つ。筆者が予想した以上に南部人の帰還は進んでいた。日曜の午前一一時。通常なら開いているはずの教会の扉は閉まっていて、がっちりと鍵がかかっていた。でもまだ可能性がある、と筆者は思った。一月末はハルツームの一番寒い時期である。ククの人びとは寒いときには教会に来るのが遅くなる。まだ人が来ないだけかもしれない。そう期待して扉の前に立った筆者に無情にも通りがかりの人が「教会は閉まってるよ！」と声をかけて行った。

誰かに問い合わせようとして、知ってる顔を思い浮かべたが誰もかれもジュバ、カジョケジで見た顔だった。三章で述べたとおり、南部人の帰還は恐ろしい勢いで進んでいった。その結果ハルツームに残った南部人は移住者地区の中でさえ少数者となった。民族コミュニティの機能は弱小化し、住民のネットワークも刷新されていった。人が少なく、閑散とし、空き家が多くなったS地区では盗難の話が多く聞かれるようになった。昼間から明らかに酔った人が往来を行き来し、以前と比べて確実に雰囲気がすさんでいた。そして南スーダンの独立、北スーダンの国籍法改定によって、残った人びとも状況の変化をにらみながら自身の人生を考えなければならなくなった。このような状況下で彼らは何者であることを選択したのだろうか。

本章は南スーダン独立後もハルツームに残った南部人、そして移住者地区における多数者となったヌバ人(1)に焦点を当て、彼らの動向を追うことによってこの疑問に答えることを目的とする。

一　彼らは何者になるのか――市民権はく奪前夜

1　南スーダン独立後のハルツームにおける南部人のシティズンシップ

北スーダンに残った南部出身者の状況を理解する前提として、まず、南スーダン独立後の北スーダンの国籍法と市民権について見ていく必要がある。

二〇〇五年に締結されたＣＰＡには南部の分離、独立に関する自決権が置かれ、それに従って住民投票が行われた結果、南部の独立が決定しハルツームに住む多くの南部出身者が帰還したことは先述したとおりである。このＣＰＡ締結、南部スーダン政府樹立とともに「スーダン」に暫定憲法が施行された。この暫定憲法は「スーダン」全体に適用された。この憲法の七章第二節に置いて国籍と市民権について以下の通りに言及されている。

> すべてのスーダン人の母、もしくは父を持つ人間はスーダンの国籍（英：nationality、アラ：jinsīya）と市民権（英：citizenship、アラ：muwāṭn）を享受する権利を奪われることはない。

ここで言われる「スーダン人」とは南北スーダン両領域を含む。つまり、二〇〇五年の時点で南北スーダン人の間に法的には差はなかった。ともに「スーダン人」であった。もちろん実際にどうであったのか、そして南部人がそれをどう考えていたのかについてはまた別の話である。少なくとも中央政府がハルツームから南部出身者を追いだす理由に国籍法を使うことはできなかった。また、NCPの住民投票以降の北部在住南部出身者の処遇に関する言明も統一されることはなく、独立後の国籍、市民権に関しては常に議題に上っていた。[2] だが、南スーダン独立決定以降、その状況は一変する。

二〇一一年一月に行われた住民投票の結果は、三一日に南部スーダン住民投票委員会（Southern Sudan Referendum Committee: SSRC）によって圧倒的多数で独立が決定したことが発表された。その住民投票の実施期間中に南部スーダン政府が南部在住北部出身者に対し、二重国籍を認めたことが報じられた。[3] それに対し北部政府は北部在住南部出身者の二重国籍は認めず、中央政府、及び軍に雇われていた南部出身者を解雇した。[4] 南スーダン独立後、改訂された北スーダンの国籍法の一〇章二節に以下の条項が付け加えられた。[5]

事実上、もしくは法律上南スーダンの国籍を取得した者のスーダン国籍は自動的に無効となる。

この「事実上」、「法律上」という単語が南部出身者をさらに厳しい立場に追いやることになる。なぜなら南スーダンの国籍法によって南スーダンの民族出身者は自動的に南スーダン国民と見なされることになっているためである。[6] 南スーダン国籍を離脱することは可能だが、それには手続きが必要である。つまり、何もせずにいれば南スーダン出身者は北スーダン国籍を失うことになる。この国籍法によって北スーダンに住む南部出身者は何の対策も講じなければ全員スーダン国籍を失うことが決定したのである。だが、移行期間が設けられており、独立から九か月後の二〇一二年四月八日までは国籍を保持できた。また、国籍失効後も外国人としてビザ取得、外国人登録

写真 14　動かぬ舟（コスティ）

等の正式な手続きを踏めば北スーダン国内に居住することは可能であった。

このような状況の中、住民投票、南スーダン独立を経る中で多くの人が南スーダンに帰還したが、二〇一二年の時点でも一定数の南部出身者が北スーダンにいた[7]。彼らを大きく分けると、①北スーダンに職を持つ、もしくは就学のために北スーダンに来ており、ビザを取って正式に残ろうとしている人、②北スーダン国籍保持者の配偶者、そして③帰還する資金、そして帰った後の生活が成り立つ当てがなく、北スーダンに残らざるを得なかった人びとである。彼らは国籍失効期限が迫る中北スーダンにおける自身の状況と、南スーダンに帰った場合のそれとを比べながら「今後」を選択していった。また、二〇一〇年一〇月から行われた帰還支援は二〇一一年四月以降資金難によって難航し、北部スーダンから南部へと向かう際の中継地点となるコスティには船を待つ南部人が集まっていた。その数、二〇一二年二月の時点で約一万一〇〇〇人。彼らの立場もまた国籍失効期日を前にして風前のともしびであった。

２　二〇一二年二月のＳ地区の風景から

ある金曜、Ｓ地区で一番大きい市場の近くを歩いていた筆者は真っ白なジャラビーヤを着た集団がモスクから出てくるのを見た。南部人がいなくなったＳ地区ではムスリムの姿がより目立つようになっていた。

ハルツーム郊外に点在する移住者地区のうち、Ｓ地区ではクク人がもっとも多く住む地区であると言われ、クク人が設立したＡ教会とＡ基礎学校、そして薬局が置かれ、彼らのハルツームにおける社会的活動の中心地の一つであった

S地区であるが、筆者が再訪した二〇一二年二月の時点ではその様相をすっかり変えていた。
見るからにS地区から南部人の姿が消えたことがわかるのである。教会は閉鎖こそされていないものの、平日であっても聖歌隊の歌声が聞こえることが多かった以前と比べ、閉め切られ、静まり返ったままである。

このように南部人、そしてキリスト教徒が減ったS地区で、A基礎学校の運営者たちは資金難に頭を抱えていた。南部出身者の帰還以前からこの学校で教鞭をとっていたヌバ人がクク人をはじめとした南部人の帰還後、校長となって運営を続けていた。以前は南部出身者の子弟がヌバ山地、ダルフール出身者の子弟よりも多かったが、筆者が再訪したときにはほとんどがヌバ山地出身者で占められていた。教師に関しても同様である。教師たちは南部に帰ったクク人とも連絡を取り合いながら学校を運営していこうとしていたが、南部人の帰還の前は三〇〇人いた生徒数は七〇人前後に減っていた。だが授業料は変わらない[8]ため、結果として授業料収入が激減することになり、運営継続の危機に陥っていた。また、ハルツーム市内や他の移住者地区からこの学校に通ってくる生徒たちには交通費の問題も持ち上がっており、学業継続が難しくなっていた。それでも彼らはハルツームに残る数少ない英語を教授言語とするこの学校に価値を見出し、運営を続けていこうと懸命の努力を続けていた。キリスト教教会に併設された学校であるが、通ってくる生徒たちの中にはキリスト教徒もムスリムもいる。教師たちの中にもキリスト教徒とムスリムがいる。

二〇一二年二月。筆者は約一年ぶりにこの学校を訪れた。教師陣は一新され、知らない顔ばかりだった。職員室で「校長はどこか?」と聞くと、別室を案内してくれた。そこにはヌバ人の校長と、イスラーム教育を担当する教師、そして見知らぬ南部出身者と見られる男性がいた。どうやら学年末テストの採点をしていたらしい。お茶を飲みながら三人の話を聞いていた。アラブの春以降のエジプトの状況への評価と、それがスーダンに波及しないのはなぜかなど、三人とも好き放題言っている。三人に共通していたのは、南スーダン独立後、スーダンの状況は悪くなったという見方であった。ふと思いついて筆者は三人に「南独立後のハルツームにおける宗教間関係はどうなっているのか？」と聞いてみた。すると彼らは「問題ない」と口をそろえて答えた。そしてもともとハルツームには宗教間の問題はないのだと言った。「悪いのは政治なんだ」と。

その数日後、この学校であるイベントがあった。このイベントの目的はいまいちわからず、教師に聞いても明確な答えが返ってこなかった。だが、午前中の授業が終わったあと、学校の隣にある教会の庇の下に全校生徒が集まっていた。高学年と見られる女生徒の中にはタラハを被る者もいた。教師もほとんどが参加していた。そしてお菓子や飲み物も用意されていた。

まず、キリスト教徒の生徒によって神への祈りがささげられ、そして次にムスリムの生徒による神への祈りがささげられた。

そして副校長と校長の挨拶が続く。どちらも英語である。二人の話の中で強調されたのは、この学校が厳しい状況下にあること、ハルツームでは数少ない英語で学べる学校であること、そのためS地区の外から来る子どもたちもいるが、どうか交通費が高いからと言って学校に来るのをやめないでほしいということであった。飽きておしゃべりをはじめた低学年の子どもの気を引くためか、高学年の生徒が途中でお菓子を配りはじめた。

校長は「これまでに学校に泥棒が入って、備品を盗まれ、学校が存続の危機に陥ったこともある。だが、ここまで学校が続けてこれたことに対し、神に感謝をしなければならない」と言っていた。そして最終学年となる八年生へのテスト成功を全員で祈った。

南スーダン独立後のハルツームにおける移住者、特にキリスト教徒の状況は厳しいものとなったと言わざるを得ない。多くの南部出身者が帰還したことによって、教会を運営する人材は不足し、教会メンバーの減少により資金難にあえぐことになった。そしてこれまで以上にその立場は危うくなっていた。(9) 二章で論じたとおり、これまでハルツームにおけるキリスト教徒は、少数派とはいえハルツーム州の人口四割を占めていた移住者人口を背景として、一定のプレゼンスは保っていたといえる。だが南部出身者の帰還、そして石油をめぐる北スーダンと南スーダンとの関係悪化とともにその立場は極めて弱いものとなっていった。一方、このような状況がS地区においてキリスト教とムスリムとの関係に変化を及ぼしたかというと、この学校の事例を見る限りそうとは言えない。厳しい状況の中とはいえ彼らは冷静であった。彼らは多民族、多宗教が共存するS地区で自分たちが生きていくために何をすることが重要なのかをきちんと心得、それを実行していた。それは、ここまでの移住者地区の歴史のなかで育ててきた彼らのムスリム、そしてキリスト教徒という宗教的カテゴリーに対する認識に裏打ちされたものでもあった。だが、S地区ないしはハルツームからの南部出身者の帰還は否応なしに場所の変容を迫る。

二〇一一年三月、帰還が加速化する中クク人たちは、設立以来クク人の教会ネットワークの重要拠点の一つであったA教会と併設施設をヌバ人たちに明け渡すことにした。教会の口座に残った一五〇〇SDGとともに教会はヌバ人の手に渡った。運営に携わったのはヌバ人の中でもモロ（Moro）と呼ばれる民族に属する人びとである。彼らもまた聖公会に属する人が多く、聖書こそモロ語訳はないものの、聖歌は自分たちの言葉の歌があり、礼拝においては民族語の使用が重視される。モロ語の礼拝はハルツームのオール・セイント・カテドラルにおいても行われるが、ハルツームで働いている人にとって日曜の午前中に行われる礼拝に行くことが難しく、交通費も高かったため、S地区において夕方にモロ語で礼拝が行われることは都合がよかったという。

二月のある日曜、筆者はA教会でのモロ語の礼拝に参加した。参加者は子どもたちを含めて二〇人弱であった。聖書は標準アラビア語、聖歌集はモロ語である。進行と説教は口語アラビア語によってなされた。聖歌の音階は明らかにククの歌とは異なり、手に手を取ってとび跳ねるダンスもない。この礼拝の様子は明らかにA教会が「ククの教会」としての役割を終えたことを示していた。そして説教では聖書の最終章であるヨハネの黙示録二二章一八節から二二節までが読まれた。

私は、この書の預言のことばを聞くすべての者にあかしする。もし、これにつけ加える者があれば、神はこの書に書いてある災害をその人に加えられる。

また、この預言の書のことばを少しでも取り除く者があれば、神は、この書に書いてあるいのちの木と聖なる都から、その人の受ける分を取り除かれる。

これらのことをあかしする方がこう言われる。「しかり。わたしはすぐに来る」アーメン。主イエスよ、来てください。

主イエスの恵みがすべての者とともにあるように。アーメン。

そして説かれたのは、人生のことばと本当のことばとしての聖書と、そこに書かれている神の計画を理解すること、そしてきちんと働いていれば、神がその人の心に来て天に上げてくださるということだった。そして今、この場所に問題がないことを感謝し、恐れてはならないといい、「私たちの国（baladnā）」としての北スーダンの平和への祈りが唱えられた。

この説教からは、教会に集まったモロの人々の北スーダンへの思いが見えてくる。二〇一一年五月の選挙をきっかけにしてはじまった彼らの故郷南コルドファン州における政府軍と北部スーダン人民解放軍（ＳＰＬＡ―Ｎ）との戦いは、このときも終わる様子を見せていなかった。彼らは「政府」と心情的には敵対関係にあった。そして南部出身者の帰還によってハルツームにおける圧倒的少数者となったキリスト教徒であった。変わりゆく北スーダン、そしてハルツームの状況への恐怖が「恐れるな」という言葉から見えてくる。同時にこの説教からは彼らは自身がスーダン共和国の一員であること、もしくは他に行き場所はないことを認めていたことも見える。そしてこのアンビバレントな状況を救いに来る主イエスを待つ場が、このA教会であった。変わりゆくハルツームの状況を背景として、教会は新たな役割を課せられたのである。そしてそれはまた、A教会がククの教会としての役目を終えたこと、そして南部出身者の帰還が、その場所自体の変容を迫るものとなっていたことを示していた。

3　それぞれの選択

では、ハルツームにおけるこのような状況の変化は、移住者地区での生活にどのような影響を与えたのだろうか。二〇一二年二月。教会が閉まっていたため、S地区の状況を知ろうと筆者が大市場から伸びる道を歩いていたとき、「ユウコ！」と声をかけられた。ふと見ると知った顔が崩れかけた塀からのぞいていた。クク人のオーリである。二〇一一年一月まで筆者がよく訪れていたエステル家の隣人で、ヌバ人と結婚していた。筆者は彼女が「南部には帰らない」と言っていたことを思い出した。手招きされるままに家に入ると中にはもう一人の女性と、一〇歳ぐらいの女の子がおり、ベッドには小さな赤ん坊が寝かされていた。「マリアムだよ。もう三か月になるんだ」と言う彼女に「シマーヤ[10]はしたの？」と尋ねると「もちろんさ」と彼女はコーヒーの準備をしながら、筆者にジュバの様子を聞いてきた。「みんな元気かい？　エステルの家族はどうしてる？」筆者は「ジュバで会ったよ。ムヌキのバス停の近くに住んでるのよ。みんな元気だよ」と答えた。

そして彼女はもう一人の女性を「私の姉だよ」と紹介した。ベッドに転がり、悠然と水たばこをふかしている。枕のそばに転がった携帯電話からはバリ語の聖歌が聞こえてくる。「彼女は来週ジュバに行くんだよ」とオーリが言う。「ジュバには誰か家族がいるの？」と聞くと、「お母さんと兄弟たちがいるよ」と答えが返ってきた。オーリにも「ジュバに行くの？」と聞くと、彼女はやっぱり首を振った。「行かないよ。私には故郷はないからね」

帰り途、夕飯の材料を買いに行くという彼女とともに市場に向かった。筆者は知っている人の名前をあげて誰が南部に「帰った」のかを聞いてみた。「ああ、トマスなら五月に帰ったよ。アイリは最近だな。ジュバで会わなかったの？　ほとんどみんな帰ったんだよ」筆者はその週のうちに再訪することを約束して彼女と別れた。

だがそれから約二週間、マラリアで倒れていた筆者はＳ地区を訪れることができなかった。久しぶりにＳ地区を訪れ、バスから降りて、オーリの家に向かおうとしていたとき、筆者を呼びとめる声があった。「家に行くの？」呼ばれるままに入っていくと、そこは半ば壊れたベランダ[11]だった。地面に敷かれた茣蓙に寝転がり、もしくはバンバルと呼ばれる脚の短い椅子に腰をおろし、オーリを含む数人の女性たちが思い思いの格好でくつろいでいた。ベランダの中央にどっかりと座った女性アンナがオーリに筆者について問うている。「ああ、友達さ。あんた知らない？　前はマリの父親の家によく来てたんだよ」それを聞いて、周りの女性たちが「ああ」とうなずいた。それから筆者はこの家に足しげく通うことになった。

これから筆者が語るのは、このオーリとアンナという二人の南部出身女性の選択の過程である。彼女たちは民族は違えど二人ともスーダン共和国市民であるヌバ人を配偶者に持ち、去りゆく南部人たちを見送り、そしてハルツームに残った人である。スーダン共和国における南部出身者の地位が不安定化する最中、彼らはどのように自分の居場所を選択していったのか、そして選択の理由は何か、それを見ていきたい。

◇「神の道」とは何か――アンナの迷いと決断

Ｓ地区のバス通りから少しだけ奥に入ると、右手に青い扉がついた家が見える。それが筆者が調査の当初からお世話になっており、カジョケジにおける寄宿先でもあるアベルが建てた家である。アベルの家族は全員南部へと帰還したため、このときすでに家は無人であった。その向かいに壊れかけた土壁をこれまた破れた毛布で覆った家がある。それがアチョリ人女性アンナとヌバ人男性ハサン夫婦の家である。二人の間には一三歳から〇歳までの六人の子どもがいる。毛布で覆われている部分がちょうどベランダにあたり、アンナはいつもそこにいるため、筆者はこの道を通るたびに声をかけられ、炭火で入れたコーヒーをごちそうになっていた。

アンナは一九七六年生まれ。二二年前に「ジュバからハルツームに来た」という。アチョリ人の故地はジュバとは違う東エクアトリア州にある。なぜジュバから来たのかと聞くと、父親がウガンダで働いていた間、母親とともにジュバにいたのだという。ジュバで小学校に行っていたが、ハルツームに来たときに学校はやめてしまった。彼女はほんの少しアラビア文字を読めるが、アルファベットは読むことができない。ハルツームでヌバ人のハサンと結婚し、子どもをもうけた。仕事があるときには洗濯婦をしているというが、筆者がS地区に行ったときに彼女が家にいないことはほとんどなかった。

彼女がいつもいるベランダにはオーリも含めて数人の女性が集まっていることが多い。その顔触れは時によって変わるが、よく比較的見るのはシルック人の女性である。だが、民族構成は多様だ。ときにはヌバ人の老婆が来て旦那との喧嘩の愚痴を言い、ディンカ人が皿を借りに来る。彼女たちは砂埃が舞うベランダに寝転がり、ハルツーム方言とジュバ・アラビア語を交えておしゃべりをしながらヘンナを施し、その日の夕食の準備をし、コーヒーを飲む。

帰還の話題が出ることも多かった。彼女たちがハルツームに残ったのは主に配偶者、もしくは家族のため、そして帰還にかかる費用を出すことができないという二つの理由があったためであった。彼女たちは二〇一二年四月に南部出身者の国籍が失効することは知っていた。だが、北スーダンに残ろうと思った場合、どのような手続きが必要なのかは知らなかった。また、スーダン共和国国民であるヌバ人と結婚しているアンナは居住権を得られるはずだが、アンナはそれも知らなかった。

彼女は壁に寄りかかりながら、「九か月でしょ……一月、二月、三月……うん、あと二カ月ないじゃないか」と指折り数えていた。「でもビザ（igāma）があればいられるんでしょう?」と別の女性が声を上げる。「でもお金がいるんでしょう?　そんなお金どこから出てくるのさ」と他の女性が返していた。ふと、アンナが筆者に聞いた。「あんた、ビザは持っているの?」筆者がうなずくと、「それはいつも大事に持ってなきゃいけないよ」と言っていた。

アンナは自分の作りだしたネットワークの中で日常を送っていた。そして筆者がアンナの家を訪問しはじめたころは、上記の様子からもわかるように南部に帰還するという考えはあまりなく、かといって北スーダンに滞在するための手立てを講じるわけでもなく、ただ国籍失効の日を恐怖とともに待っているかのようだった。それはおそらくこのとき資金難によって帰還支援が停止していたこととも関係していると考えられる。だが、その状況が少しずつ変わっていく。

ある日、アンナの家でコーヒーを飲んでいたとき、子どもたちが「カシャだ!」と口々に言った。同時にトラックが近くの道にとまる音がした。外に飛び出していった子どもたちの後をついて筆者も外に出た。そこには大きなトラックが道をふさぐように止まっていた。トラックの荷台には男たちが数人乗っている。軍人が降りてきて、筆者に目をとめ、「おまえはここでなにをしているんだ?」と聞いてきた。筆者は「単なる訪問者だ」と答え、いつの間にか周りに集まっていた女性たちがそうだそうだと筆者の言葉にうなづき、筆者にさりげなく家に戻るように促した。筆者はそれにおとなしく従った。アンナの夫ハサンと数人の男たちは家に入って来たとき、口々に「自由がない!」、「スーダンは良くない!」と言い放っていた。そして踊りはじめた。明らかに酔っている。

そしてしばらくすると彼らは外に出ていった。

あとから家に戻ってきたアンナは筆者に向かって言い放った。「旦那が連れて行かれたよ」「なんで?」「飲んでるからさ!」そして子どもたちに向かって言った。「ズボンを渡してやってよ」子どもたちは家から父親のズボンを持ち出し、トラックに押し込まれた、在宅用の服を着ていた父親に向かって差し出した。

数日後、ハサンは帰ってきた。罰金を支払ってきたという話を聞いて、罰金を払えば鞭うたれずに済むのかと聞いてみたが、どちらにしろ打たれるという。「火がついたように痛いんだ」と言っていた。アンナは夫の姿を見て小さく「神よ、感謝します」とつぶやいた。その後もカシャは移住者地区で続けられていた。

アンナの家にいたシルック人女性が突如「あんたはマラカルに行ったことはないのかい?」と聞いてきた。「ないよ、あなたはマラカルの出身なの?」と聞くと、アンナが「そうだよ、ここにいる人は私を除いてみんなマラカル出身者さ。私だけだよ、エクアトリア出身は」と言う。するとそこにいた三人の女性がアラビア語ではないことばで話しだした。「何語?」と聞くと、シルック語とだと言う。

そしてアンナは「あんたは南スーダンのいろんなところに行くといい。マラカル、ジュバ、イエイ……で写真を撮ってあんたのお母さんに見せるんだよ。南スーダンはこんなところですってね」それから「くに（watan）はいいところだよ。ここみたいじゃない……」と言い、「ユウコ、私は南部に行くよ」と言いだした。

「兄がスーダンの軍隊に勤めているんだけど、それが終わったら帰る」

「ジュバに行くの?」

「そうだよ」

「ジュバには誰かいるの?」

「いるよ、姉妹と母親がね」

そしてご飯の準備をはじめながら再び女性たちと話をする。「やっぱり神の望む生活をしなけりゃだめだよ」と、うなずきあっていた。そしてやってきた知り合いに五ＳＤＧをねだる。彼女は二ＳＤＧを置いていった。「ユウコ、ミア[12]持っているかい？」と聞かれる。「ミアはないけど、ハムスミアならあるよ」と渡すと子どもを呼び付け、買い物を指示する。「小麦粉を一・五ポンド、……」。そして筆者を振り返って言う。

「昨日なにも食べなかったんだ。お金がなくて」

「旦那は何やってるの？」

「飲んで寝てるだけさ！」

「でも、お金がなくてどうやって南に帰るの？　飛行機？　それとも船？」

「金があるわけがない。兄がコスティまでの旅費を出すから、コスティに行って、そこから政府の船で南に行くんだ」

「それなら急がなきゃ。コスティの船はもう終わるって言っていたよ」

「……」

子どもたちが買い物から帰ってきたお釣りを受け取り、アンナは筆者にきっちり四〇〇ディナールを返した。アンナの口から「帰る」という言葉が突如出てきた。だが、夫ハサンはヌバ人であり、北スーダン国民である。夫と子どもはどうするのだろう？　と聞いてみると子どもたちだけを連れて南部に行くという。ハサンは仕事をしていない。筆者が見る限り彼はいつでも酒に酔い、仲間とつるんでどこかに出かけてしまう。家に金を入れないどころか、カシャに捕まれば罰金すらかかる。水すら有料のS地区でアンナは明らかに金に困っていた。実際、知り合いに一SDG、五SDGといった小銭をねだって生活していた時期もあった。それにもかかわらず、ミアだけを取り、お釣りを筆者に返した。これは彼女なりの矜持の保ち方なのだろう。彼女は時折旦那の愚痴を言うようになった。

彼女の生活は本当に「その日暮らし」であったが、彼女は彼女なりに子どもたちをしつけ、世話をしていた。本人が教会に行くところを見たことはないが、子どもたちが行くときには無理をしてでも水を買い、身体を清めさせてから送りだす。そして夫が帰ってきたことを神に感謝し、「神の望む道」に従うことを声高に語る。彼女を模範的なキリスト教徒であるということはできないかもしれない。文字をほとんど読むことができない彼女は聖書を読むことも出来ない。だが、日々の生活の中で自分なりの「神の道」を見つけ、それに従おうとしていたのもまた事実である。その彼女なりの「神の道」とは何であったのか。

その後アンナによる帰還の話は二転三転した。ときには登録はまだだと言ったり、もう登録を終えたと言ったり、コスティまでバスがあると言ったり、全く一貫性がなかった。だが、「帰る」という意思だけは彼女の中で固まっていたようだった。そして彼女が「帰る」という意思表明をしたのは、彼女いわくの「UNによる帰還支援」が再開されたという情報が移住者地区の中で広まったのとほぼ同時である。さらにこのとき、夫であるハサンの不行状も重なった。苦しいハルツームでの生活を捨てて別天地へ行きたいとアンナが考え、それが「神の望む道」となったのも無理はない。だがそれは夫ハサンにとっては受け入れがたいことでもあった。

ハルツームを発つ前日、S地区での最後の調査を終え、帰ろうとした。アンナとは携帯番号を交換し合い、ジュバで会う約束をした。いつものようにベランダに集まっていた女性たちがバス通りまで送ってくれると言い、みんなで家を出た。そこにふらりとハサンが姿を現し、筆者に声をかけた。

「もう行くのか？　また来るんだよな？」

「また来るよ。でもすぐじゃない」

短い会話を交わすと、彼は突然しゃべりはじめた。

「俺はハルツームで一人残されるんだ、アンナの奴は子どもも連れて南部に行っちまう。俺はこれからどうやって暮らしていけばいいいんだよ！」

筆者の腕を掴んで必死に訴えてくる。先を歩きだしていたアンナは首をすくめ、「ユウコ、早くしないと日が暮れるよ」と言う。

「じゃあ、あなたもジュバに行けばいいじゃない。アンナの夫なんだからジュバで暮らせるよ」と言うと、彼は首を振った。

「ハッジ・ユースフには俺の母親がいるんだ。母の面倒を見るのは俺しかいない。だから俺はハルツームに残らなきゃいけないいんだ」

そこでハサンの仲間が彼を筆者から引き離した。アンナに促されるまま筆者は歩きだした。彼女は家の中に引きたてられるハサンを見ながらはき捨てるように言った。

「どうせ仕事もしないくせに！」

◇オーリのつながりと選択

にぎやかなアンナの家と比べるとオーリの家は静かである。オーリとヌバ人で道路工事夫をしている夫オマル、そして生まれて三か月の娘と一〇歳ぐらいの妹がいる。オーリがハルツームに来た時期は「子どものとき」とだけ聞いている。正確な年を聞くことはできなかった。だが、ジュバ・アラビア語を共通語としているエクアトリア出身者であるにもかかわらず、かなり正確なハルツーム方言を話せるところから長期のハルツーム生活を見て取ることができる。キリスト教徒であると聞いているが、筆者はオーリが教会に行くところを見たことがなく、また教会のことが話題に上ったことはない。夫は仕事があるためあまり家にいない。かつてはオーリの家にも多くの客が来ていたが、南部人の帰還とともに来る人も減ったとみられる。「スーダン」人は南、北問わず、ひとりでいることをいいこととは思わない。常に誰かといることがよしとされる。そのためオーリもあちこちを訪ねていく。アンナの家にいることもあったが、次第にそれは例外なのだということがわかってきた。たまに客がいることもある。

下の表は、筆者が彼女を訪問したときの客、もしくは訪問先一覧である。見てみると明らかにヌバ人との交流が多いことがわかる。同じようにヌバ人を夫としていたアンナと比べてその違いは明らかである。

表5　オーリの交流関係

日付	内容
2月11日	アチョリ人女性宅訪問 アチョリ人、シルック人、ヌバ人
2月12日	アチョリ人女性宅訪問 アチョリ人、シルック人、ヌバ人
2月15日	筆者アチョリ人女性宅に滞在 オーリは来客につき不在
2月17日	在宅 来客あり「北部アラブ」人女性、夫の親族（ヌバ）
2月19日	在宅 来客あり「北部アラブ」人女性、夫の親族（ヌバ）
2月24日	ヌバ人宅訪問 ヌバ人、「北部アラブ」人女性

そして生活状況もアンナとオーリは違っていた。

オーリにお土産の砂糖を渡すと、「これ五ポンドはするのよ！」といってコーヒーの準備をはじめた。「家の中と外、どっちがいい？」と言いながら外のベッドを整え、コーヒーのボックスをベッドの間に置き、コーヒーを作りはじめた。そこに夫が帰ってきた。仕事の調子はどうかと聞くと、「よくない。水曜から仕事がないんだ。機械が壊れたってさ」と言っている。

コーヒーが出来上がりかけたころ、一人の男性が訪れた。オーリの娘に「アンム（父方オジ）だよ」と語りかけているところを見ると、どうやら彼は夫の弟か兄らしい。

コーヒーを飲みながら、彼は「スーダン」で生きるつらさを語りはじめた。「もし俺が外国の学校で学びたいと思ったとする。でも政府は俺に奨学金を出さない。色が黒いからさ」筆者は「じゃあ南部に行けば違うんじゃない？」と聞くと、「俺はヌバ人だから南部には行けないんだよ」という答えが返ってきた。すると煮立ったコーヒーをそれぞれのカップに注いでいたオーリが「北部の生活は苦しい？」と意味ありげな視線を送ってきた。

つまり、彼女はハルツームでの生活をそれほど苦ではないと思っていることになる。そしてこの親族が帰った後に、お盆にのったパンと鶏肉のシチューが出てきた。ハルツームで一番高い肉は鶏肉である。財産となる鉄製ベッドも家の中と外に五つセットされ、使いこまれてはいるもののマットレスも人数分ある。仕事がないと嘆きながらも、そこまで生活に困っている様子は見えない。そしてニンニクと香辛料がふんだんに使われた、明らかに南スーダンというよりは北スーダンの色が濃い食事であった。オマルは食事をしながら子どもの面倒をみている。

そしてある日オーリと一緒にヌバ人であるという彼女の友人の家に出かけたとき、その家には二人の女性がいた。一人は以前オーリの家に来ていたこともある南コルドファン出身の「アラブ」人女性である。全員パリッとしたジャラビーヤを着て、トーブを羽織っていた。その家はきちんとした鉄製の扉が付いており、細長い敷地に二つの建物が立っている。片方に屋根が張り出し、ベランダになっている。そこに二つのベッドが並べられ、その間にカーヌーンが置かれていた。彼女たちはコーヒーを沸かしながらおしゃべりに興じる。話題の一つは、アンナの家の汚さだった。彼女の家が整理整頓がされておらず、不潔であることに文句を言っていた。彼女たちにとってはベッドを整え、清潔な服を着て、きちんとした食事を取ることが当たり前であり、それができないアンナたちを明らかに見下していた。

そしてアンナが帰還するという話からジュバとハルツームの比較へと話題が移っていった。オーリは一度ジュバに行って戻ってきたという経験があるが、他の二人はジュバに行ったことがない。当然、筆者に「ジュバとハルツーム、どっちがいいか?」というお決まりの質問が飛んできた。筆者もまた、「ジュバはいいよ。でも物価は高いよ」という定型文を返した。すると彼女たちは満足そうにうなずき、家の女主人が「ハルツームは安いでしょう?」と言った。それは事実なので筆者はうなずいた。この様子からも彼女は南部に向かうつもりがないことがわかる。

オーリの生活は国籍失効の件さえ除けば安定している。夫はきちんと仕事をし、子どもの面倒も見てくれる。周りには北スーダン出身で帰還の予定がない友人もいる。それを考えれば彼女がハルツームに残ることを選択したのは極めて合理的な判断の結果であることがわかる。そして彼女は自分の民族語であるバリ語が話せないという。だから私には「民族(gabila)」がないと。彼女は、自分がククであり、当然南スーダン出身であると知っている。だが、彼女は長く過ごしたハルツームで自分の人生を送ることを選んだ。それは北スーダン人になることではない。ククとして生きることでもない。S地区で夫と子ども、そして夫の親戚や、友人たちに囲まれて生きる人生を選び取ったのである。この選択の過程に国籍という「資格」の有無はあまり影響を及ぼしている様子はない。オーリに四月の国籍失効について知っているかと聞いたことがある。彼女は「知ってるよ」と言っただけでそれ以外は何も言わなかった。そしてアンナの家でその話が出たときも黙っていた。

ここまで、国籍失効を目前に控えた移住者地区におけるアンナとオーリという二人の南部出身者の選択を見てきた。ここから見えるのは、国籍という国民国家から与えられる資格の有無は彼らの選択の背景の一つではあるものの、絶対的なものではなく、彼らが彼らなりの選択を自分がハルツームで創り上げてきた生活を鑑みて行うその過程である。生活は様々な要素が折り重なって出来ている。そのため彼女たちが帰還を、もしくはハルツームに残ることを選択する理由も一つではなく、それはいくつもの要素が折り重なった結果である。そして救いのない絶望の中で出された結論が彼らにとっての救いとなり、「神の望む道」となりうる場合も、確かにあった。

二　カシャとアラビア語とキリスト教――南スーダン内戦と人びとの夢

1　南スーダン内戦勃発と北スーダン

南スーダンの独立から約二年半たった二〇一三年一二月一五日、ジュバで起きた大統領警備隊（Presidental Guard）内部における銃撃戦をきっかけに、戦火が再び南スーダンを覆った。大統領サルヴァ・キール・マヤルディ（Salva Kir Mayardit）と前副大統領リエック・マチャル（Riek Machar）との間の権力闘争の性格が強いこの内戦は、しかしディンカとヌエルという彼らの出身民族同士の民族紛争とも捉えうる。周辺諸国の仲介の下、和平会談が何度か設けられ、和平合意すらなされたが、約束は反故にされ、互いが互いを非難しあうだけだった。

この内戦によって多くの人が避難を余儀なくされた。二〇一七年一二月現在、この内戦による国内避難民は約二一八万人、難民が約二四〇万人であると報告されている（Reliefweb：二〇一八年一月一〇日閲覧）。筆者が二〇一二年から調査を続けてきたウガンダ共和国北部のアジュマニ県の難民村にも多くの新たな難民が来ていた。多くがディンカ人であり、上ナイルやジョングレイ州といった激しい戦闘が行われた地域から来ていたが、紛争が開始された場所である首都ジュバからの難民も一定数いた。さらには二〇一六年七月のジュバでの戦闘をきっかけとして戦火は南部エクアトリアにまで広がり、さらなる難民流出を招いた[13]。

先述してきたように、首都ジュバにはハルツームでの生活を経験し、南北内戦終結にともないジュバに移った人びとが多い。ということは彼らは避難／移住先であったハルツームからジュバへと帰還したのちに、再度ジュバを逃れる羽目に陥ったということになる。

アジュマニの難民村の市場に買い物に来た一人の女性は、ジュバから避難してきたクク人だった。彼女はハルツームからジュバへと帰還し、生活を営んでいたところに今回の紛争がおき、再度避難を余儀なくされたという。彼女はハルツームでの生活をなつかしみ、残った南部出身者たちを評してこう言った。

「彼らはラッキーだ」

やっとの思いで帰還したにもかかわらず再度避難せざるを得なかった人から見れば、ハルツームに残った人びとの状況は羨ましく見えるのかもしれない。しかし前節で見てきたように、南スーダン独立後のハルツームの状況は南部出身者にとって決して受け入れやすいものではなかった。

異なる国家になったとはいえ、イギリスからの独立以降五〇年以上、曲がりなりにも一国家として歩んできた歴史は、両国間に決して無視できない関係を築かせた。そのため北スーダンも南スーダン内戦の影響を少なからず被ることになった。

紛争解決を目的に活動するNGO、インターナショナル・クライシス・グループのレポートによると、二〇〇五年のCPA締結以降、北部スーダン政府は南部の武装勢力とつながりを保ち、南スーダンにおける反政府的動きをサポートしていた。また、南スーダンにおける紛争の勃発はダルフール紛争や青ナイル、南コルドファンで起こった紛争に先導されたものであった。北スーダンの「辺境地域」と呼ばれるこれらの地域は、南スーダンの独立後連携してスーダン革命戦線（Sudan Revolutionary Front: SRF）と呼ばれる組織を結成し、北スーダン政府に対峙してきた。南スーダン政府はこのSRFを支援していた。

南スーダンでの紛争勃発後、SRFは支援の継続と南スーダンにおける避難場所の確保を望み、政府側を支援した。対する北スーダン政府は南スーダン政府側との関係強化を望みつつも、南スーダン政府を支援するウガンダ、ＳＲＦとの関係を鑑み、反政府側を支援していたとされる。だが、この支援は表立って行われたものではなく、北スーダン政府は表立っては中立の立場に立ち、和平交渉の仲介役となっていた［ICG 2015］。

そして忘れてはならないのがこの紛争によって北スーダンに南スーダンからの難民が流れ込んだことである。筆者がハルツームに滞在していた二〇一四年一〇月の時点で北スーダンには南北内戦時に移住・避難した南スーダン出身者が約三五万人残っていた。そこに合流した新たな難民の数は一〇万人を越え、そのうち三万人近くがハルツームに住んでいると報じられていた。ハルツームに到着した新たな難民はハルツーム郊外に古くからある移住者集住地区や南スーダン人の集住する地区に流れ込んでいた。北スーダン政府は、南スーダン難民が人道支援を必要とする人びとであることを認め、その支援を表明しつつも、南スーダン政府との協定を盾に、南スーダン人は北スーダン国内における居住権、就業の権利を持っているとし、新たに到着した南スーダン人たちの難民登録を許可せず、難民キャンプの設立も拒否した。それは支援機関による彼らへの支援を滞らせるものでもあった。

つまり、北スーダン政府側は南スーダン政府、反政府の双方とのつながりを保ち、中立を唱え、和平の立役者たらんとしていた一方で、紛争の被害者でもある難民を保護することを拒否したのである。それは北スーダンによる、国内に住む南スーダン人の扱いを暗示するものでもあった(14)。

２　Ｓ地区の行方と祈りの場

二〇一四年一〇月。約二年ぶりのハルツームだった。

Ｓ地区に向かうバス停は以前と変わりなかった。筆者がＳ地区に通いはじめた当初からいるバスの客引きは、筆者の顔を認めて「Ｓ地区かい？　このバスだよ」とバスを指し示してくれた。

ここまでは以前と変わりなかったのである。だが、バスはハルツームの街中を通り過ぎたあと、なぜか見覚えのない道を走っていく。これまでもたまにバスが違う入口からS地区に入ることはあった。だが一旦中に入れば大体どこを走っているのか見当がついたし、必ず大きな市場を通っていた。しかし今回は勝手が違う。地区に入ってから五分ぐらい走れば着くはずの市場にいつまでたっても着かない。以前はもっと家が密集していたはずなのに、ガランとしていて家がポツンポツンと点在している。

「あのさ、私スーク・サマクでおりたいんだけど」と運転手に言ってみると「スーク・サマクはもう通り過ぎた……いや違うか、もっと向こうだよ」と指さされた。以前ならどのルートを通ってもスーク・サマクを通らなかったことはなかった。「前と変わってる？　どういうこと？」と乗客に聞いてみると、「ああ、ここら辺は壊されちゃったからね、変わってるはずだよ」と返された。確かに家の土台は残っている。運転手に「ここからあのアンテナを目指して歩いて行け」とおろされた場所から歩きだした。

……暑い。日陰一つない。低い土壁の家がポツン、ポツンと建つ。色鮮やかなのは其処此処に建つモスクのみである。歩いても歩いても知っている風景に出会わなかった。出くわした三人組に「A教会の場所を知らないか？」と筆者が調査の拠点としてきた教会について聞くと、「どれだ？　教会ならいくつかある。市場の近くの学校が併設されてる教会なら……」「そう、それそれ」「やっているかどうかはわからないぞ。ちょうど俺たちもその方向に向かうから一緒に行こう」と言ってくれた。

「あんたのことは二年前くらいまでよく見たよ」と言うので、「今、S地区の多くの教会は動いてないの？」と聞くと「俺はムスリムだからよくわからないよ。でもここではムスリムとキリスト教徒は一緒に暮らしてるんだよ」と返ってきた。

示された教会はおそらくＡＩＣのものだった。違うと首を振ると「もう一つはあれだ」と示されたのは黄色い門とアラビア語の看板。……違う気がする。案内してくれた人はその教会に向かわず別の場所に向かおうとする。

「バス乗り場まで連れてってやるから帰るんだ。ここに一人で来ちゃいけない」

「もう来ちゃいけないってこと？　私はここに入っちゃだめなの？」

「ジュバの人たちが帰って、家が壊されて、ここは変わったんだよ。一人で来ちゃだめだ、誰かと一緒においで」

彼はヌバ山地の出身者であるという。彼のこの言葉から、Ｓ地区の状況が以前とは違うこと、そしてムスリムであっても「移住者」、「よそ者」として住む人びとがこの状況に少なからぬ恐怖を感じていることが伝わった。それは筆者が本当の意味でフィールドを「失った」瞬間だった。筆者はこのＳ地区で二〇〇七年から調査を続けて来ていた。南スーダンやウガンダでの調査を挟み、しばらく訪れることが出来なかった時期もあったものの、通算して一年以上をこの地区で過ごしてきた。国勢調査、総選挙、住民投票、そして帰還という激動の時代を生きる人びとの生活を垣間見てきたのである。確かに激動の時代であった。変わらないかに見えたＳ地区の日常が、南部出身者の帰還によってあっさり覆されていく状況も目の当たりにした。強制退去や住居の取り壊しが彼らの日常の中にあったことをインタビューで聞きとってもいる。しかし幸いにも筆者がＳ地区に通った二〇〇七年から二〇一二年まで、その外観が変わることはなかった。バスに乗って地区に辿りつけば市場があり、学校があり、通いなれた教会があって、其処に集う人は変わったものの、顔を出せば知り合いがいて筆者を招き入れてくれた。それが、不可能になったことを知らされた瞬間だった。[15]そして時代が変わったことをはっきりと実感した瞬間でもあった。

S地区に入ることをあきらめた翌週の日曜、筆者は行方がわからない人びとの消息を求めてハルツームにあるオール・セイント・カテドラルを訪れた。このカテドラルは一九一二年に建設されたスーダン・南スーダン聖公会（Episcopal Church of Sudan and South Sudan: ECSSS）ハルツーム教区の拠点教会である。ハルツームに南部出身者、そして南北国境地帯出身者が移り住むようになって以来、彼らの保護者としての役割を担ってきた教会でもある。二〇一〇年まではアラビア語、英語での礼拝に加え、南スーダンの民族語による礼拝も行われていたが、二〇一四年の時点では英語、アラビア語、そしてモル語による礼拝のみになっていた。

教会の中では何語かの礼拝が行われている最中らしく、声が漏れ聞こえてくる。その声を背に十数人の人が集っていた。ケテンゲのアフリカン・ドレスを着る人も幾人かいた。話を聞いていると、数人はヌバ山地出身者であり、そして内数人は確実にエクアトリア、特にジュバ出身、もしくはジュバに縁がある人であることがわかった。アフリカン・ドレスを着た二人組と、中年の男性がジュバの話をしている。そこで筆者は彼らにジュバから来たのかを聞いてみた。するとそうだという答えが返ってきたので、どの民族出身なのかをさらに聞いた。もしバリ・スピーカー であればハルツームにおけるバリ語での礼拝についての情報が得られると踏んだためである。アフリカン・ドレスの二人組がバリ人、男性がポジュル（Pojul）人だということだった。筆者は自分がもともとS地区のA教会に通っていたこと、その教会の現状がわからないこと、そしてバリ語で礼拝を行う教会がハルツームにあるのかどうかを聞いた。彼らはS地区の教会について知っていた。だが現況について正確な情報を持っていなかった。住民の強制退去が行われた際に教会も閉鎖されたのではないか、という見解と、まだ礼拝は行われている、という見解があった。そしてバリ語で礼拝が行われている教会があるのかについても確かな情報は得られなかった。

アフリカン・ドレスを着た女性はポニとエッシャーという。二人ともバリ人であり、カテドラルのメンバーであった。アラビア語の礼拝にも関わらずバリ語の聖書と祈祷書、聖歌集を持参している。彼らとジュバの様子について話をしているうちにモロ語の礼拝が終わり、筆者は彼らに連れられてカテドラルの中に入った。アラビア語での礼拝に慣れていない筆者はアラビア語の聖書と祈祷書を借りた。アラビア語で聖書の該当箇所を指定された場合、それが英語やバリ語でどの章に当たるのかがわからなくなる可能性があったためである。ポニとエッシャーはその前を素通りした。礼拝がはじまる前までに筆者は二人がＳＲＭのメンバーであることを知った。

礼拝では旧約聖書から出エジプト記の三二章第一節から一四節まで、そして新約聖書からピリピ人への手紙四章の第一節から九節が読まれた。前者はモーセに連れられてエジプトを出国した人びとが、神に呼ばれたモーセの不在時に偶像を崇拝し堕落したことに対し神が怒りを向け、モーセが取りなす場面であり、後者はパウロがローマで投獄されていた際にピリピの信徒へ送ったとされる手紙の章で、該当箇所ではあるべき信仰のかたちについて説いたものであった。筆者の近くに座っていたポニとエッシャーは慣れたようにアラビア語でのアナウンスを聞いてバリ語の聖書をめくった。そして「スーダン」で広く使われている聖歌集『シュクル・イエス』のアラビア語一〇番が歌われた。

説教ではハルツームの苦しい現状と、南スーダンでの紛争で新たにハルツームに来た難民たちへの言及があった。しかし説教者はその苦境を振り切るように歯切れよく話をした。

あなたがたが私から学び、受け、聞き、また見たことを実行しなさい。そうすれば平和の神があなたとともにいてくださいます。（ピリピ 四―九）

この章句に従うかのように説教者は紛争によってハルツームに来た人も神に感謝すべきであると唱えた。

説教が終わり、喜捨を行ってふとカテドラルの後方を見ると二〇〇以上はある席がほぼ満席となっていた。礼拝終了後、全員が外に出て互いに握手を交わすがその列は長く続いてなかなか終わらない。終わったころに筆者はポニに促されてカテドラルの中にあるマザーズ・ユニオン（教会婦人会）の事務所に入った。ここでも様々な服装を見ることが出来た。女性たちは思い思いにくつろいでいる。トーブをしっかり羽織り、手にヘンナを施し、金の腕輪をはめた女性が流暢な英語で話しかけてきた。マザーズ・ユニオンの副委員長だと名乗った彼女は、ハルツームの取り巻く状況の厳しさを訴え、ぜひ日本にこの苦境を伝えてほしいという。ディンカ人だという彼女は「南部に行くのか?」と聞いた筆者に対して、「行くわ、でも今じゃない。子どもの教育があるから。ここに残っている女性たちはみんなそうよ」と答えた。

カテドラルの外の喧騒が落ち着いたころ、女性たちは再度カテドラルの中に入って、扇風機の風がよくあたる場所に会合の席を設けた。そこでマザーズ・ユニオンの定例会合が行われた。進行役を務めるのは委員長であるヌバ人の女性である。彼女の夫は南スーダン人であるモル（Moru）人で、現在もハルツームに住み、オムドルマンの教会で司祭をしているという。そして副委員長がそれを補佐する。バリ人のポニとエッシャーも参加していた。会合は口語アラビア語、ほとんどハルツーム方言で行われた。話題の一つはカテドラルにおける催し物の際の食事の準備についてであった。彼女たちは忌憚なく意見を交わし、冗談に笑い、ときに人の意見に文句を言った。前回の催し物の際に残ったらしい食品が運ばれてきた。それを彼女たちは対価を払って分けあった。その中にはピーナッツ・ペーストがあった。少し乾燥して硬いハルツームのそれではなく、とろりとした南部のピーナッツ・ペーストである。小さなバケツ型の容器からスプーンですくって味見をしている。筆者のところにもスプーンとバケツが回ってきた。「ダクワ（dakwa）よ、知ってる?」と聞かれて知っていると答えると、周りで笑いが起こった。「知らないわけないでしょ！　ククよ！」と誰かが言っていた。

会合が終わった後、足を痛めているエッシャーが乗るアムジェットにポニと便乗した。エッシャーはＳ地区の隣の移住者地区まで帰るという。ポニはその途中で降りるらしい。筆者は泊っているホテルへのバスが出る場所まで送ってもらって、お礼を言ってアムジェットを降りた。

この様子からはキリスト教への厳しい政策が行われているにもかかわらず、現在もカテドラルは活発な活動を行っていること、そしてその活動が多民族によって支えられていることがわかる。独立から間もない二〇一二年二月にこのカテドラルで行われた礼拝は人の数もまばらだった。南部出身者たちは南スーダン独立後ハルツームで自分たちがどのように扱われるかについて相当な不安を抱いていた。しかしこの時の調査では主日礼拝に参加した二回とも満席であったし、後述するカテドラルでの平和の祈りにおいても多くの人がハルツームの各地から詰めかけていた。教会の取り壊しの話をあちこちで聞き、状況は悪化しているように見えた。ではなぜ、このような変化が起きたのだろうか。カテドラルに勤める司祭の一人に話を聞いたとき、彼はその原因としてハルツーム内の教会が減ったことを挙げた。キリスト教徒が集まることが出来る場所が減っている、だからこそカテドラルに集まるのだと。

それに加えて筆者はもう一つ理由があると考える。それは二〇一二年に南北スーダン間でなされた両国民の居住、就業に関する合意である。これは合意がなされた後の両国間の関係悪化によって履行状況が懸念されていた事項であった。実際二〇一二年の時点で南スーダン出身者たちの間には自分たちの北スーダンにおける居住権に関する不安があった。しかし二〇一四年の時点では筆者が見る限り、この合意は比較的機能している。南スーダン出身者たちは自分たちの居住がある程度認められていることを認識するようになり、ハルツームで出歩くことへの恐怖が多少払しょくされたため、カテドラルに再び集まることが出来るようになったのではないだろうか。

カテドラルにおける南スーダン人同士の会話では、国籍カードやパスポートに関する話題が取り上げられることが多かった。そしてその際強調されていたのは「国籍カードは必要。だがパスポートは南スーダンに行くときに取ればいい」ということである。つまり、彼らはハルツームに住み続けることが出来ることは認識していたのである。

もちろん、ハルツームに住むことへの不安からキリスト教に救いを求めてカテドラルへと向かう人もいただろう。

この参加者の中に新たに来た難民がどれほどいたのかはわからない。カテドラルで筆者が出会った人びとは全員古くからハルツームに住む人、もしくは就業、就学のためにハルツームに住み続ける人だった。

3　故郷と異郷との間――救済の場、夢の舞台

ところは変わって一〇月半ばのバハリである。ハルツームの中心部からバスに乗って約四〇分。終点まで辿りついた後、「そのあとはラクシャ[16]の運転手に教会に行けと言えばわかる」と言われていた通りにラクシャに乗った。連れていかれたところは大きな教会だったが、催し物があるはずなのに人の気配がせず、しかも聖公会の教会にしては装飾が細かい。別の教会はないのかと聞くと、ラクシャの運転手は困り、近くにいた中等学校の学生に聞いて、ようやく正しい教会に辿りついた。ここもまたかなり大きな教会である。大きさはカテドラルに及ばないものの、二〇〇人以上収容することが可能で、祭壇は一つ高い場所に作られ、祭壇と参列者席の間には柵が設けられており、床はタイル張りである。会ははじまっているようで、女性たちの声が外まで響いている。中に入ると四〇人ほどの女性、そして六~七人の男性がいた。男性の多くは司祭であることを示すカラーを身に着けている。女性たちの年齢層は幅広い。そして祭壇側には二〇人ほどの女性が座っていた。多くが水色、もしくは白い

ワンピースを身に着けている。進行役も説教者も女性である。

この催しはこのＢ教会のマザーズ・ユニオンによる救済の目覚め（nahḍat khalāṣīya）への祈りである。そのため進行役や説教者はＢ教会のメンバーが担っていたが、祭壇側の席にカテドラルのメンバーを数人認めることが出来た。

長い催しであった。説教者の力強い言葉の後、男性司祭たちからの言葉もあった。そのあいだあいだに聖歌隊による聖歌斉唱が挟まれた。聖歌は多くがアラビア語のものであったが、南スーダンで、そしてかつてはハルツームでよく歌われていたバリ語のものもあった。アフリカン・ドレスを着る参列者がカテドラルより目立つ。そしてマザーズ・ユニオンのメンバーへのプレゼント・セレモニーが続いた。さらにＢ教会のメンバーではない参加者による挨拶があった。当然、筆者も壇上に上がることになった。

私は天におわします神に感謝をささげます。今私はとてもうれしい。

筆者の直前に話をすることになった女性は流ちょうなアラビア語(17)で話を展開して行った。そして次第にその声が震えがちになり、泣き声混じりになった。かつてこのＢ教会で長く活動していたというこの女性は、南スーダンの独立に従って、ジュバに帰還した。しかしその後南スーダンで紛争が起こり、彼女自身も身体を壊した。南スーダンの病院では対応することが出来ず、ハルツームへ来たのだという。彼女は南スーダンでの孤独、それが司教と神によって救われたこと、ハルツームに無事着いたこと、体調が良くなりつつあること、そしてＢ教会で再びメンバーに会えたこと、そこで祈ることが出来たことに対し神への感謝の意を表明していた。

そして彼女の前に話をし、その背後にいた女性が彼女を支えた。

会場内の参加者が彼女の話に共感していた。

会の終了後、食事をするときに筆者は彼女の横に座ることになった。彼女は筆者の挨拶を聞いていたため、自分がククであること、そしてジュバから来ていること、カジョケジの出身地などについて話をしてくれた。ハルツームには療養のためだけに来ていて、それが終わり次第ジュバに帰るのだという。

食事が終わった後、筆者たちは家に戻るために、そしてB教会のメンバーたちは筆者たちゲストを歌とダンスで見送るために外に出た。外に出ても女性たちのおしゃべりはやむことはなく、それぞれの近況について話をしている。中には南部に帰った親族の近況をハルツームに住む者に尋ねることもあった。

前述したとおり南スーダン独立後もECSSSはその組織を分けることを否定していた(18)。そして南北の境界線がない「神の国」を創ろうとしていた。ハルツームと南部との距離、特にジュバとの物理的距離は遠い。ジュバに一旦帰還すればハルツームが「過去」となる場合も多いが、四章で見てきたように、厳しいジュバでの生活に疲れ、ハルツームをなつかしむ人もいる。そして南スーダンでの紛争や個々人の事情がジュバとハルツームを再び結び付ける場合もあった。ハルツームへと何らかの理由で戻り、懐かしい人びととの再会を果たし、喜びあう場合もある。ハルツームのキリスト教教会はそうした帰還民たちの思いを受容する役割も果たす。ハルツームが彼らの「救済」の場となるのである。

カテドラルでの二度目の主日礼拝の後、筆者はまたポニとエッシャーとが乗るタクシーに便乗することになった。二人はジャラビーヤを来た運転手に流ちょうなハルツーム方言で値段交渉をしている。値段の折り合いがついたらしく、二人に促されてタクシーに乗った。乗った後も二人は運転手と軽口をたたき合っていた。

「あんた、まだ結婚してないの？」

※注19削除

「嫁さんいらない？　外国人だけどね！」

「あんた、年とってるじゃねーか……」

タクシーはやがてアフラに着いた。[19]筆者とポニが降り、エッシャーに手を振った。筆者のホテルに戻るにはここからバスを捕まえればいい。しかしポニはここから歩くという。筆者もそれに従った。歩きながらポニは自分がこの近くに住んでいること、夫はいないこと、娘と息子がいること、ハルツーム大学で掃除婦をしていること等を話してくれた。歩いていると頭上を飛行機が飛び去っていった。それを見て彼女は言う。

「ジュバに行く飛行機だよ。この時間にいつも飛ぶのさ」

ポニは筆者を自宅へと招いた。アフラのあるアフリカ通りと筆者が泊まるホテルの近くにであるイベート・ハティーフ通りの間の地区にある、鉄の扉のついた大きな家である。もちろん電気は通っており、ベランダではＴＶの音をＢＧＭにして一〇歳ぐらいの男の子が中年の男性に勉強を教わっていた。ポニは筆者をベランダの隣の部屋に招き、水とソーダ、そしてビスケットをふるまった。ちょうどウガンダでキリスト教信仰覚醒運動の調査をしてきていた筆者はポニにハルツームにおける運動の現状などについて聞いた。[20]だが話題は次第にポニのこと、そして筆者が知るジュバのことになっていった。先述したとおりポニはジュバの出身で、バリ人である。だが聖公会の司祭であった父のハルツームへの異動に従って子どもころにハルツームに来たという。そのためジュバについてよくは知らない。彼女の父はハルツームで亡くなっている。ただ、ジュバに彼女の兄弟がいて、彼もまた教会の司祭であり、ジュバのオール・セイント・カテドラルに勤めている。ジュバ郊外のチェックポイント付近に家があるという。

ジュバに行く（māshi）のか、という筆者の質問に、彼女は首を振った。

「行かないよ。だってジュバは危ないっていうじゃないか。扉を開けたらナイフを持った男がいるんだろ……もしウチに父がいればいいよ、安心だ。でももう父はいない。ハルツームなら安全だ。子どもたちもハルツームで学校に通ってるし……」

そして彼女は夢を語った。オムドルマンに土地を持っているという。

「お金を貯めたらオムドルマンに家を建てるんだ。娘と孫がいるからね、みんなで暮らせるように。ジュバには時々行くよ。そして家族の様子を見てまたハルツームに戻ってくる」

神の御加護があるから大丈夫だよ、と言った筆者を加護故に神を信じるのではない、と彼女はたしなめた。

「どんな状況にあろうとも神は私たちを見ていてくれる。そうだろう？」

ホテルに戻る筆者を送るときに、この地区には南部出身者がいるのかと聞いた筆者に彼女はやはり首を振った。

「いや、いない。ただ、この辺は昔は南部人がたくさんいたんだよ。みんな南部に行っちゃったのさ」

少し、さみしげだった。

ハルツームにまた来るよ、と言った筆者に彼女はこう答えた。

「またおいで。カテドラルに来ればいつでも会えるよ」

ポニがキリスト教徒にとって厳しい状況が続くハルツームで暮らし続けることを決意した背景には、おそらく彼女にとってジュバがハルツームより親しみやすい場所ではなかったこと、そして彼女自身がハルツームで暮らしていくことが出来ると踏んだことがある。それは彼女がハルツームに「帰って／戻って」来る（raja'）といったところから見えてくる。短い訪問では彼女の家とおそらくムスリムが大半であろう近所との付き合い方に関してはわからない。そのため彼女にとってハルツームでの人間関係がどのように作られているのかを知ることはできなかった。だが少なくともカテドラルでの南スーダン人の様子や、彼女との会話から二〇一二年の合意によって南スーダン人のハルツーム在住継続が可能であることが明らかになったこと、そしてカテドラルの存在もまた、彼女のハルツームに住み続けるという選択に大きな影響を与えていることがわかる。彼女にとっては親族がいたとしても見知らぬ、そして危険に見えるジュバより、よく知るハルツームの方が自分の夢をかなえるのにふさわしい場所であった。自身の「生」をより生かせる場がハルツームだと選択したのである。

だがポニにとってハルツームが故郷となったのかといえば、そうではないようである。彼女は自分はジュバ出身だと、南スーダン国籍を持つ者だと断言した。そしてタクシーの運転手との会話や南部出身者の数の減少を嘆く彼女の様子からわかるように、どれだけ長く住もうとも、アラビア語を流ちょうに操ろうとも、ハルツームでの彼女は異邦人である。

救いの場、夢をかなえる場としてのハルツームと異郷としてのハルツームとの間に彼女はいる。このようなハルツームのあり方は、すでに南スーダンへと帰還し、ハルツームでの生活の経験を背負って生きる人びとが抱くハルツームへの思いと重なり合う。だが道は分かたれた。南スーダンで、もしくはハルツームの外で生きることを選んだ人びとと、ハルツームに生きることを選んだ人びととの間で、今後ハルツームへの視線がどう異なっていくのかは、注視すべき課題だろう。

そこにキリスト教が深く関わるであろうことが予想される。彼女にとって神の視線は物理的な恵みからのみ実感できるものというわけではない。神の恩寵があったから成功出来たと感謝するのはもちろんであるが、それが望まぬ結果となったとしても、それもまた神の思し召しであり、自分たちはそれに従うべきなのだ。彼女の言葉からそれが見えたとき、筆者は彼女の長いハルツーム生活の歴史の一端を掴んだ気がした。南部人がハルツームで生きようとするとき、誰もがある種の苦しみを経験する。そのときにその苦しみの意味を神に還元することが彼らにとっての「救い」となった部分もあったのではないか。そしてそれは南スーダン独立後もハルツームで生きることを選んだ人にとって今後の糧となるのではないだろうか。

註

(1) 南コルドファン州のヌバ山地を父祖の地とする人びと。ヌバ山地には五〇を越える民族集団があると言われる。だがヌバ山地の外に住む人に対しては、彼らは自身をヌバであるという。
(2) 例えば、住民投票を控え、南部出身者の大量帰還がはじまった二〇一〇年九月から一〇月の間で南部出身者の処遇についてオマル・バシールを含めたNCP関係者数人が発言しているがその方針は二転三転していた（参考、*Sudan Tribune*）。
(3) ***Al Sudani*** 15. 1. 2011
(4) *Sudan Tribune* 18. 7.2011
(5) 二〇一一年八月一〇日にオマル・バシール大統領によって承認されている。
(6) 南スーダン共和国国籍法三章八節（一）。国籍カードやパスポート取得のためには別の手続きが必要になる。
(7) 二〇一一年七月の時点で約七〇万人の南部出身者が北スーダンにいたと言われる。
(8) 年間三〇〇SDG（当時のレートにして約九〇〇〇円）。
(9) 実際、移行期間が終わった二〇一二年四月以降ハルツームにおける教会の焼き打ちが数件報告されている。
(10) 新生児誕生の祝いの儀式。
(11) 「スーダン」では家の中庭に屋根を張り出し、木陰を作る。そこを通常ベランダと呼ぶ。
(12) 一SDGの一〇分の一。ハルツームでは二〇〇五年までの通貨であったディナールの呼び名がまだ使われており、一SD

Ｇが一〇〇〇ディナールであったため、その一〇分の一はミア（一〇〇）と呼ばれている。

(13) だが彼らの多くはアジュマニ県ではなく、隣県のモヨ、ユンベ（Yumbe）県の難民居住区に入った。

(14) のちにスーダン政府は南スーダン人を難民として受け入れることを了承した。だが、その待遇は状況によって変わる恣意的なものであった。

(15) おそらくＳ地区の住人すべてが筆者のＳ地区への出入りに関して彼と同じ見解を持っていたわけではないだろう。再度Ｓ地区に入ることも可能性として検討した。だが、Ｓ地区に入ることが出来たとしてもそれが政府に知られた場合、筆者のみならず、地区の住人に影響が及ぶ可能性が高いと考え入ることを断念した。

(16) ハルツームでよく使われる三輪タクシーである。後ろの座席に乗客を乗せる。

(17) 語法上はハルツーム方言、一部単語がジュバ・アラビア語であった。

(18) だが二〇一七年一一月に南北で管区を分けることとなった。

(19) ハルツームの有名なショッピングモール。

(20) 結果をいうと、ハルツームに信仰覚醒者が一定数残っていることがわかった。だが調査期間が短かったこともあり詳しい状況について知ることはできなかった。

終章　未来に帰る——移住が帰郷になるとき

ここまで、ハルツームで一定期間過ごした南スーダン最南部カジョケジ郡を故地とするクク人の移動と、彼らが生きた場所との関わりを見てきた。

結果、彼らがカジョケジを故地とする過程、移動を開始する背景、移動の結果彼らが作り上げたネットワークと生活、それによって場所の意味が変容していく過程が描き出された。さらに、そうして創り上げられた場所で生きてきた人びとがハルツームを去り、南スーダンへと向かうことになる理由とその過程、そして南スーダンに辿りついたのちに、これまでのハルツームでの生活がいかなる意味を持つのかについて、フィールド調査をもとに記述してきた。

終章となる本章では、序章で提示した疑問と課題に立ち戻り、人間の移動と場所との関わり、そしてここまで見てきた彼らの移動、特に帰郷とみなされるようなそれが、彼ら自身にとっていかなる意味を持つのかについて、これまで示してきたデータをもとに分析してみたい。

一　ハルツームとは何なのか——故郷になる条件

土地と自然と人間との関わり合いについての論集を編んだ河合香吏は、「ひとが生きるということは、具体的であるとともに、抽象である」と言う［河合 二〇〇七：iii］。それはつまり自然環境という具体的な土地に生きるとともに、みずからがつくりあげた表象世界に生きるということである。そして人間の言語と行為によって表象化はなされる。言いかえると、人間は自身が生きる場を何らかの方法で意味づけているということになる。もちろんその意味付けの方法や、意味自体はそれを行う行為者によって異なる。ある特定の人間、もしくは人間集団の場所に対する意味付けの背景と過程を知ることによって、ある場所と人間との関係をより深く知ることが出来るのではないだろうか。本書ではそれを生態的な側面からというよりは、人間の生活の場、そして彼らの言説、行為そのものから読み解いてみたい。

本書では移動するクク人たちが一定期間を過ごした土地、カジョケジ、ジュバ、アジュマニ、そしてハルツームをどのようにまなざしてきたのかについて見てきた。そこからわかったのは、第一に移動した先において人びとがどのようにして新たな生活と折り合いと付けていくのか、そしてその場所を故郷と見なす、もしくは見なさないその理由、さらには彼らにとってその場所がいかなる意味を持つのかについてである。

ハルツームから南スーダンへと移り住もうという意図を持った人にとって、ジュバは帰るべき場所として第一に目される場であった。それはこれから彼らの故国になろうという南スーダンへの帰還が決定的になったとき、彼らが経てきたジュバ、ハルツームでの都市生活がジュバを帰るべき場所として見させたためである。それは故国という故郷への帰郷であった。だがハルツーム在住経験を持つ人のすべてがジュバを故郷と見なしたわけではないだろう。特にハルツームでその人生の大半を過ごしてきた若年層にとってはジュバですら単なる異世界、異郷にすぎなかった。だがジュバに移り住んだクク人たちは自身の拠点となるゴシェニ教会を建設し、ともに生きる人びととの交流を通じて「都市のクク」としての自身を認識すること、ジュバが彼らにとっての故国南スーダンの首都であるという認識を通して、ジュバを帰るべき場所、そして故郷と見なすようになっていった。

そしてハルツームからジュバ、カジョケジへと移り住んだアベル一家は、家族の成員それぞれが経験した移住後の生活を背景としながら、自身の帰るべき場所を見出していた。それはアラビア語で言えば故郷バラドというよりは家バイトに近い。北部スーダン東部からエチオピア北部への難民の帰還を描いたハモンドがティグライ語の中には故郷、もしくは家を示す単語が何種類かあり、それぞれの意味が異なることを示したように［Hammond 2004b］、帰るべき場所は故郷という一単語で集約されるにはあまりにも多義的である。

そしてハルツームである。ハルツームでは長く南部人と呼ばれてきた南スーダン人にとって、ハルツームは第一義的には敵地である。クク人にとっては特にハルツームに住むアラブ・ムスリムは敵である。慣れない気候の、条件の悪い土地に住まねばならず、敵に囲まれ、蔑視の視線を受け、アラビア語を操らねばパンも買えない苦しみの場所である。それは植民地化、奴隷交易、そして南北スーダン内戦という歴史を経て南スーダン人が醸成してきたハルツームへの視線であり態度である。しかし移住者地区での生活の経験と記憶は彼らにもう一つのハルツームを想起させることになった。南部人、西部人、もしくは南北国境地帯出身者がともに生き、苦しみ、そして人生の喜びを味わう都市としてのハルツームである。そのもう一つのハルツームの中にアラブ・ムスリムが出てくることが極めてまれであるのは、「スーダン」における南北関係のあり方の一端を鮮やかに表していると言える。だがその一方、約一五〇年間仮にも一つの国家であった「スーダン」の歴史を振り返ったとき、何とも皮肉なものだと思わざるを得ない。南スーダンへの移住後、彼らはこの二つのハルツームの間で揺れ動いていくことになった。

さらに言えば、クク人にとってハルツームそれ自体はどんなに長く住んでいても、そしてそこで生まれたとしても故郷（beled/jur）にはならなかった。なぜ、ハルツームはクク人の故郷になることが出来なかったのだろうか。それはハルツームという場所が、そこに根付いて生きているとクク人たちが見なす人、つまりアラブ・ムスリムがクク人を受け入れなかったためである。ときに彼らはハルツームでの生活をなつかしむ。だがそのときに思い浮かべるのは自分たちの住んでいた移住者地区であった。その移住者地区を思い浮かべるとき、否応なしに発展した都市ハルツームとそこに迎え入れられることがなかったことも同時に思い出される。受け入れられなかったという思いは、南スーダンが独立したこととも相まって、ハルツームを彼らの故郷にすることはない。つまり、ある場所が故郷となる絶対条件はそこで「生きる」人に受け入れられることにあることがわかる。

二　移住が帰郷になるとき

1　移住——移動し住まうということ

池田光穂は様々な移動の形を類型化し、象限図によって示した［池田 二〇一二］。この図により、移動のあり方が整理されたといえる。だが、序章で述べた通り類型化された個々の移動の形が、人間にとってどのような意味を持つのかについてはまだ検討の余地がある。特に移住という行動に関しては、移動した人の生活、そして居住に関する多くの研究がある一方で、それが結びつくことはあまりなかった。また、「住まう」という行為を再考する際、注目されるのは水上生活者や牧畜民、狩猟採集民、ジプシーといったノマドである／あった人びとが中心であり［左地 二〇一六、藤川 二〇一七］、移動した先での居住を前提とする人びと、いわゆる移民、もしくは難民のそれはあまり注目されていない［cf. 里見 二〇一七］。だがここでもう一度、移民、難民にとっての「住まう」ことを考えてみることは、移住の意味を考える上で有効であろう。

本書で示してきたクク人たちの移住の実態を見てみると、彼らの多くがその人生の中で移動、そして移住という行為を繰り返してきたことがわかる。ハルツーム生活経験者の帰還を移住の一種であると考えれば、少なくとも南部スーダンからの移住／避難、そして南部への帰還と二回行っている。だが、多くの場合、彼らはそれ以上に住まいを移している。例えば、ジュバのノア家の家族構成員の変遷を見てもそれは明らかである。南スーダンへと帰還したのちも、就業や就学の都合によって彼らは住処を変えていった。もちろん、戦闘や災害によって逃れざるを得なかった場合それゆえの苦しみがある。だがそうした避難の繰り返しもまたある種の移住である。そして逃れざるを得ないという一見選択の余地がない状況にあっても彼らはより良い道を選択していく。彼らにとって住まいを移るということはそんなに特別なことではない。

では移動を繰り返すクク人にとって、「住まう」とはどのような意味を持つのか。バリ語では「住む」をシダ（shida）、ジュバ・アラビア語ではゲニ（geni）という。これは両方とも座るという意味を持つ。座ると住むを同じ単語で表すということは、住むもクク人にとっては座ると似た意味、つまり一時的にそこに滞在するという意味をもはらんでいることを示しているのではないだろうか。クク人たちが移動を繰り返してきたこと、そしてこの住むという単語が孕む意味を考えたとき、彼らにとって、「住む」とは移動の中にあるもの、そして彼らは移動の中に生きているということがわかる。もちろんこうした「住まい方」は「スーダン」という場所の歴史によって生まれたのであるが、程度の差はあれ、こうした移動と居住との関係性を人間だれしも少なからず持っている。それが「常に動いている（on the move）」ということであろう。移動は、激動の「スーダン」を生き抜いてきたクク人にとっての希望であり、よりよく生きるための手段でもある。移動と定住という二分法を少なくともクク人に当てはめることはできない。

だが、彼らはまた、移り住んだ場所で自身のそれまでの人生をも糧にしながら、新たな人とのかかわりを創り出す。そうした人との関わりを通し、彼らは自身の生きる場所を相対化し、意味付けていく。この人との関わりこそが、現代を生きるクク にとって、移動と一線を画す「住まう」ということなのではないか。その過程である場所は故郷となり、ある場所は故郷にならないまま、過去のものとなる。

2 移住が帰郷になるとき

さて、移住の過程で関わった場所に対し、意味づけを行ってきた人びとにとって、帰郷とはどのような移住だったのだろうか。そもそもハルツームから南スーダンへの移住は彼らにとって帰郷といえるものだったのだろうか。

筆者の答えは是である。ハルツームから南スーダンへのクク人の移住は、彼らの多くにとって帰郷といえるものであった。だが、それははじめから帰郷であった事例ばかりではない。南スーダンへと移り住んだ後に、その移動が帰郷と見なされるようになった場合もある。このような人びとの移住観の変化の背景には、前節で述べてきた人間と場所との関係が横たわる。

ハルツームでの暮らしを経験した人びとの間において、ハルツームが二重の意味をもったことは前節で述べたとおりである。そしてハルツームが意味するものが変わるにつれ、彼らの中にあるジュバやカジョケジへの視線もまた変化した。さらに言えば、南スーダンへの帰還が現実味を持たず、夢であったときと、それが現実味を帯びてきたときにもそれぞれの場所への見方は変化している。いつか帰る夢の故郷として見なされてきたカジョケジは、帰還が現実味を持って彼らの眼前に迫ったとき、都市を生きた人びとの将来の居住地とはなりえなくなった。そして多くの人びとはジュバへの移住を決意した。そしてその移住が「自発的」であったかといえば、彼らが自ら望み、移動したという点を考えればそうであるし、その背景に何があったかと考えればそうではないということも出来る。「自発性」という言葉のあいまいさに気がつかされる。帰郷を定義する際に自発性の有無はあまり重要な要素とはならない。

そしてこのとき、明らかに帰郷として南スーダンへと向かった人もいれば、ほぼ見知らぬ土地への移住としてこの移動を受け止めた人もいた。その違いは、南スーダンを、もしくは帰還先をよく知る、もしくは知らないということ、もしくは物理的な移動に起因するというより、移動する当人が移住先を「帰るべき場所」と見なしているかどうか拠るのではないか。さらに辿りついた南スーダンで生きる中で「ここ」を故国と、もしくは故郷と見なす過程がある。それは彼らのそれまでの移住歴、そして移動した先における生活のあり方との比較によってなされる。故郷は相対的なものなのである。だからこそ同じ南スーダンを同じ故国と呼んだとしても、それが指し示すものは人それぞれで異なっていた。こうした故郷、故国観の違いが帰郷のかたちの多様性を生み出すのであろう。

こうしたことを考え合わせると、帰郷とは、どこかへ戻る移動のかたちというよりは、「帰るべき場所」を創り出し、そこへ向かうという人間の一連の行動のパターンであると考えるべきだろう。

三　未来に帰る人びと——ハルツームを生きたクク人にとっての帰郷から

二〇一三年一二月一五日、前日にジュバからカジョケジへと辿りつき、アベル一家が暮らすカレッジの職員寮に転がり込んだ筆者は、久しぶりのカジョケジでの朝食を食べながらそのニュースを聞いた。

「今日はジュバの住人はアンハッピーだ。兵士の宿舎でヌエルとディンカが撃ち合いをした」

写真 15　2013 年クリスマス（カジョケジ）

前日にノア家のエミに「また戻ってくるからね！」と告げ、ジュバを後にしてきた筆者にはそれがその後四年以上にわたって続くことになる南スーダンの新たな紛争の幕開けになろうとは全く考えられなかった。おそらくこのニュースを告げたアベルもそこまで深刻なこととなろうとは考えていなかっただろう。ジュバの家人の無事を確かめた後は、これはディンカとヌエルの戦いなのだとどこか他人事だった。ＢＢＣやカレッジで見る南スーダンＴＶによって情報は入ってきていたが、それは公式の、そして表面的なものにすぎず、ジュバで何が起こっているのかについては全く実感できなかったのである。筆者の携帯電話はカレッジのあるロモギでは電波が弱くほとんど使えなかった。実際、戦闘の二日後まではジュバに続くカジョケジの主要道路が閉鎖されたものの、カジョケジへの影響と言えばそれくらいで、筆者と同じくアベル家に居候をしていた司祭はクリスマスを祝うために二〇日にジュバへと発った。筆者も道路の封鎖が解除されたのを確認してＪ村へと移り、一月まで調査を行うつもりでいた。村の周辺はクリスマスの準備をする人でにぎわい、ジュバ、そしてウガンダからの短期訪問者を詰め込んだバスが次々と到着していた。

だが、ジュバから、そしてウガンダから来た人に話を聞くとどうもジュバの様子がおかしいことがわかった。フランスの大使館員が退避を開始した、アメリカが軍用機を出してアメリカ人はすべて引き揚げた、そんな話を聞くうちに携帯電話が通じなくなった。一月にジュバに戻って帰国の便に乗るつもりでいた筆者は、ジュバから帰国するのは難しいかもしれない、と思いはじめた。それでもまだまだ筆者の認識は甘かった。

栗本英世先生からのメールで日本人も退避をしていることを知らされ、大使館に連絡を取るようにと指示を受けた筆者が大使館職員に電話をすると、ジュバの空港は退避をする外国人で騒然としているという。即刻退避をすることを強く推奨され、どこから出るかを検討した。カジョケジ―ジュバ間の道路は時折盗賊が出る。平時ならともかく、この非常時に陸路でジュバに出るのは危険だと判断し、ウガンダに出ることにした。だがクリスマス前のこと、銀行は開いていない。残りの調査期間を南スーダンで過ごすと考えていた筆者は、手持ちの米ドルもウガンダ・シリングもすべて南スーダン・ポンドに替えていた。クレジットカードのATMはカンパラに出るまで使えない。それではウガンダに出たあと、カンパラに向かうバスのチケットも買えない。そもそもウガンダのビザを入手できない。カジョケジでは民間でウガンダ・シリングを南スーダン・ポンドに替えるのは簡単だがその逆は難しい。どうしようかとアベルに相談すると、「アナの学費用に取っておいたドルがある。学費の支払いはもう少しあとだからこのドルと替えてあげよう」と言ってくれた。南スーダンでドルを手に入れることの難しさを知っていた筆者は躊躇したが、他に方法はない。お礼を言ってドルとポンドを両替してもらった。

Ｊ村の人に急な帰国が決まったと告げるとジュバの様子を知る人はうなずいたが、多くの人は不思議そうだった。カジョケジには問題がないのになぜ？　戦っているのはディンカとヌエルであって、私たちではないのに。筆者はカジョケジに問題がないことは知っている、と強調した。

アベルはクリスマス明けの二六日にカジョケジを出ることにした筆者を村の中に建設中の彼の家を見に行かないかと誘った。クリスマス休暇を過ごすためにウガンダから帰国していたアナと一緒にアベルについていった。ライの家、つまり筆者の泊まるトゥクルのある場所から一〇分ほど歩いた場所にその家はあった。まだ柱と壁しかない。近くでは煉瓦を作る人たちが忙しそうに働いている。柱しか立っていないが、一目見ればそれが村の他の家と比べてひときわ大きく、立派なものになるだろうことがわかる。この家を建てるためにどのようにローンを組み、それを払うのがどんなに大変か、しかし彼の家族にとってそれがどんなに大切なものなのか、そして家がどのようになるのかをアベルは語った。ウガンダ、ジュバ、ハルツームと移り住んできた彼はジュバに土地と家を持っているが、カジョケジに住むことに決めていた。だがこれまでは基本的にひとりでカレッジの職員寮に住み、子どもたちは村や学校の寮に入れていた。彼の妻は南スーダンへ帰還した当初はジュバに住んでいたが、しばらくしてからカジョケジに移った。村にいるときは筆者が借りているトゥクルが彼の寝場所であったが、それはもともと彼の父のものであり、彼自身の家は村にはなかった。村の住人になること、家族とともに住む終の棲家を建てることは彼にとっての夢であった。それがついに成されようとしていた。

「ここが居間、ここが子どもたちの部屋……外に水タンクを置いて、パイプを通して家の中に水が来るようにする。料理するのも楽になるだろう。西洋式にトイレは家の中に設置しようと思うんだ。実は夜中に外にトイレに行くのは苦手でね……ここが客間だよ。この家が出来れば、ユウコがカジョケジに来たときにはウチに泊められるよ。長くかかったけど、ここが私たちの家になるんだ」

いつできるのかと聞いた筆者にアベルは、うーん、と考えながら二〇一五年のクリスマスには出来ているだろうと答えた。

二〇一五年のクリスマスには彼の家が出来る。それは間違いなく彼にとっての帰る場所、故郷である。未来に故郷は創られる。彼らは未来に帰るのである［cf. Markowiz & Stefansson 2004］。だがその彼のセリフを横で聞いていたアナにとってはそれはどこか他人事のようだった。ハルツームで人生の大部分を過ごし、南スーダンへと移ったものの、そこからさらにウガンダへと移動した彼女にとって、カジョケジはやはりどこか「他者の場所」なのだろう。彼女が帰るべき場所を見つけるのはおそらくまだ先になる。

二〇一三年二月、キリスト教信仰覚醒運動の礼拝集会への参加のためにジュバを訪れた筆者に、ハルツームからジュバへと移った後、ノア家で居候を続けてきたモリスはジュバの郊外、グレイに新居を手に入れたことをうれしそうに語った。

「小さな家なんだよ、ベッドを入れたらもうほとんど空間が残らないくらい。料理？　外でやるさ。今度来たらグレイに連れてってやるよ、ウチに泊ってご飯を食べていきなよ。グレイはね、ハルツームから帰ってきた人たちが大勢いるんだよ、みんなで頑張って暮らしてるんだ」

彼女の言葉からはハルツームのもう一つの意味がはっきり見て取れる。

人の移動は、土地の意味も変えていく。ジュバでも、かたちを変えた「ハルツーム」は生き続ける。ハルツームに生きた南スーダン人たちは、「ハルツーム」とともに未来に帰っていったと言えるのかもしれない。

あとがき

最後まで本文に入れようか迷い、結局入れなかった事実がある。

二〇一七年一月に起きた軍による民間人への銃撃をきっかけに、ほとんどすべての人がカジョケジを逃れた。その後もカジョケジの治安は全く安定せず、二〇一五年に完成するはずだったアベルの家の完成は遅れ、最後は完成しないうちに兵士たちによって焼かれた。彼の故郷は構築半ばで再び壊されることになった。二〇一八年三月、筆者にそのことを告げたアベルの声音は沈んだものだった。アベルは妻サラとともに南スーダン―ウガンダ国境のモヨ県に住み、カジョケジ教区の仕事を続けている。長女マリはジュバに留まり、ジュバ大学に進んだ。次女アナは結婚し、大学を終え、ジュバに仕事を持つ夫と共にジュバで暮らしている。三女セツ、末息子のカインはカンパラにほど近いムコノで学生生活を送っている。

二〇一八年九月に南スーダン内戦の和平協定が結ばれた。だが、この手の協定は何度も結ばれ、そのたびに反故にされてきた。アベルをはじめとしたクク人たちはもはや協定に何の期待もしていない。自分自身の目でカジョケジに戻る頃合いを見計らっている。

二〇一二年、博士論文を書く前の最後のフィールド・ワークでモリスからジュバ郊外のグレイに家を買ったこと、そこにはハルツームから来た人々が多くおり、共に生活をしていることを聞いたとき、筆者は自分のフィールド・ワークが一区切りついた気がした。彼らは未来に帰るのだ、という言葉が自分の心にすとんと落ちた。それが本書の題名の由来であり、そして結論でもあった。それだけにその後勃発した南スーダン内戦とカジョケジの崩壊は、筆者にとって何とも理不尽に思えてならないものだった。人間は未来に帰っていく。しかしその未来はなんて苦しみに満ちたものだろう。人間の希望はこんなにあっさり覆されるものなのか。苦しい未来に帰ることが、結論なのか。

だが、二〇一四年以降筆者は避難の地、ウガンダでクク人たちが精力的に動く姿を目の当たりにもしてきた。彼らは命あることを神に感謝し、難民居住地で生活を再建し、時にカジョケジに戻り、兵士の目をかすめ備蓄食料を持ち出した。停戦協定が結ばれればすかさず様子を見にカジョケジへと向かい、レモンやマンゴーとともにウガンダに戻ってきた。アベルは子どもたちの成長する姿に目を細め、筆者がお土産に持参したスマートフォンに「以前持っていた自分のスマホはアナに取られた」と言って喜び、それを今度はセツに奪われないように筆者に口止めし、こっそりとリュックに入れていた。おそらく、彼はセツに見つかってねだられればあっさりそれを渡すだろう。厳しくとも、最後は娘に弱い父である。そうした姿を見て、理不尽な思いはぬぐい切れないものの、筆者は希望がかたちを変えて彼らの傍らにあることに勝手ながらもほっとした。未来は変わる。いつか、本書の終わり以上の希望を彼らはつかみ取るだろう。それを確認できたら、今度はあのカジョケジから逃れたときから彼らの物語を紡ぎたいと思った。そして、本書を書き上げた。そのため、本書は彼らの未来への道筋の途中、希望が見える時点で終わっている。

本書は、二〇一三年九月に上智大学に提出した博士論文『「スーダン」におけるクク人の移住とキリスト教』を大幅に改稿したものである。博士論文審査に当たっては、主査、指導教授である赤堀雅幸先生、副査、副指導教授である私市正年先生、外部から審査を引き受けてくださった栗本英世先生（大阪大学大学院）からの審査を受けた。

この場を借りてお礼を申し上げる。口頭試問の場で赤堀先生に「この論文、大きく二つに分かれるよね」といわれたことがそれからずっと引っ掛かり、最終的に博士論文改稿、本書の執筆につながった。結果的にキリスト教の要素を大きく削ったが、この削った部分は、現在進行中の調査の成果と合わせ、別稿としていずれまとめたいと考えている。

本書が基礎とするフィールド・ワークは以下の助成によって可能となった。日本科学協会笹川科学研究助成(二〇一〇年度、二〇一三年度)、公益信託澁澤民族学基金大学院生等に対する研究活動助成(二〇一〇年度)、日本学術振興会特別研究員奨励費(二〇一一—一二年度・課題番号二三・三三九八、二〇一四—二〇一六年度・課題番号二六・一四九三)。

また、本書の出版は独立行政法人日本学術振興会平成三〇年度科学研究費補助金(研究成果公開促進費・学術図書・課題番号一八HP五一三〇)の交付によって可能となった。記して深くお礼申し上げる。

本書の初出は以下の通りである。

二〇〇九「ハルツーム在住国内避難民の現在：聖公会の活動を通して見るククの人々のことば」『多言語社会研究会年報』五号、二五—五五。

二〇一一『「国内避難民」とは誰か：スーダン共和国ハルツームにおけるククの人々の歴史・生活・アイデンティティ』上智大学アジア文化研究所。

二〇一三「ゴシェニ教会とクク人：首都ジュバから見る南スーダンのキリスト教」*Journal of Area-Based Global*

Studies, 4, 31-60.

二〇一五『見出される差異と結びつき：暫定期間と南スーダン独立後のハルツームに生きるキリスト教徒』上智大学イスラーム研究センター。

二〇一六「彼らは何者になるのか：南スーダン独立後のスーダン共和国ハルツームにおける南部出身者たちの選択」錦田愛子編『移民／難民のシティズンシップ』有信堂高文社。

二〇一八「クク人と故郷カジョケジ：南北スーダンにおける人間の移住と場所の変容」『文化人類学』八二―四、四四六―四六三。

ただし本書執筆にあたって、事例の配置や議論に大幅な修正が加えられている。

博士論文、本書の完成までには多くの方々にお世話になった。

赤堀先生には二〇〇六年の博士前期課程入学時からご面倒をおかけしすぎて、どうお詫びとお礼を申し上げればいいかわからない状態である。学部卒業から四年のブランクによりほんの少しはあったかもしれない学問のイロハのイの字も忘れ、英語もろくに読めず、口語アラビア語も話せないくせに「フィールド調査をする」と言い張る筆者にさぞかし手を焼かれたかと思う。博士後期課程進学後もフィールドが北スーダンから南スーダンへと変わり、住民投票、南スーダン独立、そして紛争勃発と不安定な情勢下で調査を行うこととなり、ずいぶんご心配をおかけした。「大丈夫なの？」と聞かれつつ、信頼して送り出してくださったことに深く感謝している。また、ゼミや論文指導の場を通して、人類学、地域研究、そして研究者としての姿勢について多くのことを学ばせていただいた。筆者の力不足による誤りや不足があることを自覚しつつも、本書の出版により少しでも学恩に報いることができればと願うばかりである。

私市先生には副指導教官としてご指導いただくとともに、イスラーム地域研究プロジェクトや「アジア・アフリカにおける諸宗教間の歴史と現状」研究会に入れていただき、貴重な学びの機会をいただいた。

博士論文の外部審査員となっていただいた栗本先生には、その後日本学術振興会特別研究員PDの受け入れ担当教授となっていただいた。また、南スーダン研究の大先輩である先生には、筆者の未熟さゆえにいつも、そしていろいろなところでご面倒をおかけしている。

また、上智大学の寺田勇文先生には、博士前期課程在学時からゼミに参加させていただき、最初のフィールド・ワークから帰ってきたとき、キリスト教についてまったくの素人であった（いまでも勉強中である）筆者に多くのことをご教授いただいた。

さらに上智大学の同期、先輩、後輩の方々にはさまざまな場で刺激と学びをいただいた。長期調査に行くときも、院生室から出かけ、院生室に帰ってくるような日々だった。加藤久美子さん（上智大学大学院博士後期課程（当時））、山本悠里さん（同博士前期課程（当時））には、著書原稿の最終チェックをお願いし、筆者の原稿の穴を埋めていただいた。

そして都留文科大学の恩師である千葉立也先生（現芝浦工業大学）には、フィールド調査のイロハをまさに現場で教えていただいた。教えていただいたことを全く飲み込んでいなかったことに、あとから気が付いたが、学部時代のフィールド調査の経験は間違いなく博士前期、後期課程でのフィールド・ワークにつながっている。

また、博士前期課程在学時、はじめての外部での口頭発表の機会をいただいてから多言語社会研究会に参加させていただくようになり、さまざまなことを学ばせていただいた。本書の主たるテーマは移住、帰郷であるが、其処此処にことばが議論のカギとして登場するのは多言語社会研究会での学びゆえである。

錦田愛子氏（東京外国語大学）が立ち上げられた東京外国語大学アジア・アフリカ言語文化研究所共同研究会「移民／難民のシティズンシップ」（二〇一一―二〇一三年度）、「シティズンシップと政治参加」（二〇一四―二〇一六年度）を通じて、人間の移動について人類学を超えた様々な視点から見ることを学んだ。「人間の移動は普遍なのか特殊なのか」という疑問は、この研究会に参加しなければ得られなかった。「空を飛ぶ」人びとと「地べたを這いつくばる」人びととの間での「人間の移動」を通したカオスな、そして真正面からぶつかり合う議論は、あの場でしか得られない、貴重なものだったといまでも思う。

そして二〇一七年度より参加させていただいている京都大学東南アジア地域研究研究所共同利用・共同研究拠点「地域情報資源の共有化と相関型地域研究の推進拠点」研究プロジェクト「ミクロヒストリーから照射する越境・葛藤と共生の動態に関する比較研究」（代表王柳蘭氏（同志社大学））は、越境や移住の経験をより「深く」知るということについて考えるきっかけとなった。

二〇一五年度日本文化人類学会次世代育成セミナーにおいては、本書の基幹となる論文の一つの構想を発表させていただき、大川真由子氏（神奈川大学）、佐久間寛氏（東京外国語大学）からコメントをいただいた。このセミナーでの経験を通して、博士論文を改稿するうえでの方向性を決めることができた。

現在勤務している盛岡大学の先輩方には、着任初年度から夏に一か月半消えるという暴挙にでた筆者を暖かく（生暖かく？）迎えてくださっていることに感謝を申し上げる。

そして、北スーダン、南スーダン、そしてウガンダで出会った人びとに深く、お礼を申し上げる。二〇〇七年からもう一〇年以上の付き合いになるアベル家、ジュバでの滞在先となったノア家のメンバー、そしてアントニー・ポッゴ前主教、イマニュエル・ムレ主教をはじめとした現南スーダン聖公会カジョケジ教区のスタッフには特にお世話になった。というより現在進行中でお世話になっている。人類学者とインフォーマントとの間に越えられない壁があることを忘れないようにしようと自分を戒めつつも、二〇一一年のカジョケジでまだそこでの生活スタイルに慣れないセツとともに、苦労しながら火を起こして食事を作り、ハルツームに思いを馳せ、将来について語り合ったときや、ノア家でノアとともに彼の姪マリアの行く末を案じているとき、筆者は自分がノア家やアベル家の家族の一員であったように感じていた。

ここまで挙げさせていただいた方々のほかにも、本来ならお名前を挙げてお礼を申し上げねばならない方々が大勢いる。さまざまな場所でさまざまな方々にお世話になり、そしてご迷惑をかけてきた。気が付くのと、はじめるのがいつも遅い筆者が本書の出版にこぎつけられたのはみなさまのおかげである。ありがとうございました。

風響社の石井雅氏は、一〇月のはじめという、日本学術振興会の出版助成申請締切ぎりぎりに何のつてもない中で、突然売り込みメールを出した筆者の原稿の出版を引き受けてくださった。そしていつもぎりぎりで提出するうえにずぼらな筆者の原稿を丁寧に読んでくださり、コメントを入れていただいた。お礼を申し上げる。

また、財団法人アジア文化学生協会には、博士前期課程在籍時から寮生としてアジア文化会館にお世話になっていた。最初のフィールド・ワークからの帰国後にはまさに住処を失っていた筆者を拾いやまぶき寮に迎え入れてくださった。その後一〇年、やまぶき寮でチューターとして過ごした日々は、そのまま博士論文執筆の期間と重なっている。やまぶきにいたからこそ、本書出版までたどり着けた。

縁というものは恐ろしくも人生を彩る甘美な水であると思う。

何かにつかれたようにひたすら異郷に出かけていく筆者を家族はもはやあきらめの境地で見ていたことだろう。今は亡き、母方の祖父母にこの場でお礼と報告を申し上げることを許していただきたい。

最後に、多くの方々のおかげで出版される本書であるが、その内容についての一切の責任は言うまでもなく筆者にあることを申し添えておく。

二〇一九年一月

著者

参考文献

〈一次資料〉

Biblia（バリ語聖書）, United Bible Society, Nairobi, 1979.

Biography and Tributes to Canon Rev. Binaiah Duku Poggo, Kajo-keji, 2011.

Buk Kwakwaset（バリ語祈祷書、聖歌集）, New Days Publishers, Juba, 1986.

CMS Annual Letter Kajo Kaji Station 1930-32

Diocese of Kejo-keji General Referendum Report, Prepard by Mr. Alex Achiga, January 2011.

Diocese of Kajo-keji in Partnership with Tearfund UK, Community Mobilisation Process, December, 2010.

Diocese of Kajo-keji Juba Liaison Office Report, Prepared by Ven. Archdeacon Emmanuel Kenyi, Mr. Alex Achiga, Mr. Stephen Tomor, 20. December. 2010.

Educational Statistics Report 1986/7, Educational Statistics Unit, Department of Educational Planning, Directorate of Education and Guidance, Equatoria Region, Juba.

Facts and Figures: Adjumani District, 2010/2011.

Opening of Gosene Church（映像資料）

Report on the Finance, Administration and Condition of the Sudan 1927, 1929, 1930.

Second Meeting of Chiefs, To Follow Up the Reburial of Late Chief Scopas Godi Abina Yengi, 2/5/2010

The 1983 Population Census Administrative Report for Southern Sudan, Regional Census Commission, Southern Sudan.

〈邦語〉

足立　綾

二〇一六「ラパトリエとピエ・ノワール――〈アルジェリアのフランス人〉の仏本国への帰還」『文化人類学』八〇巻四号、

五六九―五九二頁。
アパデュライ、A.
　二〇〇四　『さまよえる近代――グローバル化の文化研究』門田健一訳、平凡社。
安部安成他編
　一九九九　『記憶のかたち――コメモレイションの文化史』柏書房。
アーリ、J.
　二〇〇六　『社会を超える社会学――移動・環境・シティズンシップ』吉原直樹訳、法政大学出版局。
　二〇一五　『モビリティーズ――移動の社会学』吉原直樹・伊藤嘉高訳、作品社。
池田光穂編
　二〇一二　『コンフリクトと移民――新しい研究の射程』大阪大学出版会。
池谷和信
　二〇一三　「熱帯地域における狩猟採集民の移動の特徴」印東道子編『人類の移動誌』臨川書店。
磯部裕幸
　二〇一八　『アフリカ眠り病とドイツ植民地主義――熱帯医学による感染症の制圧の夢と現実』みすず書房。
伊豫谷登士翁編
　二〇〇七　『移動から場所を問う――現代移民研究の課題』有信堂。
　二〇一三　『移動という経験――日本における「移民」研究の課題』有信堂。
印東道子編
　二〇一三　『人類の移動誌』臨川書店。
エヴァンズ＝プリチャード、E. E.
　一九八五　『ヌアー族の親族と結婚』長島信弘・向井元子訳、岩波書店。
　一九九五　『ヌアー族の宗教』上・下　向井元子訳、平凡社。
　一九九七　『ヌアー族――ナイル系一民族の生業形態と政治制度の調査記録』向井元子訳、岩波書店。
　二〇〇一　『アザンデ人の世界――妖術・託宣・呪術』向井元子訳、みすず書房。
大川真由子
　二〇〇八　「ザンジバル、オマーンにおけるアラブ性の意味――アフリカ系オマーン人のエスニシティをめぐる一考察」『中

東学会年報』二四巻一号、七五―一〇一頁。
二〇一〇『帰還移民の人類学――アフリカ系オマーン人のエスニック・アイデンティティ』明石書店。
二〇一六「帰還から故郷を問う」『文化人類学』八〇巻四号、五三四―五四八頁。

大塚和夫
一九九三「マフディスト的『慣習』――北スーダンでのフィールドと文献の調査から」『オリエント』三五巻二号、九二―一〇五頁。
一九九五a『テクストのマフディズム』東京大学出版会。
一九九五b「スーダンの諸宗派・諸民族と内戦」『イスラームと地域紛争』日本国際問題研究所。
一九九八a「スーダンの『部族』と『民族』――『未開』社会のダイナミズム」小松久男編『イスラーム世界とアフリカ』岩波書店。
一九九八b「部族・宗派・民族――北スーダンの事例から」原尻英樹編『世界の民族――「民族」形成と近代』放送大学。

大貫良夫
一九九三『民族移動と文化編集――変動時代のノマドロジー』NTT出版。

カースルズ、S.&M・J・ミラー
二〇一一『国際移民の時代』名古屋大学出版会。

カプラン、C.
二〇〇三『移動の時代――旅からディアスポラへ』未来社。

河合香吏編
二〇〇七『生きる場の人類学――土地と自然の認識・実践・表象過程』京都大学学術出版会。

川田順造編
二〇〇九『アフリカ史』山川出版社。

栗田和明編
二〇一六『流動する移民社会――環太平洋地域をめぐる人びと』昭和堂。
二〇一八『移動と移民――複数社会を結ぶ人の動態』昭和堂。

栗田禎子
一九九三a「スーダン史上におけるウルーバの意味の変遷について」酒井啓子編『国家・部族・アイデンティティー――ア

ラブ社会の国家形成』アジア経済研究所。

一九九三b「スーダン近現代史上における『脱部族化した黒人』の役割に関する予備的考察」『人文学報』二三八号、七五―九九頁。

二〇〇一『近代スーダンにおける体制変動と民族形成』大月書店。

二〇一二a「アリー・アブド・アッ・ラティーフの生涯――スーダン『1924年革命』の社会的背景分析の素材として（上）」『東洋文化研究所紀要』一五九号、三九―六四頁。

二〇一二b「アリー・アブド・アッ・ラティーフの生涯――スーダン『1924年革命』の社会的背景分析の素材として（下）」『東洋文化研究所紀要』一六一号、八七―一一七頁。

クリフォード、J.
二〇〇二『ルーツ――二〇世紀の旅と翻訳』毛利嘉孝訳、月曜社。

栗本英世
一九九六『民族紛争を生きる人々――現代アフリカの国家とマイノリティー』世界思想社。

一九九九「討伐するとされる側――すれちがう相互認識」栗本英世・井野瀬久美惠編『植民地経験――人類学と歴史学からのアプローチ』人文書院。

二〇〇二a「難民キャンプという場――カクマ・キャンプ調査報告」『アフリカレポート』三五号、三四―三八頁。

二〇〇二b「弱さゆえに卓越する国家の暴力性」『季刊民族学』一〇一号、五六―五八頁。

二〇〇七「政治化される宗教――スーダンにおけるイスラームとキリスト教」『JANESニュースレター』一六号、一五―二三頁。

二〇〇八「教育に託した開発・発展への夢――内戦、離散とスーダンのパリ人」石塚道子他（編）『ポスト・ユートピアの人類学』人文書院。

二〇〇九「東・北東アフリカ」川田順造編『アフリカ史』山川出版社。

二〇一一「内戦下で人びとはなにを食べていたのか――南スーダンにおける生業、市場、人道援助」松井健他編『グローバリゼーションと〈生きる世界〉――生業からみた人類学的現在』昭和堂。

二〇一七「難民を生み出すメカニズム――南スーダンの人道危機」人見康弘編『難民問題と人権理念の危機――国民国家体制の矛盾』明石書店。

慶田勝彦
二〇一二「キベラ・レッスン――ケニアにおける土着性とヌビのアイデンティティ」太田好信編『政治的アイデンティティ

の人類学――二一世紀の権力変容と民主化に向けて』昭和堂。
小関　隆
　一九九九「コメモレイションの文化史のために」安部他（編）『記憶のかたち――コメモレイションの文化史』柏書房。
コナー、G.
　一九九三『熱帯アフリカの都市化と国家形成』近藤義郎・河合信和訳、河出書房新社。
齋藤　剛
　二〇一八『〈移動社会〉のなかのイスラーム――モロッコのベルベル系商業民の生活と信仰をめぐる人類学』昭和堂。
左地亮子
　二〇一六『現代フランスを生きるジプシー――旅に住まうマヌーシュと共同性の人類学』世界思想社。
里見龍樹
　二〇一七『「海に住まうこと」の民族誌――ソロモン諸島マライタ島北部における社会的動態と自然環境』風響社。
シーガル、R.
　二〇〇七『イスラームの黒人奴隷――もうひとつのブラック・ディアスポラ』設樂國廣訳、明石書店。
島田征夫編
　二〇〇五『国内避難民と国際法』信山社。
諏訪兼位
　一九九七『裂ける大地――アフリカ大地溝帯の謎』講談社。
田中二郎
　一九七一『ブッシュマン――生態人類学的研究』思索社。
田中二郎他編
　二〇〇四『遊動民――アフリカの原野に生きる』昭和堂。
飛内悠子
　二〇〇九「ハルツーム在住国内避難民の現在――聖公会の活動からみるククの人々のことば」『多言語社会研究会年報』五号、二一一―五六頁。
　二〇一一『「国内避難民」とは誰か――スーダン共和国ハルツームにおけるクク人の歴史・生活・アイデンティティ』上智大学アジア文化研究所。

二〇一三「ゴシェニ教会とクク人——都市ジュバから見る南スーダンのキリスト教」*Journal of Area Based Global Studies* 四号、三一—六〇頁。

仲尾周一郎
二〇一一a「ジュバ・アラビア語の現在——社会言語学的諸相および表記の発達から見るその動態」『アラブ・イスラム研究』九号、七九—一〇三頁。
二〇一一b「現代若年層ジュバ・アラビア語についての予備的考察」『地球研言語記述論集』三号、五九—八三頁。

錦田愛子
二〇一〇『ディアスポラのパレスチナ人——「故郷」とナショナル・アイデンティティ』有信堂。

西田正規
二〇〇七『人類史の中の定住革命』講談社。

ハイデッガー、M.
二〇一〇『ハイデッガーの建築論——建てる、住まう、考える』中央公論美術出版。

ハサウェイ、J. C.
二〇〇八『難民の地位に関する法』平野裕二・鈴木雅子訳、現代人文社。

幡谷則子編
一九九九『発展途上国の都市住民組織——その社会開発における役割』アジア経済研究所。

ハージ、G.
二〇〇七「存在論的移動のエスノグラフィ——想像でもなく複数調査地的でもないディアスポラ研究について」伊豫谷登士翁編『移動から場所を問う——現代移民研究の課題』有信堂。

速水洋子
二〇〇九『差異とつながりの民族誌——北タイ山地カレン社会の民族とジェンダー』世界思想社。

藤川美代子
二〇一七『水上に住まう——中国福建・連家船漁民の民族誌』風響社。

ブラント、W. S.
一九八三『ハルツームのゴードン——同時代人の証言』栗田禎子訳、リブロ。

山下晋司編

一九九六『移動の民族誌』岩波書店。

〈欧語〉

Abdalla, K. W.
2006 *Islam in Southern Sudan: Its Impact Past, Present and Future*, Khartoum: Khartoum University Press.

Abusharaf, R. M.
2002 *Wanderings: Sudanese Migrants and Exiles in North America*, Ithaca: Cornell University Press.
2004 *Life in Khartoum: Probing Forced Migration and Cultural Change among War-Displaced Southern Sudanese Women*, Rosemary Rogers Working Papers Series, no. 30, Cambridge: MA: MIT Center for International Studies.
2006 'Southern Sudanese: A Community in Exile,' in Manger (eds.) *Diasporas within without in Africa*.
2009 *Transforming Displaced Women in Sudan: Politics and the Body in a Squatter Settlement*, Chicago. The University of Chicago Press.

African Rights
1995 *Sudan's Invisible Citizens: the Policy of Abuse against Displaced People in the North*, London: African Rights.

Allen, T.
1989 'Coming Home: The International Agencies and the Returnees in West Nile,' *Journal of Refugee Studies* 1-2, 166-175.
2008 *Trial Justice: The International Criminal Court and the Lord's Resistance Army*, London: Zed Books.

Allen, T (ed.)
1996 *In Search of Cool Ground: War, Flight & Homecoming in Northeast Africa*, Geneva: UNRISD.

Anderson, D. M. & D. H. Johnson (eds.)
1988 *The Ecology of Survival: Case Studies from Northwest African History*, London: Lester Crook Academic Publishing.

Appadurai, A.
1991 'Global Ethnosacapes: Notes and Queries for a Transnational Anthropology,' in R, Fox (ed.) *Recapturing Anthropology*, Santa Fe: School of American Research Press.

Assal, M. A.

2002 'A Discipline Asserting its Identity and Place Displacement, Aid and Anthropology in Sudan,' in Ahmed (ed.) *Anthropology in the Sudan: Reflections by a Sudanese Anthropologist*, Amsterdam: International Books.

2006 *Whose Rights Count? National and International Responses to the Rights of IDPs in the Sudan*, Falmer: Development Research Centre on Migration, Globalisation and Poverty University of Sussex.

Barnett, T. & A. Abdelkarim (eds.)

1988 *Sudan: State, Capital and Transformation*, London: Croom Helm.

Barth, F.

1961 *Nomads of South-Persia: the Basseri Tribe of the Khamseh Confederacy*, Oslo: Oslo University Press.

Boddy, J.

1989 *Womb and Alien Spirits*, Madison: The University of Wisconsin Press.

1995 'Managing Tradition: 'Superstition' and the Making of National Identity among Sudanese Woman Refugees,' in W. James (ed.) *The Pursuit of Certainty: Religious and Cultural Formulations*, London: Routledge.

2008 *Anthropology and the Civilizing Mission in Colonial Sudan*, Paper Presented at Firth Lecture, London: Association of Social Anthropologists of UK and Commonwealth.

Brettell, C.

2015 'Theorizing Migration in Anthropology: The Cultural, Social, and Phenomenological Dimensions of Movement,' in C. Brettell & J, F. Hollifield (eds.) *Migration Theory: Talking Across Disciplines*, New York & London: Routledge.

Burr, J. M. & R. O. Collins

1995 *Requiem for the Sudan: War, Drought, and Disaster Relief on the Nile*, Boulder: Westview Press.

Cohen, J. H. & I. Sirkeci,

2011 *Cultures of Migration: The Global Nature of Contemporary Mobility*, Texas: Univerity of Texas Press.

Collins, R. O.

1962 *The Southern Sudan 1883-1898: A Struggle for Control*, New Haven: Yale University Press.

1968 *King Leopold, England, and the Upper Nile*, 1899-1909, New Haven: Yale University Press.

1971 *The Land Beyond the Revers: The Southern Sudan,* 1898-1918, New Haven: Yale University Press.

1983 *Shadows in the Grass: Britain in the Southern Sudan,* 1918-1956, New Haven: Yale University Press.

2008 *A History of Modern Sudan*, Cambridge: Cambridge University Press.

Coleman, S. & P, Hellermann (eds.)

2011 *Multi-Sited Ethnography: Problems and Possibilities in the Translocation of Research Methods*, London: Routledge.

Dau, I. M.

2003 *Suffering and God: A Theological Reflection on the War in Sudan*, Nairobi: Paulines Publications Africa.

Deng, F. M.

1995 *War of Visions: Conflict of Identities in the Sudan*, Washinton, D. C.: The Brookings Institution.

2005 'Sudan's Turbulent Road to Nationhood,' in Larémont, R. R.(ed.). *Borders, Nationalism, and the African State*, Colorado: Lynne Rienner Publishers.

Duku, O. M.

2001 *A History of the Church in Kajo-keji*, Khartoum: New Day Publishers.

Edward, J. K.

2007 *Sudanese Woman Refugees: Transformations and Future Imaginings*, New York: Palgrave Macmillan.

Elmugly, O.

1995 'Management of Relief for the Displaced: The Experience of Sudan,' in E. E. Eltigani, (eds.) *War and Drought in Sudan: Essays on Population Displacement*, Gainesville: University of Florida.

Eltahawy, N. (ed.)

2009 *Voices in Refuge: Stories from Sudanese Refugees in Cairo*, Cairo: The American University in Cairo Press.

Eltigani, E. E (ed.)

1995 *War and Drought in Sudan: Essays on Population Displacement*, Gainesville: University of Florida.

Fegley, R.

2009 'Local Needs and Agency Conflict: A Case Study of Kajo keji County, Sudan,' *African Studies Quarterly*, 11-1, 25-56.

Fukui, K. & J. Markakis (eds.)

1994 *Ethnicity & Conflict in the Hone of Africa*, Athens: Ohio University Press.

Geissler, N.

1999 'The International Protection of Internally Displaced Persons,' *International Journal of Refugee Law*, 11-3, 451-478.

Gmelch, G.

1980 'Return Migration,' *Annual Review of Anthropology*, 9, 135-159.

Grabska, K.

2014 *Gender, Home & Identity: Nuer Repatriation to Southern Sudan*, N. P: James Carry.

Graham, M. & S. Khosravi

1997 'Home is Where You Make It: Repatriation and Diaspora Culture among Iranians in Sweden,' *Journal of Refugee Studies*, 10-2, 115-133.

Gray, R.

1961 *A History the Southern Sudan* 1839-1889, Oxford: Oxford University Press.

Gudenkauf, A

1985 *Belgian Congo: Postal History of the Lado Enclave, 1897-1910*, Newbury: Philip Cockrill.

Gupta, A. & J. Ferguson (eds.)

1997 *Anthropological Locations: Boundaries and Grounds of a Field Science*, Berkeley and Los Angels: University of California Press.

Harrell-Bond, B. E.

1986 *Imposing Aid: Emergency Assistance to Refugees*, Oxford: Oxford University Press.

Hammond, L. C.

2004a *This Place Will Become Home: Refugee Repatriation to Ethiopia*, Ithaca: Cornell University Press.

2004b 'Tigrayan Returnees' Nations of Home: Five Variations on a Theme,' in F. Markowitz & A. H. Stefansson (eds.) *Homecomings: Unsettling Pathsof Home*, Lanban: Lexington Books.

2014 '"Volauntary" Prepatriation and Reintegration,' in E. Fiddian=Qasmiyeh et al. *The Oxford Handbook of Refugee and Forced Miagration Studies,* Oxford : Oxford University Press.

Holsey, B.

2004 'Transatlantic Dreaming: Slavery, Tourism, and Diasporic Encounters,' in Markowiz, F and A. H. Sterfanson (eds.) *Homecomings: Unsettling Paths of Return,* Lanham: Lexington Books.

Holt, P. M. & M. W. Daly

2000 *A History of the Sudan: From the Coming Islam to the Present Day,* Essex: Pearson Education.

Hovil, L.

2010 'Hoping for Peace, Afraid of War: The Dilemmas of Repatriation and Belonging on the Borders of Uganda and South Sudan,' UNHCR New Issues on Refugee Working Paper Series No 196.

Hutchinson, S. E.

1996 *Nuer Dilemmas: Coping with Money, War, and the State*, Berkeley: University of California Press.

International Crisis Group (ICG)

2002 *God, Oil and Coutry: Changing the logic of War in Sudan*, Brussel: ICG.

2015 *Sudan and South Sudan's Marging Conflicts*, Brussels: ICG.

James, W.

1988 *The Listening Ebony: Moral Knowledge, Religion, and Power among the Udok of Sudan,* Oxford: Oxford University Press.

1997 'The Name of Fear: Memory, History, and the Ethnography of Feeling among Uduk Refugees,' *Journal of Royal Anthropological Institute*, 3: 115-131.

2007 *War and Survival in Sudan's Frontierlands: Voices from the Blue Nile*. Oxford: Oxford University Press.

Jansen, B.

2011 *The Accidental City*, Ph.D. thesis, Wageningen University.

Jansen, S & S. Löfving (eds.)

2009 *Straggles for Home Violence, Hope and the Movement of People*, New York: Berghahm Books.

Johnson, D. H.

1992 Recruitment and Entrapment in Private Slave armies: The Structure of the Zarä'ib in the Southern Sudan, *Slavery & Abolition*, 13-1, 162-173.

2007 *The Root Causes of Sudan's Civil Wars*, Oxford: James Currey.

Junker, W.

1892 *Travels in Africa during the Years* 1882-1886, London: Chapman and Hall.

Kaiser, T.

2010 'Dispersal, Division and Diversification: Durable Solutions and Sudanese Refugees in Uganda,' *Journal of Eastern African Studies*, 4-1, 44-60.

Karadawi, A.

1999 *Refugee Policy in Sudan,* 1967-1984, New York, Oxford: Berghahn Books.

Kayanga, S. E. and A. Wheeler (eds.)

1999 *But God is Not Defeated!: Celebrating the Centenary of the Episcopal Church of the Sudan* 1899-1999, Nairobi: Paulines Publications Africa.

Kibreab, G.

1999 'Revisiting the Debate on People, Place, Identity and Displacement,' *Journal of Refugee Studies*, 12-4, 384-410.

2004 'Belonging, Displacement, and Repatriation of Refugees: Reflections on the Experience of Eritrean Refugees,' in Ohta, I. & Y. D. Gebre, (eds.) *Displacement Risks in Africa: Refugees, Resettlers and Their Host Population*, Kyoto: Kyoto University Press.

Le Houérou, F.

2003 *Forced Migrants and Host Societies in Egypt and Sudan*, Cairo: The American University in Cairo Press.

Leonardi, C.

2007a 'Violence, Sacrifice and Chiefship in Central Equatoria, Southern Sudan,' *Africa*, 77-4.

2007b 'Liberation or Capture: Youth in Between 'Hakuma', and 'Home' During Civil War and Its Aftermath in Southern Sudan, *African Affairs*, 106/424, 391-412.

2013 *Dealing with Government in South Sudan: Histories of Chiefship, Community and State,* Oxford: James Currey.

Leopold, M.

2005 *Inside West Nile*, Oxford: James Currey.

Lesch, A. M.

1998 *Sudan: Contested National Identities*, Oxford: James Currey.

Long, K.

2013 *The Point of No Return: Refugees, Rights, and Repatriation*, Oxford: Oxford University Press.

Long, L. D. & E. Oxfeld (eds.)

2004 *Coming Home?: Refugees, Migrants, and Those Who Stayed Behind*, Philadelphia: University of Pennsylvania Press.

Lubkemann, S. C.

2008 *Culture in Chaos: An Anthropology of the Social Condition in War*, Chicago: Chicago University Press.

Maklis, G. P.

2000 *Changing Masters: Sprit Possession and Identity Construction among Slave Decendants and Other Subordination in the Sudan,* Evanston: Northwestern University Press.

Malkki, L. H.

1995a ‘Refugees and Exile: From “Refugee Studies” to the National Order of Things,’ *Annual Review of Anthropology,* 24, 495-523.

1995b *Purity and Exile: Violence, Memory, and National Cosmology among Futu Refugees in Tanzania*, Chicago: University of the Chicago Press.

Marcus, J. E.

1995 Ethnography in/of the World System: The Emergence of Multi-Sited Ethnography, *Annual Review of Anthropology*, Vol. 24, 95-117.

Margold, J.

2004 Filipina Depictions of Migrant Life for Their Kin at Home, in Long & Oxfeld (eds.) *Coming Home?: Refugees, Migrants, and Those Who Stayed Behind,* Philadelphia: University of Pennsylvania Press.

Markowitz, F. & A. H. Stefansson (eds.)

2004 *Homecomings: Unsetting Paths of Return*, London: Lexington Books.

Martin, E. & I. Mosel

2011 *City Limits: Urbanisation and Vulnerability in Sudan: Juba Case Study,* London: Overseas Development Institute.

Miller, C. & A. Abu-Manga.

1992 *Language Change and National Integration: Rural Migrants in Khartoum,* Khartoum: Khartoum University Press.

Mills, L. R.

1981 *Peoples of Juba: Demografic and Socio-Economic Caractalistic of the Capital City of Southern Sudan*, Juba: Univeristy of Juba.

Mohamed, O. B. (ed.)

1984 *Southern Sudan: Regionalism & Religion*, Khartoum: University of Khartoum.

Nalder, L. F.

1970 *A Tribal Survey of Mongalla Province by Members of the Province Staff and the Church Missionary Society*, Oxford: University of Oxford.

Oberai, A. S.

1977 'Migration, Unemployment and the Urban Labor Market: A Case Study of the Sudan,' *International Labour Review*, 115-2, 211-223.

Owen, R, C, R

1908 *Bari Grammar and Vocabulary*, London: J & E Bumpus.

Plas, J. V.

1910 *Les Kuku: Possessions Anglo-Égyptiennes*, Bruxelles: Institut International de Bibliographie.

Poggo, S.

1999 *War and Conflict in the Southern Sudan,* 1955-1972, Ph.D. Thesis: University of California.

2006 'The Origins and Culture of Blacksmiths in Kuku Society of the Sudan, 1797-1955,' *Journal of African Cultural Studies*, 18-2, 169-186.

2009 *The First Sudanese Civil War: Africans, Arabs, and Islaelis in the Southern Sudan,* 1955-1972, New York: Palgrave Macmillan.

2014 'Who are the Kuku People?,' Non-published Paper for the 33rd Annual Conference of Sudan Studies Association.

Refugee Law Project

2002 *Free to Stay, Free to Go?: Movement, Seclusion and Intergration of Refugees in Moyo District*, Kampala: Refugee Law Project.

Rehfisch, F.

1962 'A Study of Some Southern Migrants in Omdurman,' *Sudan Notes and Records* XLIII, 50-104.

Rolandsen, Ø. H.

2005 *Guerrilla Government: Political Changes in the Southern Sudan during the* 1990*s*, Uppsala: Nordiska Afrikainstitutet.

Sanderson, L. P. & N. Sanderson

1981 *Education, Religion & Politics in Southern Sudan* 1899-1964, *London: Ithaca Press.*

Schultz, U.

2008 *"Bari" sein in Khartum: Ethnische und andere Zugehörigkeiten nach dem Friedensabkommen im Sudan,* Paper presented at the conference on 'Migration(s) and Development(s): Transformation of Paradigms, Organisations and Gender', Center for Interdisciplinary Research, Bielefeld, Germany, July 10-11, 2008.

Seligman, C. G. & B. Z. Seligman

1928 '*The Bari,' The Journal of the Royal Anthropological Institute of Great Britain and Ireland*, 407-479.

1932 *Pagan Tribes of the Nilotic Sudan*, London: Routledge.

Shandy, D.

2007 *Nuer-American Passages: Globalizing Sudanese Migration*, Florida ： University of Florida Press.

Sharkey, H.

2004 *Living with Colonialism: Nationalism and Culture in the Anglo-Egyptian Sudan,* Berkeley and Los Angeles: University of California Press.

Sikainga, A. A.

1996 *Slaves into Workers: Emancipation and Labor in Colonial Sudan,* Austin: University of Texas Press.

Simone, T. A. M.

1994 *In Whose Image?: Political Islam and Urban Practices in Sudan*, Chicago: Chicago University Press.

Simonse, S.

1992 *Kings of Disaster: Dualism, Centralism, and the Scapegoat King in Southern Sudan,* Leiden: E. J. Brill.

Smith, I. & M. T. Ama

2005 *Juba Arabic-English Dictionary,* Kampala: Fountain Publishers.

Soghayron, I.

1981 *The Sudanese Muslim Factor in Uganda,* Khartoum: Khartoum University Press.

Spagnolo, L.

1960 *Bari English Italian Dictionary,* Verona: Missioni Africane.

Stigand, C. H.

1923 *Equatoria: The Lado Enclave,* London: Constable & Company Limited.

Schweinfurth, G. F. Ratzel, & G. Hartlaub (eds.)

1888 *Emin Pasha in Central Africa: Being Collection of His Letters and Journals*, Translated by R. W. Felkin, Liverpool: George Philip & Son.

Smith, I. & Morris T. Ama

2005 *Juba Arabic-English Dictionary*, Kampala: Fountain Publishers.

Thiranagawa, S.

2009 'A New Morning?: Reoccupying Home in the Aftermath of Violence in Sri Lanka,' in Jansen, S & S. Löfving (eds.) *Struggles for Home: Violence, Hope and the Movement of People,* New York: Berghahn Books.

Tsuda, T.

2003 *Strangers in the Ethnic Homeland: Japanese Brazilian Return Migration in Transnational Perspective*, New York: Colombia University Press.

Tsuda, T. (ed.)

2009 *Diasporic Homecomings: Ethnic Return Migration in Comparative Perspective*, Stanford: Stanford University Press.

Turton, D.

1996 *Migrants & Refugees: A Mursi Case Study, in T. Allen (ed.) In Search of Cool Ground: War, Flight & Homecoming in Northeast Africa*, Geneva: UNRISD.

1999 'Responses to Kibreab,' *Journal of Refugee Studies*, 12-4, 419-422.

Tvedt, T.

2004 *Southern Sudan: an Annotated Bibliography Vol 1* (2nd edition), London: I. B. Tauris & Co Ltd.

2004 *Southern Sudan: an Annotated Bibliography Vol 2* (2nd edition), London: I. B. Tauris & Co Ltd.

Vincent, M. & B. R. Sørensen (eds.)

2001 *Caught Between Borders: Response Strategies of the Internally Displaced*, London: Pluto Press.

Voll, O. V. & S. P. Voll

1985 *The Sudan: Unity and Diversity in a Multicultural State*, Colorado: West View Press.

Ward, K. & E. Wild-wood (eds.)

2010 *The East African Revival: History and Legacies,* Kampala: Fountain Publishers.

Wangermee, É.

1909 *Grands, lacs Africans et Katanga: Souvenirs de Voyages*, J. Lebégue & Cie Libraire-Éditeurs.

Werner, R., W. Anderson, & A. Wheeler

2000 *Day of Devastation Day of Contentment: The History of The Sudanese Church across* 2000 *Years,* Nairobi: Paulines Publications Africa.

Wöndu, S.

2011 *From Bush to Bush: Journey to Liberty in South Sudan,* Nairobi: Kenway Publications.

Yunis, R. Y.

1924 "Notes on the Kuku and Other Minor Tribes: Inhabiting the Kajo Kaji District Mongalla Province." *Sudan Notes and Records* Vol VII-1, 1-41.

Yusuf, F. H.

2006[3] *Sudan in Africa*, Khartoum: University of Khartoum.

〈国際機関報告書〉

International Organization for Migration (IOM)

2009 *Total Return of Southern Sudan: Post CPA to June* 2009, NP: IOM.

Internal Displacement Monitoring Center (IDMC)

2008 *Internal Displacement to Urban Areas: The Tufts-IDMC Profiling Study Khartoum Sudan: Case*1, Genoba: IDMC.

2009 Internal Displacement: Global Overview of Trends and Development in 2008, Genoba: IDMC.

2010 *Durable Solutions Elusive as Southern IDPs Return and Darfur Remains Tense: A Profile of the Internal Displacement Situation*, Geneva: IDMC.

Tufts University & IDMC

2008 *Internal Displacement to Urban Areas: The Tufts-IDMC Profiling Study Khartoum Sudan: Case*1, Genoba: IDMC.

United Nations High Commissioner for Refugee (UNHCR)

2006 *Return and Reintegration of Sudanese Refugees and IDPs to South Sudan and Protection of IDPs in Khartoum and Kassala States of Sudan*, NP: UNHCR.

United Nations Population Division
2017 International Migration Peport 2017, NP: UN.

〈ホームページ〉

カジョケジ教区（最終閲覧日 二〇一三年九月一三日）
http://kajokeji.anglican.org/

国内避難民モニタリングセンター（最終閲覧日 二〇一三年九月一四日）
http://www.internal-displacement.org/

スーダン共和国統計局（最終閲覧日　二〇一八年一二月一日）
http://www.cbs.gov.sd/

ハルツーム州（最終閲覧日 二〇一四年二月二四日）
http://www.krt.gov.sd/kh.php#

南スーダン住民投票委員会（最終閲覧日 二〇一三年九月二四日）
http://southernsudan2011.com/

Sudan Tribune（最終閲覧日 二〇一三年九月三〇日）
http://www.sudantribune.com/index.php

スーダン聖公会（最終閲覧日 二〇一三年八月二四日）
http://www.sudan.anglican.org/

写真・図表一覧

ま

や

た

さ

か

索　引

著者紹介

飛内悠子（とびないゆうこ）

1979年生まれ。

2014年上智大学大学院グローバル・スタディーズ研究科地域研究専攻博士後期課程修了。博士（地域研究）。

専攻は人類学、アフリカ地域研究。

現在、盛岡大学文学部准教授。

主著書として、『移民/難民のシティズンシップ』（有信堂高文社、2016年、共著）、論文として、「クク人と故郷カジョケジ：南北スーダンにおける人間の移住と場所の変容」（『文化人類学』第82巻4号、2018年）、「『スーダン』におけるキリスト教信仰覚醒運動：クク人の移動を基底として」（『アフリカ研究』第84号、2014年）など。

未来に帰る　内戦後の「スーダン」を生きるクク人の移住と故郷

2019年2月10日　印刷
2019年2月20日　発行

著　者　飛内悠子
発行者　石井　雅
発行所　株式会社　風響社

東京都北区田端4-14-9（〒114-0014）
Tel 03(3828)9249　振替 00110-0-553554
印刷　モリモト印刷

ISBN978-4-89489-256-9 C3039